叢書パルマコン・ミクロス m 02
pharmakon micros

# 近代日本の競馬

## 大衆娯楽への道

杉本竜

創元社

# 近代日本の競馬

## 大衆娯楽への道

m 02

目次

# 凡例

一、史料引用の際には、原則として新字・新仮名づかいに改め、適宜句読点を付し、難読漢字等には新たにルビを振った。ただし文学作品など、原文を尊重し適用していない場合もある。

一、本文中で著書・論文・史料を示す場合、〔 〕内に記した。参考文献は巻末に章ごとに五十音順で掲載した。

一、新聞史料引用の際は、『東京朝日新聞』明治三九年二月三日付は『東朝』M39・2・3と略記した。以下大正はT、昭和はS、新聞の略称は『伊勢新聞』＝『伊勢』、『大分新聞』＝『大分』、『大阪朝日新聞名古屋版』＝『大朝〔名古屋〕』、『大阪朝日新聞三重版』＝『大朝〔三重〕』、『東京日日新聞』＝『東日』、『中部日本新聞』＝『中日』、『名古屋新聞』＝『名古屋』、『豊州新報』＝『豊州』、『都新聞』＝『都』、『読売新聞』＝『読売』とした。

一、日本における馬齢表記は平成一三年（二〇〇一）より国際基準に合わせて生まれた年を〇歳とする数え方に変更になったが、本書では二〇〇〇年以前については資料通りの旧年齢表記を使用しており、適宜本文中にて注意書きを付した。

一、敬称は省略した。

# はじめに

## 現代日本競馬の隆盛

日本は世界で最も競馬が盛んな国である。

この問いの答えが是なのか、あるいは否か、それは人によって異なるであろうが、隆盛を量る物差しの一つが馬券の売上であることについては異論のないところであろう。

令和元年（二〇一九）度の中央競馬の馬券売上はCOVID―19流行下においても二兆九千億円を数えており（「日本中央競馬会　令和元事業年度決算等に関する公告」）、世界の競馬の売上と比較してみても一頭地を抜いている。公益財団法人ジャパン・スタッドブック・インターナショナルの発表している「勝馬投票売上と控除率等二〇一八年」によると、日本の勝馬投票券売上額（トータリゼーション〈パリミチュエル〉方式）は約二六七億ユーロで、二位の英国のブックメーカー方式の売上約一五三億ユーロを引き離して「大差の一着」である。

ちなみにトータリゼーション（パリミチュエル）方式とは聞きなれない言葉だが、日本中央競馬会をはじめ日本の公営賭博《とばく》では全てこの方式を導入している。その点では我々に馴染《なじ》み深い方法で、賭《か》け率の全体から胴元《どうもと》が一部を経費として差し引き、あとは投票数に応じてオッズを定める方法である。これだと、胴元が損をする必要がない。

イギリスで盛んな賭けの形式はブックメーカー方式のもので、賭けの業者がオッズを定め、それに対して各自が判断し馬券を購入する方式である。従って業者ごとにオッズは異なる点がまた面白いところである。

そしてブックメーカー方式＋トータリゼーション方式を合計してみても、日本はオーストラリアの一六九億ユーロ、英国の一五七億ユーロを引き離してやはり一位であり、こと売上からは「最も競馬が盛んな国」と言える。そしてそれは莫大な売上を支える広範囲のファンに支持されていることを意味している。

それではなぜ、競馬後発国である日本は世界一の規模にまで成長する事ができたのであろうか。

## 近代における日本競馬

日本の近代競馬は、一九世紀半ばに始まる。当初は居留地における外国人の娯楽として、次に欧化政策における西洋文明の象徴としての役割を果たした。明治末年に至り、日本人の手による本格的な競馬が実施され、馬券が発売されると、八百長等をめぐる騒擾事件が相次ぎ、結局二年余りで馬券は禁止された。ここからおよそ一五年間、馬券発売がなされぬまま、国家からの補助金によって細々と競馬は実施されていた。何故、馬券発売を伴わない競馬を実施する必要があったのか。

馬券が禁止されたのち、復活に向けた運動が続けられ、大正一二年（一九二三）に競馬法が成立する。そこでは、一人一競走一枚、単勝（一着を当てる馬券）二〇円（現在の価値になおすとおおよそ五～六万円）のみという非常に厳しい制限のもとで馬券発売が許可された。なぜこれほどまでに厳しい制限が課せられたのか。そして、一枚二〇円という高額の馬券を、大衆は果たして購入することができたのだろうか。

また、夏目漱石《なつめそうせき》、織田作之助《おださくのすけ》、井伏鱒二《いぶせますじ》、芹沢光治良《せりざわこうじろう》といったいずれおとらぬ文豪が競馬に親しみ、題材にした作品を残している。彼ら知識階級を引き付けた競馬の魅力とは、いったい奈辺にあるのだろうか。

## 軍馬と競馬

「日露戦争後、軍も政府も軍馬の改良・増産に一段と力を入れるようになり、競馬を奨励した」（『朝日クロニクル』第一巻）と記されているように、「軍馬の改良」のために「競馬が奨励」されたとの印象は現在でも根強く流布されている。

人と馬との関わりは、「兵馬の権」や「弓馬の道」という言葉があるように、他の動物たちと比べ特に軍事において結び付きが強い。もちろん、軍犬や軍鳩《ぐんきゅう》といったように軍事利用に供された動物が他にいない訳ではない。しかし、近代の軍隊においてその徴用された規模、騎兵といった兵種の存在などから、馬は「軍の活《かっ》兵器《へいき》」として他の動物とは比較にならぬ役割を担っていたのである。そのため、「軍馬改良」目的として「競馬が奨励」された事は間違いないが、果たして「競馬の奨励」は「軍馬改良」に寄与したのであろうか。

「目的」と「手段」は往々にして逆転する。

問いを改めると、「実際競馬場で走る馬は最適の軍馬なのか」となるだろう。

二一世紀初頭の名馬に、ディープインパクトを数えることは、まず異論のないところであろう。無敗の三冠馬（皐月賞・日本ダービー・菊花賞を制した馬）という成績もさることながら、ロケットの加速をみるような一瞬のスパートはまさに新世紀にふさわしく、個人的には若駒ステークスを見て、「今年のクラシックは決まった」と思ったが、同様の感想を抱いた方は少なくないだろう。

では、このディープインパクトは、軍馬として最高の馬匹《ばひつ》なのであろうか。

日本の競馬は、中央競馬だけではない。地方競馬もまた、実施されている。現在では地方競馬でもサラブレッドの出走馬は多いが、かつてはアラブ馬の競走が主流であった。そして中央競馬は芝・ダートともに整備され、大レースは主として芝で開催されるのに対し、地方競馬場は一部を除きダートコースしか存在しない。こうした差異はいかにして生まれたのだろうか。

戦前の日本には、沖縄を除く全都道府県に競馬場が存在しており、その数は百を超える。すなわち、競馬場は今よりずっと我々にとって身近な存在であった。それではなぜ、全国に競馬場が整備され、そして現在では失われてしまったのだろうか。競馬場が存在したのは国内だけでない。朝鮮、台湾、樺太、関東州そして満州。一時的だが占領期の香港でも競馬を実施していた。日本はなぜあらゆる外地において競馬を実施する必要があったのだろうか。

本書ではこれらの問いに対し、競馬が戦前唯一の「公認賭博」であり、かつ知的推理を伴う大衆娯楽であった点を踏まえ、歴史学的に競馬の持つ様々な相貌を明らかにしていきたい。

そして競馬を通して近代日本社会を見直すことで、新たな視点で歴史を描き出すことができるのではないかと期待している。

さあ、ゲートが開く。

# 第1章　近代競馬の始まり

## 近代競馬の始まり

横浜は、さまざまな西洋文化受容の地として知られるが、競馬もそのひとつであった。わが国における洋式競馬の始まりの日については以下の三つの説が知られている。〔「娯楽移入窓口としての横浜居留地・開港場横浜」〕

①一八六〇年九月一日
②一八六二年五月一日・二日
③一八六二年一〇月一日・二日

①は、一八五九年一一月に来日したフランシス・ホールの日記が根拠である。ホール自身、ホース・レースクラブの議長に選ばれるなど競馬に造詣《ぞうけい》が深く、日記の記述についても信頼性はあると思われる。ただし、当日のプログラムや新聞報道等は現存せず、何か新たに資料が発見されれば、ホールが記したように「日本にお

ける西洋文明伝播の歴史の上で、初めて競馬が開催された日」であることはより信ぴょう性を増すだろう。

②は現在有力とされる説で、横浜居留地で最初に発行された英字新聞『ジャパン・ヘラルド』の予告記事と「よこはまかけのり　はるのもようし」という木版印刷物がその根拠のひとつとなっている。それによるとこの競馬は、関内《かんない》の外国人居留地の湿地帯を埋め立てた競馬場で行われた。幅約一一メートル、一周約一二〇〇メートルの円形馬場で、初日は五レース、二日目は六レースが組まれ、馬種は日本馬とポニーが多く、日本人にも門戸を開いていたとされる。

ところが、開催当日の五月一日・二日前後の『ジャパン・ヘラルド』が現在見つかっておらず、実際に実施されたのかどうかが確認できないのである。また、六月頃から競馬場を求める声が居留外国人の中から起こり、八月に神奈川奉行が設置の認可を与えるのだが、それでは五月の競馬はどこで開催していたのか、という疑問が残る。もちろん実際に開催したところ不都合があり、そのため新規に設置する、というのもわからなくはないが、それであればまずは既存施設の改修に取り掛かりそうなものである。また、①で触れたホールの日記中にこの五月の競馬の記事が未掲載（③の一〇月の競馬については記載がある）である点も、気になるところである。

③は収支会計の報告が残されていることから、開催は確実に行われており、前述したとおりホールの日記にも記載がある。

それぞれ説得力があり、どこが最初か、について判断は困難なところであるが、少なくとも文久二年（一八六二）頃には居留外国人が横浜関内において競馬を開催していたことは確実であろう。

この年一〇月に予定されていた秋競馬には「横浜ダービー」「横浜ステークス」「フジヤマ賞」といったタイトルレースが組まれ、大いなる盛り上がりが期待されたが、その矢先、大事件が勃発する。

## 生麦事件

一八六二年九月一四日（文久二年八月二一日）、神奈川宿近くの生麦村《なまむぎ》で島津久光《しまづひさみつ》の行列の前を騎馬で横切ったイギリス人四人が薩摩藩士により殺傷された。いわゆる生麦事件である。

生麦事件というと、尊皇攘夷運動の中で起こった外国人殺傷事件であり、薩英戦争が勃発したきっかけの事件であるといった教科書的な印象を抱く。無論幕末政治において重大な事件であることは言うまでもない。

しかしここで、少し視点をずらしてみよう。

居留地にいる筈《はず》の外国人が、なぜ東海道に近い生麦村までやってきたのであろうか。それは、川崎大師に参詣《さんけい》するための物見遊山《ものみゆさん》であったと言われている。外国人の国内での移動は、居留地四方十里と定められており、横浜からは東は多摩川、西は酒匂川《さかわ》がその範囲であった。

思い出してもらいたい。被害者の男女四人は馬に乗っていた。つまりイギリス人にとって、馬に乗って出掛けることは男女問わず日常生活の一部だったのである。事件後、イギリスは犯人を特定し厳罰を下すことを要求するとともに、安全に乗馬を実施できる環境整備を幕府に要求している。すなわち、イギリスにとっては事件の処理もさることながら、乗馬ができることもまた重要であった。イギリス人をはじめ外国人にとっては、乗馬は日常的で必要不可欠な行為だったのである。のち幕府はこの要望を受け入れ、東海道から離れた根岸《ねぎし》に遊歩道を整備するが、それが後年の根岸競馬場につながっていく。

生麦事件は幕末政治史の中で大きな位置を占めると同時に、日本の競馬文化受容にも多大な影響を与えた事件であった。横浜における近代競馬の始まりは、薩英戦争に至る日英両国の緊張感が高まる中での開催だったのである。

幕末時には生麦事件に代表される外国人殺傷事件が相次ぎ発生した。その自衛手段として一八六三年から六四年にかけ、英仏両国の軍隊が横浜山手に駐屯しはじめ、一八六五年には駐屯兵による横浜駐屯軍競馬(Yokohama Garrison Races)が練兵場や射撃場で行われた。これらは軍事教練の一環であるとともに、遠い異国の地で任務に携わる兵たちの娯楽として機能したのである。「軍事」と「娯楽」という競馬の持つ様相が、洋式競馬草創期のこの時点において端的に示されていよう。

居留地が生まれた当初より、イギリス公使であるオールコックやパークスらは幕府に本格的な競馬場の建設を求めていた。そして慶応二年(一八六六)三月に建設が決定、七月には競馬施行団体である横浜レースクラブが成立し、一二月、横浜に一周一七六四メートル、走路幅二八・八メートル、と現在の競馬場と遜色ない規模を持つ根岸競馬場が竣工した。

根岸競馬場は現在の横浜市中区根岸台に位置し、競馬場そのものは存在しないが、残された楕円形のコースや、一等スタンドなどから往時の姿をしのぶことができる。根岸における初めての競馬は、一八六七年一月一一日(慶応二年一二月六日)で、それ以来、昭和一七年(一九四二)に至るまで、横浜における競馬が、国内における模範的競馬場の幹として脈々と続いていくのである。

## 国内競馬の萌芽

このように、洋式競馬の受容は横浜の地で始まった。しかしこれは、あくまで居留地における外国人主導による競馬であり、競走馬の種類も中国産馬や内国産馬が入り交じり、馬券発売も治外法権下のため許されているものであった。

日本人の手による本格的な常設競馬が始まるのは、明治一〇年代に入ってからのことで、政府主導で実施された。陸軍は、軍馬改良および将兵の馬術訓練の一環として明治三年から招魂《しょうこん》社（明治一二年より靖国神社と改称）の馬場において年三度の例大祭の際に競馬を実施した。

図1-1　永林信実《横浜名所之内　大日本横浜根岸万国人競馬興行ノ図》（馬の博物館蔵）

また、宮内省は皇室儀礼に関する馬匹《ばひつ》の確保のため、明治七年から赤坂仮御所内や吹上御苑で天覧競馬を行っている。吹上御苑の馬場は一周約七三八メートルの円形に近い馬場で、原則三頭によるレースが行われており、軍人・華族が騎手として参加していた。当時近衛参謀として天覧競馬に参加していた立見《たつみ》尚文《なおふみ》（日清・日露戦争で活躍。後の陸軍大将）は、二度の競馬に参加し、「二度共見事の勝を得。白七子織二反拝授せり。大に面目を施し申候」と満足げな様子を実兄に書き送っている。(『町田家文書』)このように乗馬技術を競う一面が強く、また名誉色の濃いものであった。

明治一〇年、大久保利通《おおくぼとしみち》の主導により東京三田《みた》の薩摩藩邸跡地に設置された三田育種場においても、明治一二年にほぼ円形というユニークな競馬場が完成し、翌年から木村荘平《きむらしょうへい》(牛鍋店「いろは」の経営者)が設立した興農競馬会社が競馬を実施していく。三田育種場は内務省勧農局の管轄であり、このように陸軍・宮内省・内務省といった各政治勢力が「軍事」「宮中儀礼」「畜産」といった様々な思惑をもって競馬に取り組んでいったのである。

幕末に横浜で産声をあげたわが国の近代競馬は、明治一〇年代に至り、「馬匹改良」や馬術訓練の「装置」としてみなされはじめていた。しかし、何よりこの時期の競馬に期待されたのは、その「文明性」であった。

## 条約改正と外国貴賓の来日

明治一〇年代におけるわが国の最大の外交課題は言うまでもなく不平等条約の改正であった。そのため諸外国に対し、日本の「文明国ぶり」を示すため、婦人同伴の会食や夜会などが催された。いわゆる「欧化政策」である。競馬もそのうちの一つの「装置」であった。

ここでは、明治一二年七月にアメリカ前大統領グラントが来日した際に開催された歓待競馬を例にとって確認していこう。

競馬の開催のためには、競馬場を設置せねばならない。グラント来日に遡《さかのぼ》る五月、宮内卿徳大寺実則《とくだいじさねつね》と外務卿寺島宗則《てらじまむねのり》が太政大臣三条実美《さんじょうさねとみ》へ競馬場設置について以下のように上申した。

今般独逸皇孫伊太里国皇族及米国前大統領グラント氏来航相成、滞留中御饗応の一端にも可相成《あいなるべく》に付、競馬入供覧度候処《きょうらんにいれたきそうろうところ》、招魂社内の馬場は狭隘にて充分の術業も難出来《できがたく》又他に可然《しかるべき》場所無之《これなき》に付ては陸軍戸山学校区区内に右馬場新規取設《とりもうけ》相成候わば、今般の来客而已《のみ》ならず往々外国貴賓等御歓待の一端にも相成且《かつ》陸軍省に於ても落成の上は必用の事と被存候間《ぞんじられそうろうあいだ》、可然義《しかるべきぎ》に候わば同省経費を以《もって》操合出来候哉否同省へ御下議有之《これあり》出来候儀ならば今般の来客に使用相成候様落成候わば都合宜敷《よろしき》と存候間此段及上申候也《じょうしんにおよびそうろうなり》

五月十四日

宮内卿　徳大寺実則
外務卿　寺島宗則

太政大臣　三条実美殿

すなわち、近年「独逸国皇孫」や「伊太里国皇族」、さらに「米国前大統領グランド氏」が相次いで来日することになり、その間の接待として、「競馬入供覧度」としており、「招魂社内の馬場は狭隘」のため、陸軍戸《と》山《やま》学校内に「右馬場新規取設」を行うことで、今後の「外国貴賓等御歓待」になり、さらに「陸軍省に於ても

落成の上は必用之事」と陸軍将校の馬術練習にも使用できる、という利点を述べている。このように、明治一二年にはドイツの皇孫やイタリアの皇族といった外国の貴賓の来日が相次いでおり、その歓待の手段において「競馬」が「饗応の一端」とみなされたことがうかがえよう。

三条は対応を陸軍卿西郷従道《さいごうつぐみち》に指示し、六月には陸軍が設置を承諾、陸軍戸山学校に競馬場が建設されることとなり、実施は陸軍省軍馬局が担当、東京鎮台の工兵隊が工事に当たった。工事期間が一月余りと短く、施設も仮のものであったが、一周約一二八〇メートル（旭川競馬場とほぼ同じ）の、日本人の手による初の本格的競馬場が完成したのである。

八月二〇日、完成したばかりの戸山競馬場に明治天皇が臨御し、グラント夫妻を迎え歓待競馬が開催された。万国旗が飾られる中、花火が打ち上げられ、グラントやその側近、各国公使・領事及び婦人や皇族、大臣など、貴顕紳士にはコーヒー、シャンパン、菓子、アイスクリーム、紙巻たばこなどが差し出されるなど、政府をあげて貴賓の接待に取り組んだのである。そしてこうした接待に用いられた要素すべてが「近代的」であり、「文明国」を象徴するものであった。その接待の場所として競馬場が選ばれたことは、競馬もまたそうした役割を期待されたことを物語っていよう。

戸山競馬場が設置されたことにより、日本人の手による常設競馬の開催が模索され、同年一一月には、共同競馬会社が設立された。この共同競馬会社の主催による戸山競馬は、春秋二回（各二日）開催され、明治一七年一一月には上野不忍池《しのばずのいけ》に移転する。そして、不忍池において空前の規模で競馬が実施されていくのである。

図1-2　楊洲周延《上野不忍競馬図》（メトロポリタン美術館蔵）

## 不忍池競馬

この上野不忍池競馬に関しては、既に立川健治《たちかわけんじ》氏の優れた研究（『文明開化に馬券は舞う』）があるので、それに依拠しつつ、「文明装置」としての競馬について、確認していこう。

前述した共同競馬会社は、不忍池で第一回を開催した際には社長に小松宮《こまつのみや》、副社長に毛利元徳《もうりもとのり》・鍋島直大《なべしまなおひろ》、幹事に宮内卿・伊藤博文《いとうひろぶみ》らが参加し、民間会社というよりも、政府挙げての国策会社ともいうべき存在であり、会員数は外国人五二名を含む六〇六名であった。これは、井上馨《いのうえかおる》により鹿鳴館内につくられた東京倶楽部の二七〇名（明治一八年初頭の数字）を大きく引き離す、日本最大の社交倶楽部であったことを物語っている。

戸山は僻地で参観人が少なかったことから、明治一六年六月に不忍池への移転が決定され、翌年一〇月下旬には池の周りをぐるりとまわるユニークなコースが完成、総工費は一一万七三〇〇円余であった。

明治一七年一一月一日、移転後初の競馬が開催された。万国旗がはためく中、陸軍の楽隊が音楽を奏で、花火が打ち上げられた。明治天皇も出席し、政府高官や各国公使が婦人同伴で参加した。この時期、洋装化された宮中の服装と同じく、女性がこうした社交の場へ姿を見せることはグラント歓待競馬と同様に「欧化」を示す要素であったことがうかがえる。あわせて、明治一七年には高等文官に乗馬を義務付けた乗馬飼養令も公布され、明治二四年に廃止されるまで乗馬そのものが西洋文化の象徴として、「欧化政策」の中に位置づけられたのである。

## 欧化の象徴　舞踏と競馬

一般的には、夜会や舞踏会が開催された鹿鳴館が「欧化政策」の中心に位置づけられ、今なお記憶されているが、当時にあっては不忍池競馬も負けず劣らず「欧化空間」として存在感を示していた。それではなぜ、音楽、洋装、花火など鹿鳴館と共通する要素も多いにもかかわらず、不忍池競馬は忘れられてしまったのだろうか。筆者は、その理由について以下のように考えている。それは、井上馨外務卿の辞職とともにわずか三年余りでその役割を失った鹿鳴館に対し、競馬場はその後も付与されるイメージを変遷させながら現在まで継続して存在している点である。すなわち、鹿鳴館についてはそのイメージが固定化されるのに対し、競馬場については常にイメージが上書きされていったのである。漫才師が解散し、一人が辞めもう片方が芸能界に残っていた場合、前者が常に「元●●の▲▲さん」のイメージが残るのに対し、後者がタレント・俳優・映画監督と変遷していったものと言えば伝わりやすいであろうか。そしてのちに競馬場に対し、「賭博場」「悪所」という強烈な印象が与えられたために、「欧化空間」の印象が塗りつぶされてしまう。そのため「競馬」を歴史研究の対象とすることへの忌避感がうまれ、その社会的な役割を充分に明らかにすることができなかったのではないだろうか。

## 不忍池競馬の展開

この上野不忍池競馬は、徐々に東京の名物となり、天皇からは開催ごとに二〇〇円の下賜金が与えられ、その開催については宮内省が全面的に支えていた。ところが、競馬自体は衰微に向かっていく。

明治二五年一一月一八・一九日の秋季開催は、スタンドには四〜五〇名という寂しさで、馬の頭数もそろわず不成立のレースや少頭数のレースが増え、皇太子は二日目に臨席したものの、場内に貴婦人や紳士の姿は殆《ほとん》ど消えていた。

その背景には、財政難があった。収入源が会員の会費、出走馬の登録料、開催時の入場料、政府関係部局からの補助金や寄付金などに限られている中、約一一万八〇〇〇円という不忍池競馬場の巨額の建設費用がその財政を圧迫していたのである。このイニシャルコスト、すなわち膨大な初期費用の問題は常に競馬に関する問題としてつきまとうことになる。当時はトータリゼーション方式が採用されておらず、馬券の売上が主催者に入るシステムではなかったため、会員数や補助金の減少は競馬の運営を直撃していた。さらに、宮内省とともに、競馬を支えていた陸軍省・農商務省が、明治二二年秋季開催より完全に撤退したので、一層窮地に追い込まれることとなったのである。

そうした状況をきたしたのもまた、「欧化政策」の転換という、政治的な事情によるものであった。

## 欧化政策の転換

明治二〇年四月に起こった伊藤博文首相と戸田氏共《ちだうじたか》夫人の極子《きわこ》（岩倉具視《いわくらともみ》長女）とのスキャンダルは、「欧化政策」への不満を顕在化させる契機となった。すなわち鹿鳴館での夜会における洋装化した婦人・令嬢などを筆頭に、競馬を含むすべての「欧化なるもの」が批難の対象となったのである。明治二三年からは婦人からの寄付を賞金とする婦人財嚢《ざいのう》競走も行なわれなくなり、不忍池競馬を開催ならしめていた「文明装置」としての役割が終わりに近づいてきたことを示しつつあった。

宮内省御用掛をつとめた宮島誠一郎《みやじませいいちろう》は、自身の日記である『養浩堂日誌』明治二〇年五月二七日条にこう書き記している。

> 右等の事柄は世上人民の耳目《じもく》に入り何となく世説不穏、下方人民には種々の御禁制あれども上方高貴の処には何《な》んでも御停止なし、御勝手やりほうだいなり。下方にて博奕《ばくち》を行えば直《ただち》に懲役に決せられ、高貴方の花ガルタ（西洋）は金銭を賭しても御尤《おとが》めなし、下方にて苛税之《の》為に公売処分身代限《かぎり》あれども、競馬煙火の御游《おあそび》は御自由なり、此皆人民の膏血《こうけつ》に非《あらざ》る歟《か》など紛々紜々

鹿鳴館の仮装舞踏会に象徴される「高貴方」の「欧化政策」に対し、税負担に苦しむ「下方」の人民が不公平な扱いを受けている様子を記しているとともに、「競馬」は「煙火」と共にまさにこの当時、「高貴」の「御游」と捉えられていたことが示されている。

不忍池競馬が衰微した原因をもう一つ挙げるならば、馬資源の問題が指摘できよう。近代競馬とは能力検定競走であり、そのためには、出走馬の素性が確定していなければ意味が無い。例えば雑種馬を日本馬と言いくるめ、日本馬限定の競走に出走させるような「偽装」があっては、そもそも競馬の存在意義が見出せなくなるためである。ところが、明治一九年頃から、そうした「偽装」問題が起こり始めた。この「偽装」の問題は、馬の戸籍にあたる馬籍がなく、西洋的な血統概念が未導入の状況において解決は困難であった。たとえ疑念があってもそれを追求できなかったのである。

こうして、日本馬競走を組むことができなくなると、雑種馬のみでは馬匹が不足し、レースが不成立となってしまったり、もしくは既に勝負付けがついた馬同士の競走ばかりになってしまったりと、レースそのものの魅力も失われていった。さらに能力検定を行う基盤が崩れてしまっては、継続する意味を見出すのは困難であった。

このように、明治一〇年代から始まる不忍池競馬は、明治二〇年代半ばまでには、「欧化政策」という政府方針のもと、「文明」を象徴する「装置」として一世を風靡《ふうび》したが、政府方針の転換に伴い、財政的裏づけの薄弱さと実施意義の喪失もあいまってその姿を消したのである。

## 第2章　藤波言忠と臨時馬制調査委員会

### パリ博の「名馬」

博覧会と馬の関係は深く、様々なエピソードが知られているが、「考古学上の馬」〔『日本之産馬』一巻五号〕という記事をひとつ紹介しよう。

話はずっと昔に戻って明治四、五年頃の事、仏蘭西の巴理〔ママ〕に万国大博覧会があって日本でも列国のお仲間入りをする手始と云う訳で今の松方正義侯が大使格と為り珍らしい出品物をコテと船に積み込み出掛けられた。其中に動物としては馬が二頭あった。何がさて日本馬が古より戦場往来に天晴《あっぱれ》武功を樹《た》てた武士と好一対とも云うべきものだとあって松方さんにも多少御自慢で持って行かれたのであろうが、さあ陳列してみると就中その頃の日本馬ときては彼国のに比べるとまるで妖怪見たようなもので、彼国人は是を今日の馬として見るよりもヤア此所に豪《え》らい古物が居るぞ、オー百年前の馬かなあ、是は屹度《きっと》博物館へ陳列するものを間違えたんだよ。イヤ何《ど》うして容易に見られぬ考古学上の参考品だと、彼方の学者が大喜び。

明治四、五年にはパリで万国博覧会は開催されておらず、また松方正義《まつかたまさよし》は明治一一年のパリ万国博覧会副総裁をつとめているため、おそらく明治一一年パリ万国博覧会でのエピソードであろう。この万博に、日本は「岩手　瓦毛」と「田代　青」二頭をわが国を代表する名馬として出陳した。二頭はいずれも明治四年生まれの七歳、体高四尺五寸（一三六センチメートル）の和種で、関係者は馬匹《ばひつ》の優秀さに自信満々であった。実際、ヨーロッパから多くの取得希望が寄せられる等、和種の優秀さを示しているように思われた。

ところが、事実はそうではなかった。

ヨーロッパの人々は、「百年前の馬」「博物館に陳列するもの」等と動物学上有益な研究史料として珍重したのである。すなわち取得希望の目的は、こうした馬はすでにヨーロッパで失われているので、原種として貴重、という評価であった。これは、日本の馬匹関係者にとってショックであった。明治初期のわが国の「名馬」に対する世界の評価は、屈辱的なものだったのである。（『富国強馬』）。

こうした経験が、わが国の馬匹改良へのモチベーションを与えた事は想像に難くない。そしてその危機感をどこよりも強くもったのは陸軍であった。

## 日清戦争後の陸軍の競馬観

陸軍獣医であった内村兵蔵《うちむらへいぞう》は明治三一年、『日本軍馬改良ノ研究』の中で以下のように述べている。

競馬会の開設亦頗《すこぶ》る盛行せらる。就中英国の如きは其最たるものなり。方今《ほうこん》に至り同国競馬会は実に一種の流行物と化し来り、其極や遂に以て馬匹改良を図らんとする念慮を去り、却て投機の資、賭博料となすもの比々皆然らざるはなきの弊あり。然るにも拘わらず政府は之れが為め賞与其他に巨金を抛《なげう》ち、尚《なお》且《かつ》産馬の為めなりと称して競馬の使用に堪えざるものを買収して以て競馬会員を保護しつつあるなり。益《えき》し濫《らん》して其弊に陥らざれば競馬の盛行は元より馬種改良上の一要具なり。

【意訳】

競馬会の開設はまた非常に流行している。なかでも英国はその最たるものである。現在では英国の競馬会は実に一種の流行のようなものになっていて、ついには馬匹改良を図ろうとする考えを忘れ、かえって投機の対象、賭博とみなすものばかりとなってしまうような弊害に陥っている。それにもかかわらず、政府は競馬会のために賞与やそのほかに巨額の金をつぎ込み、なおかつ産馬のためと称して競馬の使用に堪えざる馬を買収することで、競馬会員を保護しつつある。このように乱れた弊害に陥らなければ、競馬の盛んになることは元より馬種改良上の有効な手段である。

また、陸軍二等獣医菊地《きくち》正助《しょうすけ》も日露戦後の明治四三年、『軍馬の研究』で以下のように述べている。

嘗《かつ》て英国に於て馬匹改良の手段として競馬を奨励せる例に倣《なら》い、独逸も亦盛んに競馬・曲馬を奨勸したるのみならず政府自ら之に関与し、其極逐に社会の秩序を害する点に迄《まで》達し、有志の批難《ひなん》甚しく、新聞紙は畜産局を競馬局、馬政局を賭博局などと攻撃する状況に遭遇せり。

然れ共大王は国家一日も忽《おろそか》にすべからざる馬匹改良の難事を遂行するに些々たる輿論《よろん》何かあらんと万難を排して益々之れが奨励に勉め、遂に独逸の馬匹をして今日の声價を有せしめたる基源を作れり。（中略）故に競馬の如きも之れが有益なる方便たるなり。而して此の競馬に於て賭事の行はるるは欧米各国皆等しく、男子となく、婦女子となく、商人も官吏も、百姓も賭事を行ふと云う。而してかかる事を行うも政府も、警察も、敢て之れをとがめざるは、抑々《そもそも》何が故なるか、子の察するに競馬に於て賭事を行ひ、其勝敗を決するや、誰人も馬匹の体格の優劣より、其予後の如何を推考して之れを行ふなり、故に勝者は競馬上に於ける馬匹の智識の勝者にして、賭事に於ける勝者にあらざるなり。又敗者は敗馬、勝馬の骨格に於ける優劣、持久力、速度等の如何を不知の間に講究するにより、賭事に於ける損失は智識養成の費用と見て可なるなり。故に之れが賭事は深くとがむる価値なき問題たるのみならず、之れが賭事は国家眼前に於て有益なる、馬匹の智識を養う唯一の方便となり、馬匹の改良と産業の発達に稗益を与うる根本ともなるなり。故に欧米諸国の競馬に於て賭事を盛んに行うも政府も警察も傍觀しつつあるは又理なしとせんや。

【意訳】

かつて英国において馬匹改良の手段として競馬を奨励したことにならい、ドイツもまた盛んに競馬や曲馬を奨励したが、それだけではなく、政府自身もこれに関与し、ついに社会の秩序を害するまでになってしまい、有識者からの批判も強く、新聞は畜産局を競馬局、馬政局を賭博局などと攻撃する状況になったのである。

しかし（ドイツ）大王は国家の重要事業である馬匹改良の難事を遂行するためには、そうした世間の声はどうといったこともないと万難を排し益々競馬等の奨励につとめたところ、ついにドイツの馬匹が現在のような高い評価を得るその第一歩となったのである。（中略）なので、競馬のようなものも有益なる方法である。この競馬において賭事《かけごと》が行われるのは欧米各国皆同様で、男子・女子を問わず、商人も官吏も、百姓も賭事を行うという。そしてこうした賭事に対し、政府も、警察も、あえてこれをとがめないのは、そもそもどうしてなのであろうか。私が推察するところ、競馬において賭事を行い、その勝敗を予想するのは、誰もが馬匹の体格の優劣を判断し、その後どうなるかを推考して予想を確定する。故に勝者は競馬上における馬匹の智識の勝者であって、ただ単なる賭事の勝者というわけではない。また、敗者は負けた馬、勝ち馬の骨格における優劣、持久力、速度等について知らず知らずの内に講究することにより、賭事における損失は智識養成の費用と見ることもできるだろう。故にこうしたことから賭事を厳しくとがめる必要はなく、むしろこうした賭事は国家にとって有益ともいえる馬匹の智識を養う唯一の方法となる。馬匹の改良と産業の発達に有益である根本でもあるだろう。ゆえに欧米諸国が競馬の賭事を盛んに行うことに対し、政府も警察も傍観しつつあるのはこういう理由からである。

すなわち日清・日露戦争後の陸軍内部において、温度差はあれども競馬は馬匹改良上有用の手段として認識されていたことがうかがえよう。中でも菊地に至っては、国家の大事の前には馬匹の知識を養う唯一の方便である馬券の発売等、大したことはないと言い切っている。陸軍がこのような姿勢に至るには、馬匹改良の必要性をどこよりも強く認識していたからである。

## 日露戦争と軍馬

明治二七年、日清戦争が勃発すると大量の国内馬が徴発され、戦地へ送られた。続いて明治三三年の北清事変、明治三七年の日露戦争と大陸での戦闘を重ねるにつれ、わが国の在来馬が、軍馬としての資質に欠けることが次第に明らかになってきた。前述した菊地正助は、以下のように述べている。

予は日露戦役に於て日本の兵器は精鋭、軍人は勇武、露国との比にあらざるも独り軍馬に至りては彼れに比して劣る事数等なることを知れり。過《す》ぐる日清戦争に於て馬匹改良の急を悟り、其後北清事変ありて、日本の馬匹は体躯小にして従順ならず、噛み蹴り合い、取扱い容易ならずして猛獣に等しとの悪評を受け、三たび今回の戦役に於て軍馬に就て露国と対立し能《あた》はざりしは予の痛嘆する処にして、これ我が畜産業の欧州列国に比し幼稚なる結果と謂わざるを得ず。〔『軍馬の研究』〕

軍馬の能力は軍の作戦行動にも影響を与えるため、陸軍にとって馬匹の改良はまさに喫緊の課題であった。日露戦争開始直前の明治三六年八月、陸軍大臣寺内正毅《てらうちまさたけ》は「馬匹改良上に関し陸軍大臣より農商務大臣へ照会の件」として、一四項目の要求を農商務省へ突きつけていたが、当時産馬行政を管轄するのは農商務省畜産局牧馬課であり、課レベルでは全国的な馬匹改良計画を進めていく上でも人員・予算面で限度があった。農商務省にとって不運であったのは、産馬改良方針に基づく本格的な馬匹改良策が軌道に乗る以前に日露戦争が勃発し、計画途中にして全面的な見直しを陸軍から突きつけられたことであった。

こうした中、明治三七年四月七日、明治天皇は陪食《ばいしょく》の席において、山縣有朋《やまがたありとも》・桂太郎《かつらたろう》らに対し馬匹改良の勅命を下した。天皇は、我が国の馬匹は以前より優良種を欧米に求め、改良を図っている途中であるが、未だ一般には普及していないようである。これを欧米と比較すると、「遜色《そんしょく》甚しきものあり」、特に「軍用に適せざる」結果、日露戦争に際し、宮内省所管の「下総《しもうさ》及び新冠《にいかっぷ》両御料牧場に飼養する所の馬匹を出して戦地に送り、以て軍用に充てんとするの状態」を深く憂慮している旨を伝えた。そして「全国馬匹の改良」を期すべく、「宜しく此の機に際し、馬匹改良のため一局を設けて速かに其の実効を挙ぐべき」と勅命を下し、その方針計画については山縣有朋に、また経費の事は大蔵大臣と相談して調整することを松方正義に命じた。宴席が終ると、ただちに藤波言忠《ふじなみことただ》を召してこの事を告げ、山縣らを助け「新局設置の計画及び改良の方針を定むべき」と命じた。藤波は山縣・松方等と相議し、属僚に命じてただちに調査をさせたところ、月余にしてプランが策定された。〔『明治天皇紀』〕

乗馬をたしなむことで知られる明治天皇が自ら全国馬匹改良の大号令を下したのである。これは、天皇からの「馬匹改良」という「勅命」が発せられる一種の「能動型君主制」を示すと共に、その担当者に宮内省主馬頭《しゅめのかみ》・藤波言忠を直接指名している点も興味深い。藤波は精力的に計画を策定し、同年六月一四日には山縣有朋に対し、「先般馬政之件」に関して五月二八日に「馬政局官制原案と産馬改良主意書との二面」を桂から渡されている事を確認し、「其後余り延引可相成《えんいんあいなるべく》」「近日閣下と松方伯との御三人御会合に相成候事承り申」「政府の予算も御経画〔ママ〕に相成」り、「愈々《いよいよ》御尽力を奉祈候《いのりたてまつりそうろう》」と申し送っており〔『山縣有朋関係文書』〕、「月余にして案成る」という『明治天皇紀』の記述を裏付けている。このように、日露戦後の馬政計画立案に関しては陸軍ではなく宮内省の藤波が主導権を握ることとなった。

それでは、一体藤波言忠とはどのような人物であり、何故あれほど馬匹改良を要求していた陸軍を押さえて腕を振るう事ができたのであろうか。

## 宮内省主馬頭・藤波言忠

藤波言忠は嘉永六年（一八五三）九月京都に生まれ、明治六年（一八七三）、明治天皇の「御学友」となって以来天皇の「唯一の友人」と評される程厚い信任（『明治大帝』）を寄せられていた人物で、明治二二年より宮内省の馬匹・車輌および牧場に関する事務を統括する主馬寮《しゅめりょう》の長官・主馬頭を二八年間勤めるなど、宮中における馬政の第一人者として知られていた。またその活躍は馬政に留まるだけではなく、明治二〇年にシュタインから学んだ憲法学を明治天皇に進講する等、皇室制度形成についても大きな役割を果たしている。

藤波の履歴で注目されるのは、二度（明治一八～二〇年、明治三三～三四年）の欧米視察を経験している点である。特に明治三三年六月から翌三四年五月までの欧米巡行は「各国帝厩《ていきゅう》の取調、産馬改良の要する馬政局の設置の方法、及牧畜改進の現況視察を重なる用務」を目的としていた。この視察において藤波が自身の職務と最も関係の深い馬匹改良事業に関してどのような認識を抱くようになったのかを、『牧畜雑誌』に掲載された「欧米の牧畜事業に就て」と題するリポートから検討していきたい。

## 藤波、欧米へ

明治三三年七月二七日、横浜を出港したエムプレスオブジャパン号の船上に、随行員の下総御料牧場長新山《にいやま》荘輔《そうすけ》、宮内省御用掛藤田季荘《ふじたすえたか》を従えた宮内省主馬頭子爵藤波言忠の姿があった。一行はカナダのヴァンクーヴァーに到着し、鉄道でニューヨークに向かった。ニューヨークでは二、三か所の牧場を巡見しているが「別段御話する価はありませぬ」と述べている。これは、「巴里の万国大博覧会に於ける馬匹出陳の時期が近づいて」いたために、日程的な理由もあったようである。また、アメリカの競馬については、以前の欧米巡行で明治一八年にアメリカに来た時は「ツロッチング、レース即ち駄駆《だく》競走」が流行しており、「サラーブレッド種馬の競走は稀に見る」程度だったのが、この明治三三年の時点では「マルで反対」となっていたと驚嘆している。ツロッチング・レース（troting race）とは繋駕《けいが》速歩レースの事で、馬に二輪馬車などを引かせて行うレースのことである。ちなみに馬の速度はwalk→amble→trot→pace→canter→gallopの順に速くなる。

アメリカ競馬の現状を視察した後、ニューヨークから荒波の大西洋をこえイギリスのリバプールに到着し、急行汽車で一行はロンドンへ向かった。

図2-1　藤波言忠（『華族画報』）

ロンドンでは四五日間滞在をしていたようだが、すぐに万国博覧会の開かれているパリへ向かった。博覧会では、各国が選りすぐりの馬匹を出陳しており、「各種の馬匹を居ながらにして比較し対照すること」ができ、藤波にとってはまさに「得難き好機会」であった。藤波は「私の如く各種の馬匹を悉《ことごと》く熟覧した人は恐《おそら》くはあるまい」（『牧畜雑誌』二〇一）と自負するごとく、精力的に各国の馬匹を見て回り、主な種類にたいして略評を行っている。藤

表2-1　藤波言忠の馬種別評

| 種別 | 主な出陳国 | 牡牝総数 | 平均体尺 | 用途 | 感想 |
|---|---|---|---|---|---|
| 純血アラブ種 | トルコ<br>イギリス<br>ハンガリー | 45 | 1.50 | *** | 骨は細い<br>品位宜しく真に美術的<br>馬は如何にも美麗だが四肢長く又繋縄部が長きに過ぎて釣合を得ないものが多かったように思う |
| 英国純血種 | イギリス<br>フランス<br>ベルギー<br>ロシア<br>イタリア | 38 | 1.60 〜 65 | *** | 自分等は少しも競走に就ての考えはなく、単に体格の如何に注目<br>出陳の数少なく又優れたものも居なかった |
| 純血アングロ・アラブ種 | フランス | 30 | 1.55 〜 60 | *** | 随分見るべき良馬があった<br>膝下に申分のあるものが多い |
| バルブ種 | フランス領アルジェリア | 37 | 1.50 〜65 | 乗用馬 | 釣合を失うたものが多いように認めました |
| パーシェロン種 | フランス | 125 | 1.60 〜 75 | 重車用馬 | 重車用馬で随分有名の馬である<br>体格は如何にも強大で重き車などを輓かすには良かろうと信じます<br>実にウラヤマしく思いました。我国でも早く此様な馬を使うようになりたいものです。 |
| ボロネース種 | フランス | 138 | 1.60 〜 70 | 重車用馬 | 仏国特産の重車用馬<br>巴里府などでは多く乗合馬車に使用して居る |
| ブレトン種 | フランス | 56 | 1.57 〜66 | 重車用馬 | 重車用馬で骨格逞しく使役には適当の馬と認めました |
| アングロ・ノルマン種 | フランス | 473 | 1.56 〜 68 | 軽車・騎兵 | 兎に角実用的の馬で重きものは軽車用、軽きものは騎兵馬などには最も良かろう<br>寧ろ品位乏しく又後半身に申分が多い<br>巴里府などで紳士の馬車に用ゆるものは多くは此種の馬 |
| ハクニー種 | イギリス<br>ベルギー | 19 | 1.50 〜 60 | 乗車・乗用 | 英国のツロッター種馬で乗車用及乗用として賞用されて居る<br>軽きはヨークシャイアハクニーと云い、稍々重きものをノーフォークハクニーと云います |
| シャイア種 | イギリス | 19 | 1.62 〜74 | 重車用馬 | 英国の重車用馬で体格如何にも逞しく実に完全なる良馬 |

| | | | | | |
|---|---|---|---|---|---|
| ハノバー、ホルスタイン、メクレンブルヒ種 | ドイツ | 15 | 1.65～81 | 軽車用馬 | 此三種馬は同部に混交して出陳<br>何れも体格太く寧ろ軽車用馬である |
| オルデンブルヒ種 | ドイツ | 35 | 1.60～68 | 騎兵馬 | 独逸国の出陳馬中では此種の馬が最も良馬で実用的なものであると認めました<br>誠に騎兵馬には適当のもの |
| ホンガリー種 | ハンガリー | 41 | 記載無し | *** | ホンガリー種と云う名称の下に種々の馬が出陳<br>英・仏・独・露には劣って居た |
| オーローフ・ロストプチン種 | ロシア | 17 | 1.55～70 | 乗用種馬 | 露西亜特産の乗用種馬で品位、体格、気質に至るまで申分なき良き馬 |
| オーローフ・ツロッター種 | ロシア | 33 | 1.60～70 | *** | 躯幹と云い四肢と云い実に堅固に出来た馬でありますが、其駄駆の有様は誠に軽く快走して迚も亜米利加ツロッター種馬の及ぶ所でないと認めました |
| スツレルツ種 | ロシア | 10 | 1.54～60 | 乗用種馬 | 露西亜特産のアングロアラブ種馬<br>実に目を驚かすほど良美の馬である<br>兎も角品位、体格などは他に比類なき良き乗用種馬と認めました |
| 白耳義種 | フランス | 66 | 1.60～70 | 重車用馬 | 実に重車用馬としては最も世に賞用 |
| | ベルギー | 106 | | | 私も先年来頻りに我国に入れて試みたいと熱心に希望して居ります |

『牧畜雑誌』より作成、***はコメントなし

波の馬に対する考えをうかがう上で格好の材料であるので、整理しておきたい【表2―1】。

藤波の略評を概観してみて注目されるのは、体格第一主義ということである。例えば英国純血種、すなわちサラブレッドに対しては「馬は如何にも美麗だか四肢長く又繋縄部が長きに過ぎて釣合を得ないものが多かった」と述べ、高い評価を下していない。同じイギリスのシャイア種に対して下した「体格如何にも逞しく実に完全なる良馬」や、「体格は如何にも強大」と評したパーシエロン種への「実にウラヤマしく思い」、「我国でも早く此様な馬を使うようになりたいもの」という最大級の賛辞とは全くの正反対であり、また略評の至ると

ころに体格の重要性を思わせる箇所が多い事からもうかがえる。

## 藤波の馬への評価

二点目は、競馬に対する疑問である。英国純血種の箇所で述べているように、藤波は「少しも競走に就ての考え」はもっておらず、また競馬の最も盛んな国のひとつと呼ばれるフランスで開催された万博だけあって、多くの競走馬が出陣されていたが、藤波は「膝下に申分のあるものが多い」とし、その原因として「是は恐らく夙《はや》く競馬に仕込む為めに成長を俟《ま》たずして重量を負わせ、又は競走をさせたりして発育を害するに因《よ》る」と競馬に関わる育成の弊害を論じ、フランスの競馬そのものに関しては「物は程を失するもので今では余り民間に競馬熱昇騰して却て害はなきかと疑」うなど、厳しい評価を下している。さらに「蕃殖《はんしょく》家は唯速度の早き馬でさえあれば体格は少しも心に止めぬと云うような有様」であり、また「加之是も競馬熱の結果か近年はアングロ・アラブ種馬は寧《むし》ろ衰退してサラーブレッド種馬を畜養蕃殖するもの日に月に盛ん」と二点を指摘し、体格第一主義の藤波としては納得のいかぬ情勢だったのである。特にサラブレッドに関して、関係者が競走成績や、一マイルの持ち時計、血統などを説明するのに対して、「自分等は少しも競走に就ての考えはなく」「マヅイ馬などの競走の経歴談などは余り面白く感じなかった」と断じていることはその象徴であろう。すなわち、宮内省で必要な馬匹は儀式等で用いられる馬であるため、基本的に見栄え、すなわち体格を重要視する思考がうかがえよう。

では、藤波が最も高い評価を与えた馬種は何だったのか。それは、ロシアのオーローフ・ロストプチン種であった。冠のオーロープとは、この馬の品種改良に尽力したロシアの伯爵の名前で、気に入った藤波は粘り強い交渉の末、この種馬《たねうま》を購入、下総新冠両御料牧場へ導入している。同程度高評価だったのが同じオーロープの冠をもつオーロープ・ツロッター種で、「迚《とて》も亜米利加ツロッター種馬の及ぶ所でないと認め」ており、この馬の優秀さを述べている。また、スツレルツ種にも「品位、体格などは他に比類なき良き乗用種馬と認めました」と高評価を与えるなど、藤波の評価が高い三種がいずれもロシア産というのが興味深い。藤波は各国馬匹を観察した後、「何《いず》れの国も大に馬匹改良の上に力を注いで居ると云うことは明か」と、馬匹改良が国家にとって重要事業であることを強く認識するに至る。その上で、自らの「頭脳を刺激」したものとして、「馬を造るのには種にもならなければ使用にもならぬと云うような物好きを止めて専《もっぱ》ら実用的に馬を造らなければならぬ」という改良の方向性を定めて行く。これは当時の日本の馬政が、宮内省・農商務省・陸軍といった複数のセクションに渡って各々が独自の方針を取っていることへの懸念であり、統一された方針の下で馬匹改良に取り組まねばならないとする志向が見てとれる。そして、「翻《ひるがえっ》て我邦馬匹の有様を之と比較して見まするのに、何れの点に於ても遠く各国に及ばないことを恥じ」、そして「我邦は一層奮発して馬匹の改良を図《はか》らねばならぬ」と強い決意を胸に、藤波はパリを後にしたのである。

## 藤波、ロシアへ

パリを後にした藤波が向かったのはロシアであった。パリ万博において各国の出陳馬匹を観察した結果、「取別《とりわけ》て私の感嘆に堪えなかったことは露西亜の馬である」と述べた藤波にとって、「露西亜は如何なる手段方法に依りて斯様に長足の進歩をなし斯様に良き結果を得たかと云う事を調査し講究したい」と思うのは当然のことであった。そして、ロシアの馬政総監ドミトリー親王の許可を得、村田淳砲兵大佐と通訳の島川毅三郎《しまかわきさぶろう》、及び新山荘輔とロシア各牧場の視察に赴いたのである。

かつて、ロシアの馬政は藤波がパリ万博において褒《ほ》めたオーローフ・ロストプチン種及びオーローフ・ツロッター種二種を絶えしめん状態であった。その理由は前馬政総監であったゾーフ男爵が競馬のためにサラブレッド種（英国純血種）を次々と導入したためであり、オーローフの両種は「殆《ほと》んど其胤《いんけい》系を絶たんとするの有様」になってしまったのである。これに対し、ドミトリー親王はオーローフ両種を保護し、また馬政総監となってからはサラブレッド種を排斥し始めた。また、ロシアの馬政は陸軍省にも農務省にも属さない一個の独立した局である馬政局が扱ったが、その総監たるドミトリー親王の統率のもと、確固たる方針で馬政を運営していたのである。藤波はその様子を、多少の粉飾もまじえてだろうが、以下のように記している。

到る処の産馬家は皆ドミトリー親王殿下を神の如く尊敬し、産馬改良の方針等一度諭示《ゆし》せられたることは必ず之を遵奉して違《たが》うことなく、如何に大国なる露西亜の数多き産馬家も恰《あたか》も一区画の牧場に於て此事業を経営するが如くドミトリー親王殿下即ち馬政局の方針、目的は能《よ》く貫徹して実行せられつつあるを見受けました。〔『牧畜雑誌』二〇三〕

それでは、ロシアの馬政方針とは具体的にはどのようなものだったのだろうか。中でも目をひくサラブレッドの排斥についてみていこう。前馬政総監であるゾーフ男爵の実施したサラブレッド導入策は「其子孫の体躯は勿論美なりしも四肢痩長《そうちょう》にして実用に適するもの」が少く、あまり芳《かんば》しい結果を残すことはなかったと藤波は述べている。かつて、宮内省所管である下総御料牧場において、多くサラブレッド種を導入し、「体格最も強剛なる南部種牝馬《ひんば》」と交配させて改良繁殖を図ったが、その仔は「美は益々美なりと雖も四肢は愈々軟弱とな」り、「実用に適するものが甚だ稀であった」。そのため、「四肢の軟弱なる馬」の事を「下総馬の如し」と評されたようになってしまった苦い思い出があった。その後、サラブレッド種から、「体格強剛」なるアングロアラブ種馬やハクニー種馬の導入へと転換していく等、色々と繁殖法を改善し、「世人の惑いを氷解せしむるに至」ったのであるが、ロシアにおけるサラブレッド種の排斥は、こうした自己体験の再確認となったのである。こうしてロシア馬政の実績を見て行くうちに、実用的乗用馬を改良するにはオーローフ・ロストプチン種に代表される「体格強剛」の馬の方が「英国純血種に優るものと確認」するに至り、「将来我産馬改良上最も鑑みざるべからざることと深く自ら戒心」したのである。

この後、藤波はドンコサック地方の産馬の状況を視察し、また牧場だけではなく、ロシア各地（ハリコフ、オデッサ、キエフ、モスクワ等）を巡回し、土地の状況も観察している。こうして、冬将軍が徐々におとずれる一〇月から二か月あまりにわたる藤波のロシアの旅は終わる。藤波は、年が明けた明治三四年早々、元老伊藤博文に対して内々の意見書とでも言うべき一通の書簡（『伊藤博文関係文書七』）を送っている。そこでは、「巴里博覧会にて各国の馬匹を熟覧仕《つかまつ》りたる其内、露国の馬匹進歩改良には一驚仕《つかまつり》たり」と一にロシアの馬政を褒《ほ》めたたえ、その次にドイツの馬政を評価した後、「本邦の馬政を考え見るに」、「現今の如き農商務省の手ぬるき遣《や》り方」をしているようでは、たとえ六、七〇年たってさえも「遠く独露の馬に及ばざること明か」であり、「誠に軍馬の為《ため》国家の為」心が痛む次第である、と述べている。そこでまず現行の一年二四、五万円の経費をせめて倍増の四、五〇万円にして、「継続事業になして二十カ年を期して必死に遣り度《た》き祈望《きぼう》に御坐候」と述べており、ここから藤波の馬政計画の一端がうかがいしれると同時に、強烈なモチベーションと、伊藤に対する売り込み姿勢が見てとれよう。

このように藤波は明治三三、三四両年にわたる欧米巡行を通して、彼我《ひが》の馬の能力差を嫌と言うほど実感し、また外国の馬政関係者が日本馬に関してどのような感想を抱いているかを肌で感じ取った。そのような中で、ロシアの馬政に着目し、自らの経験と照らし合わせながら、藤波独自の馬政プランを策定し、その実行者に自らをもって任じていく。こうして、自他共に認める馬政のスペシャリスト、藤波言忠は誕生していくのである。

## 「馬政カリスマ」藤波言忠

藤波が馬匹改良の必要性をより深く認識し、わが国の馬政の遅れを取り戻すという決意を抱くのと時を同じくして、現実の課題としても馬匹改良問題が浮上してきた。その契機となったのは、明治三三年に勃発した北清事変であった。当時の日本軍馬の状況については、以下のように記されている。

今回北清事変のため我が日本軍は抜群の働きを為し戦術、武器等に於ては毫《ごう》も他の連合軍に遜色なかりしも独り軍馬に至りては性狂暴にして駕御《がぎょ》に便ならざるのみか去勢を行なはざるものありしため牝馬を交用する能はず。大に不便を感じ且つ軍用に於ても各連合軍の馬匹に及ばざりしかは軍隊にては大に鑑むる所あり。〔『牧畜雑誌』一八二〕

去勢の実施も遅れていたため、馬匹の取り扱いに苦労すると共に、各国と比較してわが国の馬匹の劣悪な状況がより鮮明に示されたのである。特に北清事変の場合、各国との共同作戦であったため、馬匹の劣悪さが列強に露見した事が、陸軍の焦燥感をより募らせたのではないかと思われる。

藤波も博覧会で熱心に馬を縦覧していた際に、一人のフランス人に「併《しか》し日本には此様な良き馬はあるまい、日本の馬は宛《あた》かも熊の如き野獣のようであると云う事であるが誠であるか」と話しかけられており、明治三〇年代に至っても馬匹の改良は遅々として進んでいなかったことがうかがえる。

こうした状況下において、「主馬頭なら藤波」〔『侍医三十年』〕と評される程の実績を背景に、藤波は来るべき日露戦後の馬政計画策定の中心人物となる。そして日露戦中に設立された臨時馬制調査委員会において陸軍や法制局と渡り合いながら自らの原案をほぼ成立させていくのである。

その計画策定中、「御下賜案《ごかし》」と称された原案は藤波と新山の手によるものであり、その中身は馬政の一元化を含め、この欧米巡行で研究された成果が反映されていた。すなわち、明治三三〜三四年の藤波の欧米巡行が、馬政計画策定に与えた影響は非常に大きいものといえるであろう。

表2-2　臨時馬制調査委員会委員一覧

| 名前 | 所属 | 備考 |
| --- | --- | --- |
| 曾禰荒助 | 大蔵大臣 | 委員長 |
| 一木喜徳郎 | 法制局長官 | |
| 藤波言忠 | 宮内省主馬頭 | |
| 新山荘輔 | 宮内省主馬寮技師 | 農商務省技師兼任 |
| 大蔵平三 | 陸軍軍馬補充部本部長 | |
| 浅川敏靖 | 陸軍省騎兵課長 | |
| 酒匂常明 | 農商務省農務局長 | |
| 廣澤辨二 | 農商務省牧馬課長 | |
| 荒井賢太郎 | 大蔵省主計局長 | のちに参加 |

## 臨時馬制調査委員会

明治三七年八月一六日、明治天皇の勅命を受けて大蔵大臣官舎に委員八名【表2―2】が参集、臨時馬制調査委員会が始まった。

それでは、この会議の模様を『臨時馬制調査会記事』に沿って見ていきたい。第一回目の会議では、藤波が起案した原案（記事中では「藤波子爵原案」）を朗読し、各自がプランを持ち寄ることが定められた。しかし、この会議で最も注意を要するのは委員長曾禰荒助《そねあらすけ》の「大事業は継続費を可とす。然れども此の事業は法律上継続費となし得べきや否や問題なり」という発言であろう。すなわち、多くの外債に依存し日露戦争を戦い抜いた日本にとって、戦後の支払いが財政を圧迫することは自明であった。またそれを知悉《ちしつ》する曾禰蔵相は財政面において、藤波のプランに対し牽制を行ったのである。

八月二三日に開かれた第三回会議においては、大蔵《おおくら》、藤波、酒匂《さこう》から各自奨励案が提出されているが、大蔵はその第一に「競馬会（正則競馬、祭礼競馬）に補助金を与うる事」、第二に「競馬場裡の博戯《はくぎ》を公許する事」と挙げており、陸軍の馬匹改良策において競馬が大きなウェイトを占めていたことを示している。中でも「馬券の公許」にまで踏み込んでいることは、第一回の曾禰の発言を受けたものであろう。また、馬政を運営していく理由の一つとして「愛馬心の涵養」が挙げられているのは見逃せない。特に、浅川敏靖《あさかわとしのぶ》騎兵課長は輸送に携わった人夫の多くが「馬に関する智識の欠乏実に驚くべきもの」で、それ故「動物に対する観念を一般に普及せしむるため教科書中に該事項を加うることは今日の急務なりと信ず」という意見を述べていることは注目される。陸軍にとって国民全体への馬事思想の普及は重要な課題と認識していたのである。

## 馬券黙許への道筋

これに対し藤波は第一に「連合共進会を開催する事」として、優秀な種牡馬《しゅぼば》や繁殖牝馬、秀逸なる明け三歳の馬に賞典を下附、すなわち資金等を与えることを要求し、第二には「大博覧会の馬匹奨励法」を挙げ、「帝室より種牡馬五頭に対し次回の大博覧会まで名誉賞牌」を与えること、第三は各府県に産馬組合を結成することを奨励し、競馬会を組織させることを提案している。

藤波の言う競馬会は、「春秋両度」に開催すべきもので、賞金は「政府の賞典及有志賞典」「帝室の賞典下附を仰ぐ事」と述べられており、馬券発行に言及されていない点は注目すべきであろう。また、酒匂の提出した「産馬奨励要目」にも第一に「競馬」が挙げられており、競馬は産馬奨励の共通項目として、温度差はあれど陸軍・宮内省・農商務省三者間に認識されていたことがうかがえる。しかし、「馬券の発売」に関して積極的な意見を持っていたのは陸軍だけであり、結局、馬券の問題に関しては「例之競馬場裡の博戯を公許すること の如き必しも麗々と公許すと言わずして黙認すと云うの穏当なるが如し」が結論となった。

「黙認す」とはどういうことなのか。刑法で賭博は禁じられていたが、この背景には、横浜における競馬会の存在があった。第1章で紹介した横浜の根岸競馬場は、もともと治外法権ゆえ馬券が発売されていたが、明治三二年治外法権が撤廃され居留地としての借用期限が切れても根岸では引き続き馬券が発売されており、いわゆる「黙許」の状態にあった。これは、明治三五年より日英同盟が成立していたことに加え、競馬を主催する日本レース倶楽部の会頭が「同盟国」の駐日英国公使であったからで、外交的配慮に基づき、黙認していたのである。明治においては競馬はいまだ外交的要素を残していたことがうかがえよう。そして政府はこの「先例」に則って馬券黙許を決定したのである。

第四回会議は八月二六日に開かれ、各委員から出された奨励案に対して、一木《いちき》喜徳郎《きとくろう》法制局長官が意見を述べている。藤波の案は「頗《すこぶる》穏当の手段にして命令強制を要するもの少《すくな》し。別に意見を述ぶるを要せず」と満足げな様子を見せている。陸軍案に関しては「提案は陸軍部局満幅の希望を述べられたるものにして皆適切の案なり」とし、陸軍の案としては当然である、という態度を取りながらも、「多少の修正を認めざるを得ず」として、「競馬場裡の博戯公許は前回委員長より述べられたるが如く全く黙許の意味なりとすれば其取締に付手心を用ゆると改むるは可なり。内務省の意見を徴すべし」と述べ、後の馬券黙許に至る道筋が示されている。ちなみに馬に関する事柄を教科書に掲載する案は、「異存なし。文部省に於て考案するを要す」と述べ、一木は賛意を表している。

また、民間産馬を図るため、国有の山林原野を無料もしくは廉価で民間に貸与するという案の際には、農商務省はこれを快諾し、酒匂が「御料の林野をも同様の御取扱あらば一層都合よからん」と提案すると藤波も「至極同感なり」と、各省間の積極的な連携も見られ、この臨時馬制調査委員会には本格的な馬政計画を策定しようとする雰囲気が確かに存在していたことがうかがえる。

## 一木修正案をめぐる対立

第五回会議は八月三〇日に開かれた。そしてこの第五回委員会こそ、きたる本格的馬政計画の一大実施拠点となるべき「馬政局」の官制に関して激論が交わされた会議なので少し詳細に見ていきたい。というのも、藤波や新山ら宮内省主馬寮が中心となって作成した所謂「御下付の原案」に対して、前回まで理解を示していた一木が注文を付けるのである。一木はまず、馬政局の総裁の問題、馬政議官を置かないかわりに馬政委員会を設置すること、臨時馬制調査委員会の官制を設けて現在の会を法的に存在させることの三つの問題点を挙げた。

このうち大きな論点となったのは一つめの馬政局のトップの件であった。藤波の原案では親任官たる総裁を置き、その下に勅任官の馬政総監を置くということになっていた。親任官とは明治憲法下において、天皇より親任式をもって叙せられる官吏の階級で、大臣級の重みがあった。一木は「親任官たる総裁を戴かんとするの趣旨」には「馬政局の地位を高め其機関を荘重にし以て由来沈衰の極に達せる我国の馬政を振興」させようとする意識の現れであり、「誠に至当の希望」としながらも、自身が法制局長官である立場から、「一国政務の全般に亘り汎《ひろ》ふ各部の権衡《けんこう》を取り、事務の軽重を達観して其官制を定めざるべからず」と反論する。その理由として、現行官制中、局長は「皆勅任二等を以て最高」としており、そして馬政局も他局と同様、親任官ではなく、勅任官で良いという論であった。すなわち、親任官総裁を勅任官の長官

表2-3　藤波原案と一木修正案

| | 藤波原案 | | 一木修正案 | |
|---|---|---|---|---|
| 長官職 | 総裁 | 親任 | 馬政長官 | 勅任 |
| 次長職 | 馬政総監 | 勅任 | 廃止 | — |

とし、勅任の馬政総監を廃止するという一木修正案を提示してきたのである【表2―3】。と同時に一木は、「馬政に関しては事態特に重大なるを察し、破格の奮発を以て長官を置き一等官と為す」と原案に配慮した旨を述べた。また、勅任官となることによって予算請求権が弱くなってしまうとの危惧に関しては、「馬政に対する国家の一大方針」が決まっている以上、「総裁」であろうが「局長」であろうが「何等の区別あることなかるべきなり」と述べるのである。つまり馬政局が民間馬政も受け持つ以上、バランス上あからさまな特別扱いは法制上問題がある、と釘を刺してきたのであった。

## 藤波の反論

この一木の発言が終了するのを待っていたかのように藤波が反論を行った。藤波は馬政局を主務一省の一局とし、総裁を置かず勅任官の長官を戴くのは「遺憾ながら賛成の意を表すること能わず」とはっきりと反対の立場を表明する。

その理由としてまず、藤波は次のように「天皇の御下命」であることを強調する。

抑《そもそも》今回特に御下命ありて馬制調査委員会を命ぜられ馬政局創立の事に当たらしめられたる御趣旨を察し奉るに、我国産馬の現況に照し深く我馬政の不振を慨嘆せられ、之に対する根本的の改革を断行し以て百年の基《もとい》を開かんとの御意に外ならずと信ずこの辺りは明治天皇との個人的パイプの太い藤波の有力な反論根拠であろう。また、予算請求権に関しても、かつて「農商務省の一局中の一課たる牧馬課」の管轄下にあった馬政の結果、「牧馬課に於て充分なる予算を有せざるが故に随て陸軍の需要を満すこと能はず、又民間の希望を満たすこと能はず。吏員の熱心勤勉も施すに余地なきが如し」「如此現状に於て馬匹の改良を期し欧米諸国と比肩することを望むは百年河清を待つが如し」と痛烈に批判したのである。そしてこの様な状態を「根本より打破」するためには「馬政局に充分の威力と尊厳とを与」える事が重要である、と説いたのである。

そして、この「威力と尊厳」がなければ「予算の如き何時之を削除せらるゝやも図り難し」と危惧を表明する。つまり、「威力と尊厳」を与え、「馬政局の地位を鞏固ならしむる」ために馬政局に親任官の総裁を設置する必要性を訴えたのである。それに対し一木は、勅任一等であることや、上に主務大臣がいることから地位は強固である、と説明した。この時期は行政整理が叫ばれていた時期でもあり、新たな官制を繁雑にする事は余り芳《かんば》しくないという事情と、各部とのバランス、すなわち「権衡上」の理由もあったのであろう。しかしまた一人、一木の修正案に反対する人物が登場したのである。

## 軍馬補充部本部長も反論

反対したのは軍馬補充部本部長大蔵平三《おおくらへいぞう》であった。大蔵は産馬改良の難しさを述べた後、実現するためには「所要の経費と十分の勢力」が必要と述べ、主務大臣が上にいる、という一木の反論に対しても、「主務大臣は馬政以外凡百の事務に忙殺せらるる」場合があり、「馬政にのみ全力を傾注すること能わず」、「事実上は馬政局長官其主脳となるに至るは自然の勢」になることから、原案の親任官総裁が至当である、との判断を述べた。また、一木の「必ずしも独り国家の需要のみの為にあらず民間の為にも馬数を増加し、馬匹を改良するの必要あり」という民間馬政の一面があるという指摘に対しても、「我邦の馬産は之を民間に一任するときは啻《ただ》に進歩発達をなさざるのみならず萎微衰退終《つい》には軍国の需要を欠かしむるに至らん」とし、「尋常の組織を以てせんが軍国の需要を満足せしむるに足るべき馬匹の改良発達は得て期すべからざらん」と、あくまで「民間」ではなく「軍国の需要」をまず第一に念頭に置くべきである、と反論を行ったのである。当然、その背景にあるのは「進で事を大陸に成さんと欲せば則ち馬政に対しては之を視るに特別の事務を以てし」と述べているように、将来的な大陸戦を想定してのものであった。明治四〇年の帝国国防方針において陸軍は大陸の「ウスリー方面」を主戦場と想定しているが、その一端をここに読み取る事ができよう。

主馬寮技師新山も「馬政局の事務は単に国家軍事上の必要の為のみにあらず民間の需要の為にも必要なりとの説あり。然れども馬匹の数及其資質に於ては民間の需要として殆《ほとん》ど不足する所のなきものの如し。馬政局の目的は民需に適すべき産馬の資格を超えて尚お軍需のため国防のため大に之れが改良を計らんとするにあり」と述べ、藤波・大蔵を支持した。つまり、総じてみると抜本的改革が必要であるという「ご趣旨」と、あくまで馬政局設立は軍事上の要求に基づくものである、という二点を軸に、陸軍と宮内省グループは共同で一木に反論したのである。一木は予想外の反論に驚いたのか「程度認定の問題なり」と議論の矛先をかわし、場を収拾しようとした。結局、酒匂の「馬政の事務其目的を達するや否やは一に人に在り。則《すなわち》レーンドルフの如き人物を得るや否やに在り、我国にはレーンドルフ其人なしとせず、故に先ず其人を選定」するべきだ、という論に落ち着いた。

レーンドルフとは、プロシアの「司馬監長」、すなわち馬政長官フォン・レーンドルフ伯爵の事であり、欧州の馬産においては決して一流国とはいえないプロシアを、一大強国にまで引き上げた当時注目の馬産家であった。また、藤波が欧州各国の帝厩や牧場を視察した際、懇切に対応したことから明治三五年九月に、日本より叙勲を受けている。酒匂はあるいは藤波を「我国のレーンドルフ」と想定し発言したのかもしれないが、結局一木修正案は撤回、主務大臣をどこにするかの論議も委員長の曾禰が「所管は内閣に之を隷せしむることに復活すべし」と場を取りまとめた。その時に藤波は「馬政官中二人は勅任と為すことを得る」、の一事も原案に復活するよう求め、多数決で認められている。

このようにして、「親任官馬政総監を廃して、勅任官馬政長官を置く」という一木修正案は藤波・新山の宮内省グループと大蔵の陸軍グループの共闘により撤回を余儀なくされ、廃案に追い込まれるのである。

## 陸軍の要求

第六回会議は二週間後の九月一六日に開かれた。議題の中心は新山が起案した予算案であった。予算は合計六案提出されているが、ここでも藤波がイニシアティブを発揮し、結局、藤波の差配通りに決定した。組織の要諦ともいうべき人事制度・予算案、この二つを藤波がまとめあげていることがうかがえよう。

陸軍側からも馬政局官制に関して馬政官の半数に陸軍将校及相当官を任命することと、馬政委員会官制中、委員の人数は五名とし、宮内省高等官、農商務省、馬政総監が各一人、陸軍からは二人を出す、という要求がなされた。来るべき馬政計画においていかに陸軍の意志を反映させようとしていたかが見てとれる。

これらに対して、一木は「馬政官の半数は必ず陸軍部内より採用す可しと限定することは是任命の大権を狭めて自ら選択の範囲を束縛するの結果を生ず」「頗る其説明に苦《くる》しむ所」と難色を示し、藤波も「馬政官の任用は之を総裁に一任し敢て官制を以て総裁の推薦権を束縛するの必要なし」「半数限定は頗《すこぶ》る不便なる結果を生ず」と反対の意を表明した。また酒匂も「馬政局が馬政統一機関」である以上、「職員も眼中文武の区別なく一意専心の方針を守りて従事するを主眼」とすべきであり、大蔵の要求は「相対抗するの意味を暗示」していると反対意見を述べている。さらに酒匂は、陸軍は既に馬政委員会に於て「充分の代表権あり」とこれ以上の勢力伸張に対する牽制を行うのである。

## 引かない陸軍

しかし、一木、藤波、酒匂に反対されても大蔵は要求を撤回しなかった。「従来の状況に鑑み、将来馬政局の事業を円満に遂行せしめんと欲せば予《あらかじ》め文武折半法を規定し置く」のが最も適当である、と反論するのである。一木はこれに対して馬政委員会を馬政局から独立させたのは、各省の委員が各自の意見を発言するためであり、陸軍の主張はそこで行われるべきで、「(馬政―筆者註)局内の職員は決して各省の代表者たることを許さず」と厳しく非難している。一木の反論は理に適《かな》っており、毅然と拒否する態度に大蔵も少し軟化を見せ、「官制上之を掲ぐること穏当ならずとせば」「此主義は此委員会に於て認定し置かんことを希望す」と官制に盛り込むことは取り下げ、あくまで臨時馬制調査委員会における内意を得ようとする方向へシフトする。しかし、これに対しても藤波は「如斯《かくのごとき》主義を此会にて認め置くも穏当ならず」と拒否、酒匂も「却《かえっ》て文武対抗的」と反対し、長年御料牧場や主馬寮で馬匹に携わってきた新山にとっても陸軍の要望は憤りを覚えるものであったのか、「半数限定論は文官は産馬改良事業に信用なしと云う意味に近し」と憤慨を露わにしている。

こうした四面楚歌の状況にもかかわらず、大蔵は「馬政官たる者は必ずや兵学戦術に通暁し、且つ軍事的馬術軍事的相馬の素養あるものたらずんば不可なるべきは固より論を待たざるなり」と陸軍の要望を全面的に展開し、新山の「然らば全部軍人を以て組織せらるるも可なり」との幾分捨て台詞《ぜりふ》に似た言葉に関しても、「然り。馬匹改良本来の精神より遠慮なく希望を述ぶれば全数を軍人としたきなり」と本音を述べる。しかし、「文官にも適任の人絶無と云うを得ず」等、その他種々の事情から半数としている、と答えるのである。結局、一木が「委員会は如何なる官制を制定する」か検討する場所であり、「如何なる人を総裁とし、馬政総監とし、如何なる部局より馬政官を任用すべき」を決定する場所ではなく、それらは内閣以上で決定すべき事項である、と大蔵の説得にあたり、故に「陸軍半数限定論の如きは陸軍大臣より内閣に提出」するのが良い、と結論を下している。

## 馬政委員会の人数復活要求

大蔵は最後まで半数論の議決を望むが、重ねて藤波が事態の収拾にあたり、「若《も》し強《しい》て之を議決せば多数決にて否決となるべし」とまず現在の勢力状況を冷静に指摘し、「如斯《かくのごとき》陸軍の熱心なる希望を多数決で否決するも穏当ならず」と陸軍の立場に配慮を見せ、「故に此点に付ては議決を為さず」が良かろう、と場を取りまとめるのである。これには一同も「異議なし」と言うほかあらず、改めて藤波の存在感を示す一件でもあった。また、藤波は馬政委員会が主務大臣の諮詢《しじゅん》ではなく、総裁の諮詢に応じる組織に改めたいと述べている。これなどは、要するに馬政局と馬政委員会が並列の組織ではなく、馬政委員会が馬政局に付随する組織に改める、すなわち馬政局の権力強化を藤波が志向していたことの現れに他ならない。結局この案は一木の「馬政委員会が総理大臣の監督に属しながら総理大臣が諮詢の権なしとせば頗不条理なり」という反対意見で、結局主務大臣と総裁両方の諮詢機関となる。

さて、馬政官陸軍将官半数論を大臣レベルの折衝に棚上げされた大蔵は次に馬政委員会の陸軍勢力の固守に力を注いでいく。大蔵は「今回の馬匹改良の目的は全然軍事に在り国防に在り陸軍の関係する所最も重大なり」とし、前回の会議において「一応賛成」していた宮内省：農商務省：陸軍省の人数構成を公平に二：二：二とする案を、「馬匹改良精神の上より云う時は寧ろ原案の陸軍省二名宮内省農商務省各一名を以て公平適当と認めざるべからず。馬政局設置の暁には現在農商務省の管理に属する馬政事務は一切同局に移るが故に同省より委員二名を出の必要なかるべし」と述べ、「馬政委員の人員は原案に復し」たいと要求した。これは曾禰の裁断により原案、すなわち宮内省：農商務省：陸軍の人数構成比一：一：二に復活することが定められた。馬政官において陸軍の意見が全く通らなかったために、この馬政委員の際には各委員とも譲歩したものと思われるが、馬政委員会はあくまで諮詢機関に過ぎず、実質的な馬政運営の権限がある訳ではなかった。つまり、陸軍の面子は何とか保ったものの、陸軍の意志が貫徹し得る状況を招来した訳ではなかったのである。

このように臨時馬制調査委員会では、馬政に対する陸軍の勢力伸長姿勢を他の委員が押し返す等、議題によって様々な思惑が交差していた。そうした状況の中で、原案を作成した宮内省グループ、特に藤波が会議全体を通じて主導権を握っていたことがうかがえる。こうして、きたる馬政改革の中心たる馬政局官制に関して、明治天皇からの「御信任」と「馬政カリスマ」ぶりを背景に一木の反対を押し切り、ほぼ希望通りの官制・予算案を議決することに成功した藤波は、いよいよ念願の馬政の実行責任者としてその責を担っていくのである。

## 陸軍の巻き返し策

臨時馬制調査委員会において主導権を発揮することに失敗した陸軍は、新設される馬政局の直属組織である内閣に対し布石を打っていく。日露戦争も終結に近づいた明治三八年七月一四日、山縣有朋は「電話にて御承諾を得候へ共《ども》大蔵大臣（曾禰荒助―筆者註）に面会、馬政局設置の事談合《だんごう》相成候折柄に付同人に依托致し候間《あいだ》委曲御聞取之上一日松方伯一同相会《あいかい》し概要御取極め可被下《くださるべく》と存候」と桂太郎首相に書き送っており、馬政局に関して曾禰に任せるように依頼していることが見てとれる。さらに、臨時馬制調査委員会において馬政局に陸軍勢力を一定数確保させておきたいという要望を、藤波らによって「陸軍大臣より内閣に提出」するべきと一蹴されたことを受けて、同年九月二二日、陸軍大臣寺内正毅は桂に対し、「我国産馬改良の義に就ては」と題した以下のような意見具申を行った。

聖意を煩わし奉りしこと有之次第に候処、爾来《じらい》馬制調査委員会設立せられ制度革新の調査も著々《ちゃくちゃく》其歩を進め今や実施の期も将《まさ》に近きに在るべきことと相考え候。案ずるに諸般の事業は必ずしも其制度の良否のみに依らずして制度を運用する人如何に依りて、其結果に著しき差異あること少なからず。就中本事業の如きは其最も然るべきものと確信致候。殊に今回の戦役に於ては我軍馬に就て実に惨憺《さんたん》たる経験を積み痛切に我産馬改良の急務なることを感じたる次第に付き将来軍事上の大計画を為すに当たりては一層重きを産馬事業の発達如何に置かざるを得ざるの形勢に有之候。就ては今後馬政制度改正の上は其の首脳機関たる位置に充分軍事上の知識経験を有し兼て本事業に関し研究を積みたる者を任用せられんこと偏《ひとえ》に希望する所に候。依て右意見予《あらかじ》め申出置候也〔『明治卅七八年戦役陸軍政史』〕

【意訳】

明治天皇の御意志に基づき、馬制調査委員会が設立され、制度革新の調査も徐々に進み今やその実施時期も近づきつつあると考えている。ただ、心配されるのは諸般の事業というものは必ずしもその制度の良否のみではなく、制度を運用する人次第というところである。そのため、人によって結果に差異があることが少なくない。なかでも馬政事業は最もそういうものであると確信している。ことに日露戦争において、我が軍馬については実に惨憺たる経験を積み、痛切に産馬改良が急務であることを感じたため、将来軍事上の大計画を策定するにあたっては産馬事業の発達が非常に重要である。ついては今後馬政制度改正の上はその首脳機関たる位置に充分軍事上の知識経験を有し、以前より本事業に関し研究を積んだ者を任用していただくようにひとえに希望する所である。右の意見を予め申し出て置く。

寺内は、新設される馬政のトップには「充分軍事上の知識経験を有し」、「兼て本事業に関し研究を積みたる者」の任用を「偏に希望」していた。すなわち、これらに該当する大蔵平三軍馬補充部本部長が本命であったと思われる。これは山縣を中心とする陸軍長州閥の人脈を通しての実現性の高い依頼であったが、寺内らの頼みの綱の桂は明治三八年末に退陣し、翌年第一次西園寺公望《さいおんじきんもち》内閣が成立、その元で馬政局設置が進められていくのである。

## 馬政局官制案

臨時馬制調査委員会自体は明治三八年一月二三日の第九回会議を最後に開かれておらず、馬政局の官制に関してはほぼ審議された案通りだったと思われる。というのも、明治三九年一月、新山荘輔は帝国議会予算分科会で「本年より三十箇年」「費用は概算致しまする概ね二九〇〇万円ばかり」と答弁しており、期間、予算計画ともに臨時馬制調査委員会で採択された案に大きな変更がないためである。ただ、注目すべきことはこの分科会において、「陸軍の軍馬補充部と馬政局はどういう関係か」との質問に対し、新山は「軍馬補充部と馬政局と全然関係はないのであります」と端的に答えている点であろう。無論別組織であることは言うまでもないが、新山としては馬政局は軍の要求する馬匹を供給するための組織ではなく、これまで農商務省の一課に過ぎなかった部署を新たな組織に仕立て上げた局である、と認識していた事がうかがえる。そうした陸軍の要望と分離した「殖産馬政」の立場に立つ「宮内省グループ」に対し、陸軍は自らの意志を反映させるために、西園寺首相に対し画策していく。明治三九年五月三日に出された「馬政局官制制定の件」(『公文類聚』)は、馬政局の官制に対して、陸軍の要求を示した修正案であり、まさに陸軍が馬政に対しどのような考えを持っていたかを探るのに格好の材料と言えるので、詳細に検討していきたい。

修正案において寺内はまず、陸軍がイニシアティブを握る理由として「馬匹の改良は軍事上密接の関係を有するもの」であり、「馬政局の設置は主として之に基くもの」であるから、当然「最も陸軍との関係に重《おもき》を置」く必要性を挙げている。つまり馬政局設置の最大理由は陸軍の要望であり、これは臨時馬制調査委員会における大蔵ら陸軍関係者らの発言とも符合する事から陸軍の総意と見てよいだろう。そして「本案を見るに此の関係につき大に欠くる所ある」ため、陸軍修正案を提示してきたのである。

その修正案は全部で五条からなるが、ここでは最も重要と思われる第一の要求を取り上げてみよう。この史料は寺内陸相の花押が書かれた意見書が付箋にて述べられており、その上には「可」「否」がつけられている。

陸軍大臣修正案

(否) 第一、馬政局官制に対する修正

第二条中「馬政官専任十人奏任」の項に左の但書《ただしがき》を加うること
但し内四人は陸軍現役将校同相当官を以て之に充《あ》つ

馬政局官制に於ては陸軍に関する関係は一も之を規定せず、之れ馬政委員会官制第三条に於て陸軍将官又は上長官を以て馬政委員会委員と為すが故に之に依《よ》り能く陸軍との連絡を図るを得べしとするの主旨なるべしと雖《いえども》馬政委員会は単に総理大臣の諮詢機関に止まり其の審議する所の事項も自ら大体の点に過きざるが故に一二の委員を陸軍より出したるのみにては軍事上の要求を充たすことは到底望み難し。又馬政官職員特別任用令に於て陸軍将官同相当官を其の職員に任用するの規定ありと雖之れ単に任用し得るの規定に過ぎずして必ず任用すべきの主旨にあらず。以上の如き次第なるを以て馬政局の業務と陸軍との関係を密接にし馬匹改良をして軍事上必要に伴はしめんとせば須《すべか》らく之が実行機関たる馬政官に馬匹事務に経験ある陸軍将校同相当官を任ずると共に其の人員も之を官制に規定し置くを必要なりとす。

簡単にその他の要求についても触れておくと、第二は馬政委員会に対する要求で、馬政委員は陸軍より必ず二名出す（宮内省、農商務省は各一人）、という要求であった。これは「可」であったが、第一及び第二のこの二つの要求は農商務省や宮内省などに対する明らかな牽制であり、陸軍側が馬政をリードしようとする意志表示が見てとれる。第三は馬政局職員に馬匹関係者を採用すること、第四は馬政長官の官等に関する件で両方とも「可」であった。第五は陸軍現役将官が馬政官に任じられた場合出向となり、陸軍将校分限令によって予備役に編入されるが、これでは「有為の将校」を馬政官になかなか任じられないので、「陸軍将校分限令の改正するは妥当ならざるが故」それを改正する勅令案を作ることを要望している。この要求などはさすがに都合が良すぎたのか「否」とされている。これらの修正案を通して、馬政局に陸軍が勢力を伸張させようとしている積極的な姿勢とともに、内閣との間で熾烈な綱引きが行われている様子が見てとれよう。

寺内は臨時馬制調査委員会で否定された事項について、要求を半数の五名から四名へ減らすといった妥協案を出して最後まで陸軍勢力を扶植させようと抵抗したが、「否」を突きつけられてしまい、ついにここに至り万策尽きたのである。

## 馬政局官制

陸軍の要求が挫折した後、注目は臨時馬制調査委員会において棚上げとなっていた馬政局のトップ人事に集まった。各種新聞報道は「長官は多年陸軍の馬政に執掌せる陸軍中将大蔵平三の予定」〔『東朝』M39・4・5〕、「曾禰男総裁となる由」〔『東朝』M39・4・16〕、「長官は親任官、次官は勅任官（中略）長官には曾禰、これに擬せられおれど果たして就任に至るや否やは未定」〔『東日』M39・4・18〕、「総裁は曾禰荒助男が枢密顧問官を以て兼任する事に決定し馬政長官は大蔵陸軍中将任ぜらるるならんとの説あれども多分主馬頭藤波言忠子が兼任するならんと云う」〔『都』M39・5・2〕、「総裁曾禰内定、長官大蔵中将か将た藤波主馬頭かなお未定」〔『東朝』M39・5・23〕、「馬政局総裁には曾禰荒助男親任せられ同長官は兎角の評ありたるも大蔵陸軍中将勅任せられるることに決したる」〔『都』M39・5・24〕と下馬評はバラエティに富んでおり、人選がもつれにもつれている様子がうかがえる。総裁は親任官であることから桂内閣の辞職に伴い、蔵相を退いた曾禰となる見解で一本化したと言えるが、長官人事においてはいまだ流動的とみられていたと言えよう。こうした状況下において、馬政局官制施行期日である六月一日は刻々と近づいていた。しかしその前に枢密院での諮詢を経なければならず、結論を少し先に述べれば、そこで馬政局官制に関して大どんでん返しが発生してしまうのである。

## 枢密院審議

明治三九年五月二九日、「馬政局官制、馬政局職員特別任用令、馬政局高等官の官等に関する件」の枢密院での審議が始まった（『枢密院会議議事録　十』）。山縣有朋枢密院議長は欠席しており、政府委員・都築馨六《つづきけいろく》より「変体とは認めたるも此の侭《まま》御可決ありて然るべしと思う」「馬政局なるものは規模頗る大なり」「実は之が為に一省を設けたき位なり」「本案は已《やむ》を得ざるものとして此の侭《まま》通過せしめられ然るべきもの」と説明がなされたが、通常の枢密院では中々考えられないことに、多くの枢密顧問官が反論を行った。九鬼隆一《くきりゅういち》は馬政局に「総裁なるものを置きて其の事務を掌《つかさど》らしむるは余りに大袈裟《おおげさ》」なので、「寧《むし》ろ総裁を止めて馬政長官のみにて局務を掌らしめらるを適当」と論じ、親任総裁―勅任長官を止めて、勅任長官―勅奏任次長にすべし、と官制を一段階落とす事を要求してきたのである。そして、野村靖《のむらやすし》も同様に「馬政長官勅任、次に馬政副長官とするも差支《さしつかえ》なきかと思う」と発言し、この枢密院審議において、官制問題が再燃し、臨時馬制調査委員会で一度は否定された「一木修正案」が再度要求されていくことになる。政府委員も枢密顧問官らに要求取り下げの懇願を繰り返すが、九鬼は「総裁を置くことを止められたし」と譲らず、野村も「即ち馬政長官に親任官待遇を賜わることとすべし。夫れにて差支なしと思う」と折衷案を述べるものの、あくまで自分たちの意向を貫く姿勢であった。「同院（枢密院、筆者註）としてはめずらしくも議論大いに沸騰」（『東朝』M39・5・30）という院内の雰囲気に蜂須賀茂韶《はちすかもちあき》が「寧《むし》ろ今日は是にて止め他日開会のことにして

図2-2　曾禰荒助（『近代日本人の肖像』、国立国会図書館蔵）

は如何」と水を向けたものの、東久世通禧《ひがしくぜみちとみ》副議長は「本案は緊急を要するにつき一時休憩して午後引続き開会すべし」と述べ、採決は午後に持ち越されることとなる。結局、修正案の採決の結果、出席者一四名中賛成者八名となり、ギリギリのところで修正案が可決されることとなった。何故枢密院で僅差の採決まで実施し、官制案を覆すこととなったのかは残念ながら現在のところ不明であるが、筆者は、臨時馬制調査委員会において一木が述べていたような官制の均衡上の問題と、きたる馬政改革についてすべて自らの思いどおりに突き進む藤波への反感があったのではないかと推察する。傍証としては宮内省における主導権争いが挙げられる。明治三四年頃から宮内省において山縣系官僚（田中光顕《たなかみつあき》・渡辺千秋《わたなべちあき》）が勢力を伸長させていくが、その前に立ちはだかったのが藤波言忠・広橋賢光《ひろはしまさみつ》兄弟であった。最終的には宮中の資金疑惑も絡まって広橋の辞任という決着がつくのだが、藤波は「随分やかましい御方」（『「明治天皇紀」談話記録集成』）とも評され、また失礼な部下には名前の「為之助」をもじり「ダメ之助」と呼ぶという厳しい性格（『明治大正馬政功労十一氏事蹟』）であったことから、各所とも摩擦があったことは間違いない。後述するが、直属の上司となる曾禰荒助もまた強烈な個性の持ち主であり、二人の関係の「折合」は相当難しいところがあったと思われる。また枢密院で官制修正を主導した野村靖は山縣に近い人物とされており、枢密院においてあるいは山縣の意図のもと修正されたとも考えられる。

とにかくもここに近代日本の馬政の中心たる馬政局は、永田町元ポルトガル公使館跡に産声を挙げたのである。

## 馬政局の成立

明治三九年五月三一日、紆余曲折の末内閣直属の馬政局（馬政局長官・曾禰荒助［親任官待遇］、次長は宮内省嘱託・藤波言忠）及び馬政局の外に諮詢機関として馬政委員会が設置され、あわせて、第一期一八年と第二期一二年の二期からなる壮大な「馬政第一次計画」が策定された。その第一期の事業概要の中で、競馬は「産馬事業の改良発達に資すべき」事業とされており、「元来競馬は馬匹の速度力量を比較し其技能を審判する唯一の機関にして馬匹改良上必要の設備たり」として、馬匹改良手段の「装置」として位置づけられたのである。

図2-3　馬政局（『競馬世界』5号、国立国会図書館蔵）

　しかしこの新組織はスタートから、いや枢密院で官制案がひっくり返されたようにゲート入りから揉めていた。特にトップの曾禰と次長の藤波との関係がまた問題であった。曾禰は一年後の明治四〇年一二月、西園寺公望に対し「且つ閣下之御記憶にも可有之通《これあるべくとおり》昨年馬政局創設当時次長と為しても当局中円満を欠き可申哉之《もうすべきやの》疑ありたる人物」（『西園寺公望関係文書』）と書き送っている事からも、次長である藤波とはウマがあわなかったことは明らかであった。実際、藤波が次長となる事も「波藤［ママ］

子は馬政局設置以来毎日出頭して次長の事務を執りつつあり。而して其の公然次長に任命せられざるは次長として主馬頭を兼任すべきかの問題未だ決せざる」〔『都』M39・6・7〕や、「藤波の兼任、一般に伝えられる。宮内省其他の都合上より就任の運びに至らざる由、多分軍馬補充部長大蔵中将の兼任」〔『東日』M39・6・6〕という具合にもめており、結局六月九日に至り嘱託という形に落ち着くものの、人事上の火種はくすぶっていた。馬政には素人であるものの、長州出身で馬券発売には積極的な曾禰荒助と、公家の出自を持ち馬政のスペシャリストを自負する藤波言忠との両者の立場・個性による対立は、馬政局が各官庁からの寄せ集めという側面も相まって、各セクション・派閥間の争いは不可避であった。そしてそれらがわが国の馬政計画、引いては競馬の行く末に大きな影響を与える事になるのである。

# 第3章　明治末期の馬券黙許

## 馬券黙許

こうした部局内の混乱があるにもかかわらず、馬政局はわずか一か月の間に種馬検査法施行細則の改正、種馬の購入、藤波の視察によって長野県北佐久《きたさく》郡に種馬所新設が決定する等多くの成果を上げていく。しかし、日露戦争の二〇億円にものぼるその戦費の処理は馬匹改良に割く予算の余裕を失わせており、戦後の重要施策として設置された馬政局といえどもその例に漏れず、決定した予算のうち六〇万円ほど減額されていた。そうした中で、政府への納付金をもって馬政費用に充当できる「馬券を伴う競馬」の実施が俄然注目されることになったのは自然の趨勢《すうせい》であった。

第2章で述べた通り、臨時馬制調査委員会において陸軍は、「競馬場裡の博戯を公許すること」という意見を提出していた。問題は、現行刑法では禁止となる馬券発売を許可するかどうかという点であったが、前述したように、曾禰荒助委員長の「競馬場裡の博戯を公許することの如き必しも麗々《れいれい》と公許すと言はずして黙認すと云うの穏当なるが如し」という意見に一木喜徳郎法制局長官も賛同し、「黙認」でまとまることとなった。

さかのぼること半年前の明治三八年一二月二三日、「競馬賭博取締に関する農商務・内務・陸軍・司法四大臣合議書」、いわゆる「馬券黙許の覚書」が作成され、これには競馬に関する賭博を黙許することは原則として不可能であるが、「単に馬匹の速度、力量、技能其他に関する知識の優劣を争う為め」に、「其確保手段として多少の金銭等を賭する如き」は「刑法に所謂賭銭博奕の行為」ではない、という河村《かわむら》譲三郎《じょうざぶろう》司法次官等による覚書が添付されていた。それが端的に物語っているように、馬券は無条件に認可されたものではなく、あくまで馬匹の速度や力量といった知識の優劣を争うための手段としてのみ許されたのである。そして黙許の判断をするのは司法・内務当局であるということもあわせて示されていた。

　ようするに、どの馬が勝つのか、という予想行為は、知識の優劣を争う行為であるため、多少の金品を賭けることは刑法における賭博の範囲には当てはまらない、というところに注目したい。すなわち、馬券は馬に対する知識を蓄積することで的中するものであり、偶然に頼るほかの賭博とは違う、と理論付けされ、「馬匹への興味」を喚起するものとして考えられたのである。

　実際、五日後の一二月二八日、内務省警保局長より警視総監あてに、馬券の発売は目的が「馬匹改良に存する次第」なので、「公安風俗を害するものに可無之」「此辺篤《とく》と御含の上警察上適宜の御取計《おとりはからい》相成候様」と通牒を発している。これはもし公安風俗に害する場合は検挙もあり得る、ということを暗に示しており、本来ならば刑法通り取り締まるところであるが、今回は「馬匹改良」という目的があるので見逃す、という趣旨であり、この事は馬券黙許があくまで政治判断であることを示していよう。

　しかし一方で、他の賭博は禁じられているにもかかわらず、競馬場においてのみ賭博同然の行為が許されているのは如何なることか、という不満の声もくすぶりはじめる。また、馬券発売の伴わない競馬の開催や、競馬以外の他の奨励法のみで馬匹改良の実《じつ》を挙げることはできないか、との一定の反対論も存在していた。

この合議書が作成された一二月二三日は年末年始の帝国議会休会中の事であり、また二日前の二一日に桂内閣は総辞職を行っていた。次の第一次西園寺公望内閣が成立するのが翌明治三九年一月七日であり、完全な政治的空白期に作成されていることから、「馬券黙許」は政府にとってデリケートな問題であったことを示しているといえよう。

## 馬政局の認識

それでは馬政局にとって、競馬はどのように認識されていたのか。そのあたりを『第一次馬政局事業概要』によって見ていこう。そこには、「競馬は馬匹の能力を増大し、其の需要を増加し一面には国民に馬事思想を普及する等馬匹改良上偉大の効用あり」「馬匹の能力を絶対に錬磨する」「能力ある馬匹を選抜して蕃殖《はんしょく》に供用する」「馬匹の需要を増加し其の価格を昇騰せしめ」「高尚なる屋外娯楽として」「其の効益実に顕著なりとす」と記されている。そのために「一哩《マイル》以上の馬場其の他競馬開催に必要なる諸設備」を持ち、「毎年新馬を競走馬匹に加え且二回以上定期に競馬を行う」等の条件の下に競馬会の設立を許可したとされており、馬券の発売を行うことに関しては、法制上認められたものではない故に触れられてはいない。

実際、馬政局においても馬券発売に対する認識は様々で、長官である曾禰荒助と、次長の藤波言忠との間にはかなりの温度差があったと言える。曾禰は後述するように「馬券なくして競馬なし」という考えの持ち主であったが、藤波はむしろ馬券に対しては消極的であった。

こうした不協和音をかなでつつ、日本人主導による、我が国初の馬券発売を伴う近代競馬実施の下地は整ったのである。

## 日露戦後における競馬の開催

ところが、実際に競馬を開催するためには巨額の資金を必要とした。例えば、競馬場の建設ひとつをとってみても用地の取得、施設の建設、アクセスの確保と、莫大な経費がかかることが容易に想像できた。それのみならず、競走馬の確保、賞金の準備など、日露戦後の厳しい財政状況下において、現実的に競馬開催の実施は困難であった。

もちろん、国家的事業である馬匹改良計画には、馬政局の設置をはじめとして、一定の予算が注ぎ込まれてはいたが、議会において荒井賢太郎《あらいけんたろう》財政局長が答弁したように、それらも従来の農商務省の馬匹改良費などを馬政局にうつしただけであり、「金額に於ては大した差の無い費用」であった。そしてそれもほとんど種馬の整備に費やされることとなり、競馬会の奨励は民間の力に頼らざるを得なかったのである。

こうした資金問題を解決する切り札となったのが「馬券の発売」であった。不忍池競馬が、ブックメーカー方式で競馬実施団体に利益の出ない方法を採用していたため衰微していったのと対照的に、根岸競馬が明治二一年より現在の馬券発売方法と同様のトータリゼーション（パリミチュエル）方式馬券を発売し、隆盛していたことが、トータリゼーション方式による馬券の発売が財政的な切り札になることを裏付けていた。

## 東京競馬会の設立

こうして競馬会が設立される運びとなったが、首都圏においてその嚆矢《こうし》となったのが前鹿児島県知事として馬産振興に実績のあった加納久宜《かのうひさよし》と、安田伊左衛門《やすだいざえもん》が中心となって設立した東京競馬会であった。安田は日露戦時には騎兵として応召していたが、陸軍馬政の第一人者大蔵平三に見いだされ、戸山厩舎長となっていた。寺内正毅陸軍大臣より競馬会設立にあたらせる人物を選定せよ、という命を受けた大蔵が、「平素馬匹改良を主唱している安田氏を最適任なりと認め加納子爵の競馬会設立に協力援助」を求めたのである。陸軍は、当時実施されていた臨時馬制調査委員会において、宮内省、農商務省に比べて熱心に競馬の実施を主張していた。その為、実際競馬会の設立となれば協力を惜しまなかったのである。

しかし、陸軍として競馬の実施は願うものであったとしても、体面上軍人が金銭に絡む事は武人の本分に悖《もと》ると考えていたため、表立った協力ははばかられた。その点、安田は正規の軍隊教育を受けた人間ではなく民間出身者であり、また協力依頼を受けた直後に除隊していることから、陸軍にとって競馬推進役としてうってつけの人材だったのである。

なお、陸軍は軍人の金銭への関与の面でのちに大きな陥穽《かんせい》におちいることになるが、それは後述する。いずれにせよ、競馬の実施は願うものの、その継続実施に必要な馬券の発売に正面から携わることは体面が悪いという二律背反的な要素に陸軍は絶えず苦慮していく事になる。

明治三九年一一月二四日、ついに東京競馬会による競馬が東京池上《いけがみ》で実施された。初日から二五〇〇名以上の観客が訪れ、東伏見宮《ひがしふしみのみや》、樺山資紀《かばやますけのり》海軍大将、大蔵平三軍馬補充部本部長、久保田譲《くぼたゆずる》前文相、藤波言忠馬

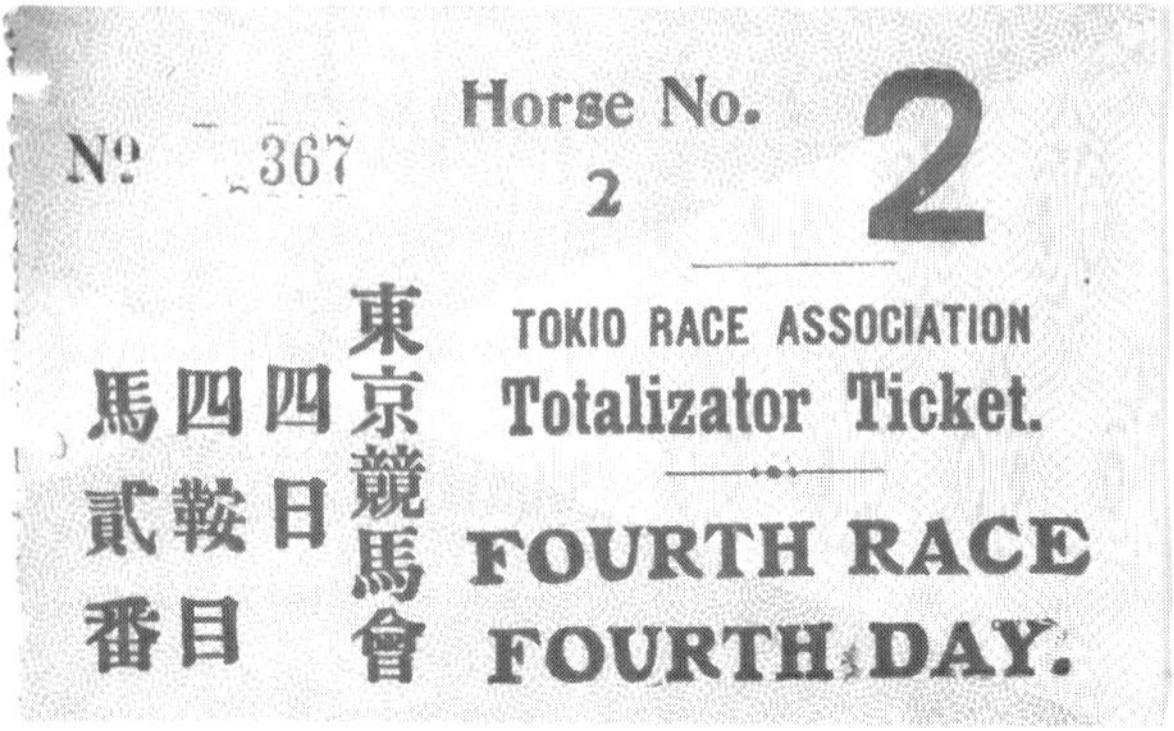

図3-1　東京競馬会勝馬投票券（馬の博物館蔵）

政局次長らの「貴顕紳士」や「淑女」が席を満たし、売上も一〇万円を超える等好評を博した。馬券発売に関しても、業務に慣れた根岸の外国人に依頼していたため、大きな紛擾《ふんじょう》は起きなかった。また紛失品の世話や楽隊の奏楽を行う等、多くのサービスを実施し、東京朝日新聞をして「兎も角この会の初競馬としては充分の成功と記しておく」とうならせる程であった。三日目の一二月一日には明治天皇の名代として伏見宮が来場し、帝室御賞典として銀鉢一個を賜ったことは加納らの面目を大いにほどこす事となった。最終日には北白川宮《きたしらかわのみや》、浅香宮《あさかのみや》、久邇宮《くにのみや》らが訪れ、無事四日間の開催を終えた時、「加納会長の熱精が貫徹、名誉会計主任兼馬場取締安田伊左衛門等の功労決して没すべからず、兎に角この会が如上の効果を奏せしは機運の然らしむる所とはいえ馬匹改良のため万歳又万々歳を絶叫せざるべからざる也」と好評をもって迎えられたのである。

東京競馬会において最も特徴的であったのは将校競馬の実施であった。将校競馬は、「今季競馬に特殊の異彩を放ち其の競走の実際も亦興味多かりし何れも軍服にての出場目覧しく」、他場と比較しても珍しいものであった。これは、「軍馬の為に設」けたもので、「騎手は将校に限る」と明記され、後に認可されるその他の競馬場においては実施されなかった。この将校競馬の面白いところは、他の競走が全て賞金が交付されるのに対して、将校競馬の優勝者には金盃や銀盃、刀や銀時計などが贈られ、多分に名誉色の強いものであったという点である。これほどまでに、軍は金銭との関わりを忌避したことがうかがえよう。翌四〇年には我が国初の障害競走が将校によって行われ、「競馬の花」として歓迎される等好評を博しており、協力的な陸軍の姿勢がうかがえる。

ではこの将校競馬を実施する意図を、明治三九年七月一〇日付の加納久宜から陸軍大臣宛に出された「将校競馬施行の願出」より読み取って行こう。この史料中で、将校競馬は「馬術の模範を示し」、「軍事競馬の勇壮なる有様を公衆に観覧」させ「国民の士気を鼓舞する事極めて大」であり、そのため「番外として陸軍将校競馬の番組組織致し度付《たくつい》ては将校の馬匹任意出場の義」を承認してほしいと請願している。加納が言うように、当時の日本において馬術の模範を示せるような卓越した騎乗技術を持っていたのは軍人、特に騎兵であったためである。

結局この将校競馬は、官民一体となって、あくまで陸軍の目的に沿った「軍馬改良」のために、馬匹改良・馬事思想の普及・乗馬の推進を実施していく「理想」のシンボルであったと言えよう。そのため、馬政の理想を追求する加納・安田が主体となった東京競馬会のみで開かれ、営利を主目的としたその他の競馬場では実施されなかったのである。

## 「社会教育者」陸軍

しかしこうした陸軍の協力的態度は長続きしなかった。それは、皮肉にも馬匹改良の直接的理由となった、日露戦争の影響であった。日露戦争は、結果的に大砲の再評価となり、砲兵こそが陸戦力の決勝兵科として認識されるに至った画期的な戦争であったが、日本の場合は逆に白兵《はくへい》（近接戦闘）主義に転換してしまったのである。実際に、明治三三年の『歩兵操典』では「火力が勝敗の決を握る」と述べられているのに対し、日露戦後に改正された『歩兵操典』では白兵重視に移行している。その理由は『歩兵操典改正理由書』に以下のように端的に述べられている。

歩兵の戦闘主義は白兵にして射撃は此の白兵を使用する為に敵に近接するの一手段なりとの主義を改正操典に於て明瞭に指示せられたり。我国古来の戦闘法は（中略）白兵主義にして白兵使用は我国人独特の妙技なり。故に益々此の長所を発揮して白兵戦闘の熟達を図ることは我国民の性格に適し将来の戦闘に対する妙決なれば（中略）此の点に大に力を尽くすこと肝要なり

【意訳】

歩兵の戦闘は基本的に白兵（近接戦闘）であり、射撃はこの白兵を実施するために敵に近づくための一手段である、という考えが改正された操典において明瞭に示された。我が国古来の戦闘法は（中略）白兵主義であって、白兵戦は我が国独特の妙技である。だから益々この長所を発揮して、白兵戦闘の熟達を図ることは我が国民の性格に適し、将来の戦闘に対する解決法なので（中略）この点に大いに力を尽くすことが重要である。

従来この理由書をそのまま鵜呑《うの》みにして、技術がないために精神力でカバーする日本軍に向いた戦法としての白兵戦、という認識が多々見られたが、それでは日露戦前に火力を重視していたことと矛盾が生じる。実際は日露戦争で日本軍が優れた攻撃精神を発揮し、白兵戦でロシア軍を圧倒したことに由来するのではなく、逆に敵軍との白兵戦において、時として著しい攻撃精神の不足が露呈してしまったために、攻撃精神の重視という結論に至ったのである。これはのちに、物量・兵器が劣悪であっても精神力で克服できると誤解され、「兵器の火力に頼って、攻撃精神がそがれることへの警戒」という本来の意図が忘れられてしまうようになったのである。

とにかく、日露戦後に陸軍首脳部は前述したような攻撃精神の強調など、精神教育を重要視していくようになるが、これに反して明治四一年には集団脱営事件が頻繁に起こるなどむしろ軍規弛緩が顕著となった。これは、日露戦後、「一等国の仲間入り」という大目標を果たした後の、社会の一種の虚脱状態、すなわち「大目標の喪失」時代であったことにも起因する。周知のごとく、明治四一年一〇月一三日に発布された戊申詔書はこういった社会風潮を戒めるものであった。

こうした社会状況に加えて、戦後の師団増設等の軍備拡大は人員増に伴う相対的なレベルの低下を招いた上、教育年限が一年短縮される在営二年制の導入は、陸軍にとって由々しき事態であった。そのため入営対策としての精神教育が重要視され、軍隊を「社会教育者」として位置付ける動きが出始めるのは当然の成り行きであった。

つまり、実際の戦場での教訓に基づく白兵戦重視による精神性の重視と、戦後軍拡の中での「社会」の流入に対する防衛という二つの理由を主として陸軍が自らを社会教育者と認識していくのである。陸軍自身がそのような自負を持つと共に、社会の認識もまた近いものであった。

## 競馬と陸軍

そして、これらの事は陸軍と社会との日常的接点のひとつでもあった競馬にも影響を与えたのである。例えば将校競馬に関しても、

競馬会の盛んになったは結構だが、陸軍将校の出場競走に就て僕に少々奇異の感が起こりました。というのは外《ほか》でもない、ある篤志者、歩兵の射的術奨励のため第一師団の競走射的に懸賞寄贈を申出た。結局謝絶、懸賞奨励では教育に弊があるからだろう。然るに今度の競馬の出場、将校はガヤガヤ騒がれて、芸者や待合の女将などに噂されて、しかも懸賞どころか賭《かけ》までもされて一六《いちろく》勝負の骰子《さいころ》となって意気揚々とやっているのは太平の世の中の現象として目出度くもあるが、僕には変な感じが起こらざるを得なかった。兵卒ではなく将校だからよいというのか。出馬するのは馬であって騎手は馬の附属品だからよいというのか、それにしても解せない〔『東朝』M39・11・27〕

と指摘されているように、後に顕在化する「軍人が賭けの対象となる」という問題を内包していた。つまり、

新聞をはじめとするマスメディアも、陸軍に対して「軍人が金銭に絡む事は本分に悖《もと》る」とみなしており、これはすなわち陸軍側にも、新聞論調を代表とする社会通念においても、「陸軍は社会教育者である」という認識が形成されていることを示していると言えよう。後に多くの紛擾事件が起こり、教育総監部を中心に教育上弊害があるという陸軍内部の声と、新聞を始めとするマスメディアの馬券への逆風が巻き起こると、それらを押さえきれなくなった競馬推進派の寺内が、明治四一年三月に将校競馬からの全面撤退という決断をせざるを得なくなる。こうして、陸軍は馬券発売を伴う競馬に対して一定の距離を置くようになるのである。

## 拡大する競馬倶楽部

種々の課題を抱えながらも大成功に終わった明治三九年度の東京競馬会秋季開催であったが、結果、様々な問題が明らかになった。「多くて六十万円位の見当だろう」という見込みは大きく外れ、四日間で一〇〇万円近い売上は、米一升が一五銭の時代において驚異的なものであった。これは、「競馬事業の収益の一部を政府に献納し、それを馬産の助成に使用」するという取り決めがあったことから、競馬による収益が潤沢な資金源として期待されることとなった。「馬政計画の実行の蔭には競馬の納入金によってこれを扶《たす》けたことが極めて大で、その具体的数字を挙げることは困難」（『日本騎兵史　上巻』）と述べられているように、実際いかほどの金額が馬政局や政府に流れたのかは判然としないが、東京池上の競馬が成功に終わったことで、競馬に対する要素のひとつとして、「財源」というものが決定的に付加されることとなった。

そしてこの驚異的な売上に目をつけた多くの実業家たちによって競馬倶楽部が濫設《らんせつ》されると「営利的に事業

を起こすようになり、全く馬匹改良の目的は忘却するようになった」のである。というのも、東京競馬会と横浜の日本レースクラブを除けば、他の倶楽部はトンネル会社である馬匹改良株式会社を設立し、その会社から競馬場の施設を借りるという形を取った。会社と倶楽部の役員はほとんど同じメンバーで、その貸借料の設定は自由になされるため、いわば倶楽部は単なる博奕《ばくち》の胴元となったのである。認可申請件数は明治四〇年の初めで七〇以上、明治四一年初めには二〇〇以上に及ぶことから、当時の競馬熱、いや馬券熱をうかがい知ることができよう。

馬政局は統合案を出したりすることで整理したが、その許認可をめぐって巨額の賄賂《わいろ》が動いていたとの疑惑が起こることとなる。

## 株と彩票

というのも当時唯一の「黙認賭博場」の許認可権を持っていたのは馬政局だからであり、また馬政局としても長官の曾禰が「東京付近に四つもの競馬場とは認可しすぎでは」と尋ねられた際に「パリには二〇〇からある」と答えるなど拡張論の急先鋒であった。認可すればするほど「財源」として期待できる以上、自制する理由はなかったのである。そしてこうした多くの馬匹改良株式会社の株は高値で取り引きされた。これらの背景には、所謂日露戦後、明治三九年の投機熱を無視することはできないであろう。この時期、株式市場は過熱する一方で、その象徴的なものが南満州鉄道の株式第一次募集であった。

周知のごとく、一〇万株、総額二〇〇〇万円に対して千倍以上の二〇〇億円以上の申し込みがあったこの株式は、一定の利回りが保証されている国策会社の株式である上に、一株二〇〇円の額面に対して、二・五%の五円の証拠金で権利を取得できる手軽さも手伝い爆発的な人気を呼んでいた。また投機熱を語る上で、富籤《とみくじ》類を忘れてはならない。明治三九年からは台湾の財源を確保するという理由で「台湾彩票」が発売され、これには台湾総督府と近しい関係を持っていた三井物産が関与していたようである。これに先立つ明治三七年には日露戦争の戦費調達のため、割増金付（一等五〇〇円）の貯蓄債券が発売され、事実上の富籤として機能しており、この貯蓄債券実現に尽力したのが当時の大蔵大臣・曾禰荒助であった。新聞は「目下の旺盛が常態にあらざるを知るに足る。吾人はくれぐれも反動の襲来を警告し置く」〔『東朝』M39・9・28〕と批判を繰り返していたが、人々は値上がりを夢見て、転売又転売の濡れ手に粟式の大儲けに走ったのである。こういった社会情勢の中、競馬もそれに類する行為であるとの認識がなされたのは当然の事であった。

## 馬券の買い手

馬券に熱狂した黙許時代の競馬であるが、果たしてどれぐらいの売上があったのか、後年の公認競馬と比較してみよう。【表3―1】

後年の公認競馬が一人一枚を厳守されたものであり、貨幣価値の差を考えあわせても大正期よりも約四倍程度売れていた計算となり、当時の異常ともいうべき熱気を感じ取れるであろう。

それではこの売上を支えた黙許時代の馬券購買層はどういった人たちだったのであろうか。史料的に探るには限界もあるが、時代の雰囲気を映す小説に、当時の馬券のことが描かれている。

表3-1　黙許時代と公認競馬時代の売上比較

| 時期 | 場所 | 入場人員(人) | 馬券発売金額(円) | 一人当たり購買額(円) |
|---|---|---|---|---|
| 明治41年春季 | 池上 | 16,899 | 2,021,660 | 119.63 |
| 大正12年 | 目黒 | 16,065 | 930,380 | 57.91 |

『日本競馬史　第4巻』6頁より作成

夏目漱石に『野分』という作品がある。明治四〇年一月に『ホトトギス』に掲載された中編小説であるが、作中、池上の競馬に行ったエピソードが語られる。父が競馬場に行き、そこで五〇円勝ったというのである。池上の競馬会とは前述した加納久宜・安田伊左衛門が中心となり設立した東京競馬会である。漱石も小説の取材のためか知れぬが明治三七・三八年頃には断片的に『ブリタニカ百科事典』から馬に関する項目を抜き書きしており、また、ダーレーアラビアンをはじめとするサラブレッドの血統や名馬エクリプスについても触れる等、馬には興味があったようである。

漱石自身も競馬を経験していたようで、明治四一年の断片に「競馬デ損ヲスル」(『漱石全集第十九巻』)とあり、残念なことにどうやら負けてしまったようである。ただこうした経験を無駄にしないのが漱石の偉大なところで、前期三部作のひとつ『三四郎』に馬券で負けた大学生のエピソードを記し、ヒロインの里見美禰子《さとみみねこ》にこう述べさせる。

「馬券で中《あた》るのは、人の心を中るより六《む》づかしいぢやありませんか」

## 深川競馬場の騒擾

東京競馬会の秋季競馬終了後、一二月七日から松戸で四日間の競馬が実行されたが、この総武牧場株式会社は正式に認可されていなかった(認可は翌年七月)。従って本来ならば馬券の発売はできない筈であるが、「賭け札は非常の出来にて総額一万五千円なりし」と実際には売り出されていたようであり、また二二日からは東京深川で戸田良介という人物が競馬を実施しようと企てたが、井上深川署長は馬匹改良奨励のために出馬に賞金を与えるのは可であるが賭は禁止する旨を言い渡し、結局賭札なしで開催することになってしまい見物人はわずかの寂しい競馬になってしまった。ところが、この深川競馬場には博徒が集まり、非合法の大勝負を行った。新聞は「生馬《いきうま》の眼を抜《ぬ》く此奴共《こやつども》」（『東日』M39・12・24）と報じている。結局、二七日に馬政次長、内務、陸軍、司法の各当局者で協議した結果、「何人と雖《いえども》競馬会に於て俗称「ガラ」の方法に由り現に金銭を賭する者は総《すべ》て之を検挙す」ることが定められた。「ガラ」というのは通常一番から二〇番まで書いた札（一枚一〇円）を購入し、出走馬が確定すると出走馬の登録番号に対応する札が発表され、この時点で出走してこない馬の番号は無効となる。レース後、一、二着馬に対してそれぞれ一二〇円、六〇円が払い戻されるものであった。自分で予想した馬を買うのではなく、持ち札の馬が出走するか、そしてその持ち札の馬が勝つかどうかという偶然に頼るものであり、「馬匹に関する知識の優劣を争う」ことにはならないというのが理由であった。全く筋が通っているが、早くも内務・司法による干渉が始まっていることがうかがえる。「ガラ」は幕末以来の横浜や鹿鳴館時代でも人気があったが、これを最後に競馬のシーンからは公には消え去った。こうして馬券は前述した「トータリゼーション（パリミチュエル）」（別称アナ）という馬券のみとなる。

## 司法省VS馬政局

また年が明けた明治四〇年早々にも、神奈川鶴見で寺島秋介《てらじまあきすけ》男爵主催の競馬会が開かれることが告知された。山縣・井上ら諸元老が協賛員に名を連ね、鶴見―新橋間に臨時列車を出すことに決まっていたにもかかわらず、「その筋から賭事差止めとなったため無期延期」となってしまった。実際同会についてはは怪しいところもあったようで、立派に名が連なる協賛員たちにも変な細工をしていたとされ、適当に名を書き連ねただけのようであった。

このように、東京競馬会の成功以降、各地で頻繁に競馬が行われるようになったが、有象無象の団体も多く、馬政局の認可を得ていない競馬会に対しては内務省・司法省ともに峻厳な態度で臨んでいた。一月二二日、首相西園寺公望は第二三回帝国議会での施政方針演説において「現行刑法は明治十三年の制定に係りまして、爾来社会の事物幾多の変遷を来《きた》して居ります。其規定の現今の社会の状態に適せぬことも甚だ多いのでございます。今日に於て是が改正を為すは極めて適切のことと考えます」と述べ、刑法改正を行うことを宣言する。そして三月には台湾彩票発行を禁止するとともに、密売者の検挙を行い、その厳正な姿勢を鮮明にしたのである。また、この頃には株式投機のバブル崩壊に伴い、明治四〇年の戦後恐慌が到来し、投機に熱中していた世間が沈静化する状況になると、司法当局は五月六日、増田熊六馬政官に出頭を求め、「競馬挙行に際し賭事の発見又は告発ありたる場合に於て検事は之を検挙して処罰を求むべきは勿論なるを以て興行者は慎重に事を行い不測の災を招かざる様注意すべし」との通達を行った。前年の「ガラ」を禁止する行為をもって、「トータリゼーション（パリミチュエル）」（別称アナ）を認めたとされるのを嫌い、「ガラとアナとを問わず純然たる刑法上の賭博たる解釈に一致」「その検挙につきては一律に検挙するものとすればその結果面白からざる事情も生ずる」「結局司法省及び警察官より手を下して検挙せざること、告発を受けた場合にはその受理不受理は当該検事の処理に一任することに決定」〔『東日』M40・5・6〕という、司法省内の合意事項について馬政局に念を押すためである。続発する紛擾事件の中で、司法当局と馬政局との間に緊張が走っている様子が見てとれる。この通達に対し馬政局は不快感を示し、明治三八年の四大臣合議書の趣旨にもとるものであるとの反論を行ったが、五月二一日、司法当局より「去明治三十八年十二月中の四大臣の決議は競馬に関する賭事行為を全然黙許に付すべしとの趣旨に無之、馬匹に関する鑑識の確保手段として多少の金銭等を賭する場合以外の賭銭行為は之を検挙するを得べきことは」「明確と相成候」という回答を寄せられることとなった。すなわち、完全な黙許ではなく、「多少の金銭等」以外の際は検挙するという見解を明確に示したのである。

## 曾禰長官の主張

同日閣議において司法大臣であった松田正久《まつだまさひさ》は、内務大臣原敬《はらたかし》に対して競馬会のことで相談を持ちかけている。原は「前内閣において取極めたることもあり、告訴者あれば已むを得ざる事ながら、検事警察官等より進んで検挙せざるを要するも明日にても会合の上取極むる事となせり」と述べ、五月二二日に開催される会合上に持ち越すこととなった。これが、五月二五日から実施される東京競馬春季開催を睨《にら》んでのものであることはまず間違いなく、翌二二日司法省において、司法当局と曾禰馬政局長官は甲論乙駁《こうろんおつばく》することになる。司法側の意見としては、「昨年の如くなるときは之れを黙許するは不可能」とし、曾禰は「告発」があった場合は理解するも、「発見」して検挙は困る、と原とほぼ同意見を述べた。司法省側は「横浜の如く上品に行えば可なるも池上等は実に下品にして風俗を害し易《やす》し」と池上、すなわち東京競馬会でさえも取り締りが不十分であり、風紀紊乱を理由に挙げるが、曾禰は「日本人の人格が未だ其処に到着せざるを以て已むを得ざるべし」と答え、議論は平行線に陥った。結局「競馬会の行為が風俗を乱し検事が検挙せざるを得ざるまでに甚き場合ありたるときは先づ自分へ通報せられよ」との曾禰の意見に落ち着くこととなったのである。

この後、馬政局は各競馬会に対し「競馬取締に関する命令」として内達《ないたつ》を行うが、空前の競馬ラッシュとなる明治四〇年は、池上の東京競馬会を皮切りに、目黒の日本競馬会、横浜の日本レース倶楽部、松戸の総武競馬会、鳴尾の関西競馬倶楽部、川崎の京浜競馬倶楽部と数多くの開催を予定していた。そして馬政局の内達があったにもかかわらず、司法省が危惧していたような多くの紛擾事件が引き続いて起き、マスコミが馬券禁止の一大キャンペーンを展開して行く中で、馬券を認可している馬政局にも批判は及び、馬券は絶対絶命の危機に陥るのである。

## 明治四〇年の刑法改正

明治一五年に制定された刑法（いわゆる旧刑法）においても賭博は第六章の「風俗を害する罪」に該当し、禁止されていた。

第二六〇条　賭場ヲ開帳シテ利ヲ圖《はか》リ又ハ博徒ヲ招結シタル者ハ三月以上一年以下ノ重禁錮ニ処シ十圓《えん》以上百圓以下ノ罰金ヲ附加ス

第二六一条　財物ヲ賭シテ現ニ博奕ヲ爲シタル者ハ一月以上六月以下ノ重禁錮ニ處シ五圓以上五十圓以下ノ罰金ヲ附加ス其情ヲ知テ房屋ヲ給與シタル者亦同シ但飮食物ヲ賭スル者ハ此限ニ在ラス

二　賭博ノ器具財物其現場ニ在ル者ハ之ヲ沒收ス

賭場開帳するもの、参加するものいずれも罰せられたのである。前述したとおり、本来馬券は禁止されるものであったが、国家要請により黙許されていたにすぎなかった。したがって、刑法改正に伴い馬券を禁止するかどうかは政府が判断することであったが、明治四一年一〇月一日より改正刑法が施行されることは、禁止に踏み切る好機と捉えられたのであろう。

改正された刑法においては第二三章に「賭博及び富籤に関する罪」が立てられ、以下の通り全文改正された。

第百八十五条　偶然の輸贏《ゆえい》に関し財物を以て博戯又は賭事を為したる者は千円以下の罰金又は科料に処す但一時の娯楽に供する物を賭したる者は此限に在らず

第百八十六条　常習として博戯又は賭事を為したる者は三年以下の懲役に処す

賭博場を開帳し又は博徒を結合して利を図りたる者は三月以上五年以下の懲役に処す

まず一読してうかがえるのは、全体的な重刑化である。例えば、賭博開帳者は旧刑法では「一年以下の重禁固」だったのが、新刑法では最長五年の懲役になっている。また賭博者を常習とそれ以外に分け、旧刑法では区分なく重禁固＋罰金であったものが、新刑法では常習者のみ懲役刑が処せられるようになっている。また、新刑法で新たに使用された「偶然の輸嬴」という文言に注目したい。「輸嬴」とは聞き慣れぬ言葉であるが、「勝ち負け」という意味で、すなわち丁半バクチのような、偶然の運に頼るものは千円以下の罰金となるということである。競馬の場合、血統やスピード、事前の研究など「馬事知識」を持つものであれば的中させる可能性が高まるため、必ずしも「偶然の輸嬴」とは言い切れなかった。実際、競馬推進者の衆議委員議員関直彦《せきなおひこ》は馬券禁止後の明治四二年二月一日の衆議院請願委員会において、以下のように質問している。

いや、それは新刑法に於ては偶然の輸嬴に依って云々と書いてある、所で此競馬に付ては旧刑法時代に民刑局長から馬の速度技倆に依ってやるところのものであるから、偶然の輸嬴を争うものでないと通牒がしてある、此精神から推して往くと云うと、新刑法に依っては賭博ではないと云うことが言えるのであるが、其点に付ての政府の御考を承りたいのです

理屈はこの通りで、厳しい質問を投げかけられた岡部《おかべ》長職《ながとも》法相は政府委員をして答えさせると述べ、答弁を避けた。関も本問題がすでに法律的見地からの決定だけではなく、政治的決着の末の問題と察したのか、「どうも法律学見たような問答は止します」と矛《ほこ》を収めている。

すなわち、法的および政治的決着がなされたものについて、それを覆すためには同様に法的・政治的な裏付けが不可欠であり、そのためには馬券発売公許をうたった「競馬法の制定」しかあり得なくなったのである。

## 明治四一年三月の閣議決定

明治四〇年九月、官制改正に伴い、曾禰荒助は韓国副統監に任命された。馬政長官の後任には、藤波が就任するという噂〔『東日』M40・9・20〕も出たが、結局曾禰は辞任せず、馬政局長官兼任のまま韓国へ旅立っていった。この人事等は、「熱心なる馬券主張論者」〔『西湖曾禰子爵遺稿竝傳記資料』〕である曾禰を国内の政治から遠ざけるような意味合いがあったのであろう。実際、その年の暮れには曾禰の更迭《こうてつ》も画策されていたようであり、「事務取扱の上に往々不便のこと少なからず」として、陸軍中将大蔵平三が長官就任予定との噂〔『東日』M40・11・22〕もあった。一二月一一日、曾禰は西園寺に宛てて「伝聞する処に依れば馬政長官を此際更代せしめんと之御議」があるようだが、自分が韓国へ発つ際に「陛下より御下問」があり、自分が韓国副統監と馬政局長官を兼官することは「決して差支無之《さしつかえこれなし》と奉答」していると書き送り、牽制を行った。ついては、馬政長官を交代させるようなことがあっては「反《かえっ》て馬政将来之《の》為《た》め不得策」であるので、そのような「御沙汰無之様《これなきよう》御尽力」を依頼している。そして念押しとして、「且つ閣下之御記憶にも可有之通《これあるべくとおり》昨年馬政局創設当時次長と為しても当局中円満を欠き可申哉之疑《もうすべきやのうたがい》ありたる人物を今にして御採択相成申候ては前途に不安之念を生ぜざるを得ざる次第に有之申候《これありもうしそうろう》」と、名前を出さないものの次長である藤波の昇格案を否定し、当分の内は現状のまま据え置くことが得策と伝えている〔『西園寺公望関係文書』〕。

年が明けて明治四一年一月八日、『東京朝日新聞』は「競馬の悪弊」、一二日に『東京日々新聞』は「競馬を禁止せよ」を掲げ馬券反対の姿勢を鮮明にした。また、政府内部においても貴族院・内務省を中心に風教上の問題から馬券反対の立場に立つものも増えてきた。

そうした中、一月一一日から松戸競馬が開幕した。新聞は「不埒《ふらち》千万松戸競馬　設備の不完全」「詐欺賭博」「不穏な行動」〔『東京朝日』M41・1・12〕と会場の不整備や発売時の不正、またこれらに対する観客の不満に対し暴力や威嚇を行う会社の姿勢を徹底的に批判し始める。こうした報道が続くと当然観客も距離を置き、最終日は快晴で日曜だったにもかかわらず、「景気引立た」なくなってしまうのである。

ことここに至り、政府としても何らかの対応を実施する必要に迫られていた。とりあえずは競馬の厳正な取り締りの実施であり、二月九日、藤波次長は寺内陸相と会談、競馬の件につき相談をしている。一八日には寺内から南　弘《みなみひろし》内閣書記官長に対し「競馬に於て馬券を売る件に関する馬政局の意見書に対し卑見を述ぶ」〔『寺内正毅日記』〕とあり、馬券発売について協議をしていることがうかがえる。同日、貴族院各派より競馬取り締りの要求が首相に対してなされた。

こうした馬券への包囲網が狭まりつつある三月四日、内務大臣であった原敬は日記に以下のように記している。


競馬取締に関し従来に比し厳重の方針を取ることに決定せり、首相〔西園寺公望―筆者註〕の意は一層厳重なる取締をなさんとするに在りて過日の閣議に於て其の意思を発表したるに因り、余は内務司法にて取締をなすことは固《もと》より難事にあらざるも、要は今日の如き競馬は馬匹改良に必要なるや否やに在るも、もし必要なりとせば大概の弊害は之を黙過するの外なし、若《も》し又必要ならずとせば馬券の発売を禁止せば一切の弊を除くべし、但し同時に競馬の廃滅を来すならん、而《しこう》して其必要と否とを認むるは陸軍と農商務とにあり、故に寺内（正毅陸軍大臣—筆者註）も出席せば其意見を問うべしと述べ、且つ内々首相に此事は寺内の意見を徴せらるること必要なり、否《しか》らざれば必らず後に苦情あらんと告げ置きたるが、果して寺内に多少の意見あり、遂《つい》に同人の意見を容れて取締法を決定したり。

原は、競馬が馬匹改良に必要である事業であれば「大概の弊害」は黙認せざるを得ないが、必要ないのであれば馬券を禁止すればよく、その際は「競馬の廃滅を来す」だろうと明確に結論づける。また馬券発売の主体は陸軍であり、寺内の意見を容《い》れておかねば後々厄介な事になるという見通しからも、リアリスト・原敬の一面が垣間見える。寺内も同日の日記に、「本日は兼て懸念なりし競馬の取締」と記していることから、陸軍にとっても馬券に関する数々の騒擾は頭痛のたねであり、取り締りについては止む無しという結論に傾いていることをうかがわせる。ところが、この閣議決定に異を唱える人物が一人だけいた。そう、馬政局長官曾禰荒助である。曾禰は三月一一日、次長の藤波に宛てて「閣議決定之事項に付ては小生は之と全然所見を異するのみならず、将来に於其実行之責に任じ難く」と不満をぶちまける。そして「我国に於て馬匹の改良を一日も速ならしむるの途を杜絶し到底成功之見込無之《これなし》」と馬匹改良の道が途絶するとまで言い切るのである。「競馬会の興廃に関しては馬匹改良に大閣を相生じ、極言すれは改良の速遅は之に根する也」として、競馬界の興廃こそが馬匹改良の鍵を握っているとし「如 此《かくのごとく》大体に関する事項を決定するに当り当局長官の意見も徴せずして其実行の責に任せとは実に言語同断之義にあらずして何ぞや」と自分抜きでこの閣議決定がなされたことへの怒りを隠そうとはしない。そして「到底其任に耐へ難きを以辞表を提出するの外なし」と辞任をほのめかすのである。結局、慰留されたのか辞職はしないものの、曾禰の不満がよく伝わってくる（『西園寺公望関係文書』）。

競馬の取り締りを厳正にするだけではここまで曾禰が怒るとは考え難いので、おそらくは馬券禁止まで踏み込んだ話し合いがもたれたのであろう。そして想像するに改正刑法の施行のタイミングで馬券禁止に踏み切ることを決定したのではないだろうか。それであれば曾禰の怒りも納得でき、「馬券継続論者」曾禰抜きで決定せざるを得なかった事情も理解できる。また、原の「馬券の発売を禁止せば一切の弊を除くべし、但し同時に競馬の廃滅を来すならん」とも平仄《ひょうそく》があうと思われる。

三月二三日、馬政局は各競馬会に対し以下のような競馬取締に関する口達を行った（『日本競馬史』）。

（一）競馬開催に関する件

一、競馬場の入口はもちろん、各所に相当の服装をなしたる守衛を配置すること

二、馬見所は一等席、二等席の区別を明らかにすること

三、入場料は一等席五円以上二等席三円以上たるべきこと

四、相当の服装をなさざる者は一等席に入場せしめざること

五、当該競馬会の騎手及び馬丁の観覧席は各別にこれを設くること

六、学生及び未成年者は入場せしめざること

七、招待券は記名者のほか無効とし相当の資格ある者にあらざれば発送せざること

八、発馬係、審判係は出場馬匹に関係なき者を用ゆること
九、不正不良の行為をなしたる騎手は何れの競馬場にも出場を許さざること
一〇、騎手には当該競馬会において一定の記章を帯用せしむること
　但し競馬服着用の場合はこの限りにあらず
※競馬場入口に左の趣旨を掲示し、且つ入場券と共に入場者心得を印刷に附し、これを入場者に交付すること
一、場内の静粛を保ち喧騒の行為あるべからざること
二、相当の服装をなさざる者は一等席に入場せしめざること
三、学生および未成年者は入場せしめざること
四、招待券の譲渡を禁ずること
五、業務上に関し意見あるときは書面をもって理事に申出ずること
六、役員より注意したる事項は直ちに履行すること
七、右掲示事項に違う者は退場せしむること
※左の場合においては監督官庁または臨検官憲は競馬を停止し、その他相当の処分をなすこと
一、競馬会に不当もしくは不正の行為ありと認むるとき
二、競馬挙行に関し危害ありと認むるとき
三、場内の秩序混乱するの虞《おそ》れありと認むるとき

四、競馬会の行為にして風紀上害ありと認むるとき
(二) 賞典に関する件
賞典額は競走距離に応じ、ことに内国産馬に厚くすること
但し既に番組の編成を終りたる競馬会は今年秋季より実施すべきこと
(三) 新馬購入費補助に関する件
競馬会において会員が競馬用に供するため新馬を購入する場合において補助を必要とするときは、その補助額はこれが購入価格の五割以内とすべきこと
(四) 競馬開催日数の件
競馬開催は春秋二季とし毎季四日以内とす
(五) 競馬会財産処分の件
競馬会は財産処分の件に関し、すべて馬政長官の認可を受くべきこと
(六) 競馬会の収益処分の件
競馬会は馬政長官の認可を経て毎年その収入より経費を控除したる残額をもって、左記の如く使用すること
※一割を積立金とすること
※八割を馬匹改良事業に支出すること
その事業の種別左の如し

一、馬匹共進会の補助および賞金
一、競走勝利馬の生産者奨励
一、馬術奨励に関する事業補助
一、糶駒《せりこま》市における優等馬匹生産者奨励
一、軍馬に合格せる馬を多数に生産したる者の奨励
一、産馬事業に関する功労者奨励
一、牧場経営費補助
一、他の競馬会へ賞典寄贈
一、優等馬匹所有者奨励
一、組合その他の団体における優等馬匹購入費補助
※一割を慈善事業に寄附すること
（七）競馬会解散の場合における残余財産処分の方法を定めて、馬政長官の認可を受くること
　但し分配額出資額を超ゆることを得ざること
（八）競走馬匹種類の件
競走馬匹の種類は内国産馬および外国産馬にして明け四歳以上とす
但馬匹改良上に効益なきものを除く
（九）競走距離の件

競走距離は遠距離なるを要す
但し当分の内新馬（優勝競走を除く）および撫恤《ぶじゅつ》競走は四分の三哩に下すことを得るも、その他はすべて一哩以上とす
（一〇）馬券に関する件
一、馬券を売らざる競馬会は馬政長官の認可を得て入場料を低減することを得ること
一、場内において馬券購買を勧誘しまたは人中にて金銭の計算をなすが如きことあるときは役員をして注意せしめること
一、馬券発行所に婦人を入れざること
一、役員の徽章を帯べるものに馬券を買わしめざること
一、騎手、馬丁は馬券を買いまたは馬券発行所に入らしめざること
一、馬券発行所は外部より見えざるようにすべきこと
一、馬券発行所は一等席より可及的離れしむること
一、馬券は一枚十円とすること
一、馬券配当率は明示すべきこと
一、場所は入口の反対の所に置くこと
一、馬券発行所は競馬会自らこれを行ない手数料は一割以内とすること
一、配当金計算法は発行所内に明示すること

一、新聞に嗜好心を惹起する材料を供給すべからざること

（一〇）の「馬券に関する件」の注意事項を見ても、逆説的にこれらのことがなされていたと考えると、当局としても放置しておくことはできなかったであろう。あわせて三月二四日、将校競馬は中止となった。寺内としても、これ以上あからさまに陸軍が馬券発売を伴う競馬に関与することは得策ではないと判断するに至ったのである。明治四一年三月は、政府が馬券禁止に大きく舵を切るターニングポイントとなったと考えられよう。

## 鳴尾事件

この時期、正確に言うと明治四一年の夏頃まで、政府当局は轟々《ごうごう》たる世間の非難にもかかわらず、馬券の発行は相変わらず黙許していた。当時、全国に数多くの競馬倶楽部が競馬実施のための許認可を受けていたが、兵庫県には二つの競馬倶楽部が存在した。関西競馬倶楽部（明治四〇年三月認可）と鳴尾《なるお》速歩競馬会（明治四〇年八月認可）である。この二つの倶楽部の中心設立者がそれぞれ茨《いばら》木《き》惟昭《これあき》陸軍中将、池《いけ》田《だ》正介《しょうすけ》陸軍少将であったことから、やがてこの競馬倶楽部を舞台に起こった「鳴尾事件」が世間に問題視され、陸軍が馬券発売を伴う競馬運営に見切りをつけるきっかけとなっていくのである。

当時の競馬は、現在とは違い予想配当は人力で計算し、掲示板《メートル》に表していたが、何分大量の投票なので計算間違いも多く、配当金の過小などが問題となることが多々あった。また、競走方法が整備されていないためか発走点の間違い等初歩的なミスも多く、紛擾事件が絶えなかった。こうした競馬場の紛擾事件も、日比谷焼討

事件に象徴される都市型の民衆暴動のひとつと言えるだろう。そんな折、鳴尾で開催された春季競馬において、元鳴尾速歩競馬会馬場取締であった河野春庵が同会の常務理事である相部十八と吉弘左乙、馬券発売請負人の石田千乃助らを掲示板操作による配当金不正疑惑で告訴したのである。しかもこの河野が騎兵大佐であったため、軍人が金銭面で相争うは軍人の腐敗である、と陸軍に対する世間の風当たりを一層強いものにした。この不祥事に加え秋季競馬（明治四一年九月二〇・二三・二六・二七日）において、関西競馬倶楽部の茨木にも非難は殺到した。マスコミも、「従三位勲一等功三級男爵茨木中将閣下には関西倶楽部だけでは食足らぬと見江《みえ》隣の速歩にまで出馬して盛んに馬券を買入れてござつた、その熱心は驚くべきもので中将の夾嚢《きょうのう》が脹《ふく》れると共に馬匹改良も大丈夫であろう、国民はこの老中将に対して感謝すべきである」（『大朝』M41・9・27）と痛烈に皮肉ったのである。ことここに至り寺内陸相も馬券発売を容認できず、九月二二日、「本日は馬券発買〔ママ〕を禁止するの議を内決《ないけつ》す」（『寺内正毅日記』）ることになるのである。三月から模索されていた馬券禁止の方向性が決定的になったのである。

そして最終日にはついに司法省のメスが入る。神戸地方裁判所小山松吉《こやままつきち》検事正は、鳴尾競馬場に乗り込み臨時検分を実施し、賭博罪の現行犯として翌日にはアメリカ人一人を含む三名を逮捕したのである。

## 馬券の禁止

この一連の鳴尾事件の結果、馬券発売を伴う競馬に対し陸軍が関与をすることは明らかにマイナスであるという認識が上層部に共通のものとなった。

陸軍大臣寺内正毅が九月一八日の自身の日記に「競馬会に馬券買売禁止の相談あり。予は大勢之を禁止するの止《やむ》なきを思い之に合意せり」と記しているとおり、すでに九月半ばまでには政府内部においても馬券発売禁止の方向で合意形成されていたことがうかがえる。競馬の運営・振興という面から馬券は必須ではあったが、馬券発売に向けられた非難が、馬匹改良を要求する陸軍に向けられることは避けねばならぬ状況であった。

馬券発売の最強硬論者であった馬政局長官・曾禰荒助は、馬券発売禁止に先立つ九月二八日、桂首相に対し「先日申上候通《とおり》馬政局長之事何卒速《なにとぞすみやかに》に相運候様奉懇願候《あいはこびそうろうようこんがんたてまつりそうろう》」と辞職を匂わせ、騒擾事件に関しては「実に遠方に在て監督不行届之事のみ恐縮罷在存申候《まかりありぞんじもうしそうろう》」と一応は自身の責任に言及しながらも「鳴尾競馬場之事は近来之上出来」と秋季競馬における一八四万円余りの多額の売上に自信を示しながら、「一面に於ては司法処分に着手の様子」と不信を告げ、結局「小官監督之不行届に帰着する事と相信申《あいしんじもうす》」と述べる。しかし、「実は局面を一変すれば世上之攻撃も薄く相成り歟《か》とも愚考罷在《まかりあり》」と馬券発売継続に意欲を燃やし、最後に「戦血未だ乾かざるに既に当時を忘却するの人情実に薄弱感慨之至」（『桂太郎関係文書』）と憤懣やる方無し、という様子で書き送っている。これに対し、桂は曾禰に翌九月二九日付で一通の書簡を送っている（『日本競馬史』）。封筒の表面にただ「秘密」の二字が書いてあるだけのこの書簡は、厳重に緘紙《かんし》が貼り付けられており、桂の本音がうかがえる史料である。内容は、馬券発売継続論者である曾禰を諭《さと》すもので、「馬券に関係する告訴告発」も続発しているので、「司法部に於ても最早難差置事情《もはやさしおきがたきじじょう》」になってしまい、「此侭推移難致《このままずいいいたしがたき》実況」と述べている。二歳年長で、長州閥の実力者であり、馬政局の監督者でもある内閣総理大臣・桂にここまで言われては曾禰としても如何ともできなかったのであろう。すなわち、九月末日の時点で馬券禁止の方針は確定し、三月に検討されたようにそのタイミングとして改正刑法施行が念頭に置かれていた。

新刑法は明治四一年一〇月一日に施行される予定であったから、施行前に賭博罪で逮捕する鳴尾事件の小山松吉の姿勢は明らかにスタンドプレーであった。小山の独断的な逮捕は結局立件されず、逮捕された人々も釈放されたが、本件は検察が藩閥の影響下から脱して、「政治検察化」していく「先駆け」と評されている（『明治馬券始末』）。なお小山はその積極性を平沼《ひらぬま》騏《き》一郎《いちろう》に評価され、のち「大逆事件」の捜査主任検事に抜擢《ばってき》されている。

そして新刑法施行当日の一〇月一日、馬政局は各競馬会社に対し、近ごろ新聞紙上を賑わしている馬券禁止の風評などがあるものの、馬政局としては「従来の方針に従い処理すべき」であり、あらかじめ提出済みの開催日は変更しない、との通達を出した。鳴尾での立件失敗及び本通達を見る限り、まさか馬券禁止が内定しているとは思われない。しかしそれはあえて表現するなら「罠」であった。

新刑法施行後初の競馬は松戸競馬で、初日の一〇月二日は翌日に迫っていた。馬券存続か、禁止か。すべての鍵を握る松戸競馬のゲートが開くのである。狂乱馬券の時代も、松戸で最高潮《マックス》を迎えようとしていた。

## 自由民権家と競馬

松戸競馬場にて競馬を開催する総武競馬会は明治四〇年七月に認可を受け、発起人には永岡啓三郎、河野広中《こうのひろなか》らが名を連ねており、河野が会長に就任している（『中山競馬場70年史』）。河野が実際に会の運営に携わった形跡はないようだが、自由民権の闘士として知られた河野が会長に就任している点は意外に思われる。ただ、京浜競馬倶楽部会頭・板垣退助《いたがきたいすけ》や東京ジョッケー倶楽部会頭・尾崎行雄《おざきゆきお》等、競馬と民権家との関わりについては留意しておく必要があるだろう。板垣などは自ら「元来馬が大好き」と自任しており、京浜競馬倶楽部の会頭もだまされたのではなく、馬が好きなので引きだされたと述べている。そして競馬についても、「社交上、国家経済上、国民娯楽上至極善いもの」と認識していた。

その理由として、板垣はまず第一に娯楽としての魅力を挙げる。スタンドから「一哩の馬場を馳《は》せる馬を見るのであるから、大勢の人が一時に最も快活なる楽を取る事が出来る」、すなわち立憲治下の国民はなるべく広く多く交際をすることが重要で、その中で競馬は最適と述べる。

次に馬匹改良について挙げ、「馬を好み馬に乗るの気風」を養うことが重要で、我が国においては乗馬の風習が失われており、「今の時に方《あた》って馬を好み馬を愛するの素養を為すには、競馬を盛んにするに如《し》くは無い」とする。

賭博については、「淫売」や「窃盗」と違い、相互任意の約束事の中でやることであり、「不道徳という事はない」と断言する。ただ、丁半賭博やかるた賭博などは害があって益がないのでこれを禁止することは問題ないが、競馬は期間が決められていていつでもやっているものではなく、「賭博は目的で無くって一の娯楽である」と述べる。賭博のために賭博をするのではなく、「賭けをする事に依って勝敗に一層の興味が生ずるのみならず、之に依って馬其物に対する趣味が出て来」ると結論づける。

また賭博に対しても程度問題として、当然夢中になり破産するものも出てくるであろうが、酒に喩《たと》えていうならば飲みすぎると害になるから一切買ってはならないのと同じであり、飲み過ぎは人の罪であるとする。板垣の理想とする競馬は、お金が無いものは買わずともよく、「勝ったならば無論喜ぶが、敗けても笑って帰るという位の程度」のものであり、まさに現代にも通用するような大衆娯楽としての競馬像を論じている。

最後に、こうした競馬での余剰金を用い貧民学校・職業夜学校といった慈善機関に用いるべきと述べ、賭博の収益金を広く慈善事業へ還元するというプランを提示している。これなどは昭和戦前期に実施（救護法の財源）され現在でも行われており、板垣の先見性をうかがわせる。〔「競馬の目的」〕。

すでに自由民権運動と博徒との関わりについては『博徒と自由民権』において考察がなされているが、明治後半においても自由民権家たちが競馬会社に関係を持つ様相は、競馬が戦前期唯一の合法的賭博として成立していくことを考えると民権思想と賭博との関係性を考察する上で示唆に富む。山《やま》野《の》浩一《こういち》が述べるとおり、デモクラシーが浸透したイギリスにおいて、株式制度や保険制度と同様、馬券も「自己責任による賭けが正当な評価」を受けていることを考えると、自由民権家たちと競馬との親和性も納得が出来よう〔『馬の博物誌』〕。

## 馬券の禁止

さて、明治四一年一〇月の松戸競馬である。改正刑法が施行されても馬券は黙許されており新聞紙上でも「新刑法は反故　松戸の競馬（第一日）天下の博徒松戸に集まる」〔『東朝』M41・10・4〕、「松戸の醜天地（第二日）」〔同10・5〕、「最醜の最終日（昨日の松戸競馬）」〔同10・6〕と松戸での混乱が報じられていた。そうした中、一〇月五日に桂首相は馬券発売を中止するかわりに政府が補助金を出すと決断し、翌六日付の「馬券発売禁止に関する件」で各競馬会に通達した。あわせて曾禰長官と藤波次長は辞職届けを提出した。これを受けて、一〇月六日付『東京朝日新聞』紙面は、さながら勝利宣言をうたうかのような馬券禁止と松戸競馬の醜態に埋め尽くされていた。

大阪朝日新聞は、「桂内閣の善政」（M41・10・6）と報じたが、何より重要なことは、このわずか二年間の馬券黙許時代に、競馬場が「賭博が開帳され、紛擾が頻発する悪所」としての印象を強く植え付けられたことである。それは徹底的な負のイメージであり、明治一〇年代の「文明装置」の印象から著しく変化したのである。

## 熱狂の反動

「馬券禁止」の通達は効果てきめんであった。

まず、各競馬会の株の暴落である。ほとんどの株が天から地へ落ちるような下落であった。高値の東京競馬会の株でも四七〇円が二〇〇円に落ち込み、他の競馬会の株は買い手が付かないものもあったようである。〔『東朝』M41・10・7〕

競馬株所有者と同様、馬主も多大な被害を蒙《こうむ》った。賞金を稼ぐことを夢見て購入した高馬が、馬券禁止に伴い高賞金を獲得できる目途が立たなくなったためである。

馬券禁止の通達が各競馬会社に出されると、一〇月二三日から開催を予定していた東洋競馬会社（門司）は開催を取りやめ、設立が認可されていた栃木県小山《おやま》の武州競馬会は消滅した。なお、曾禰・藤波の辞職の後は寺内正毅陸相が馬政局長官を兼任した。

この馬券禁止で重要なことは、これまで開始以来黙認され、また手慣れた運営で大きなトラブルを引き起こ

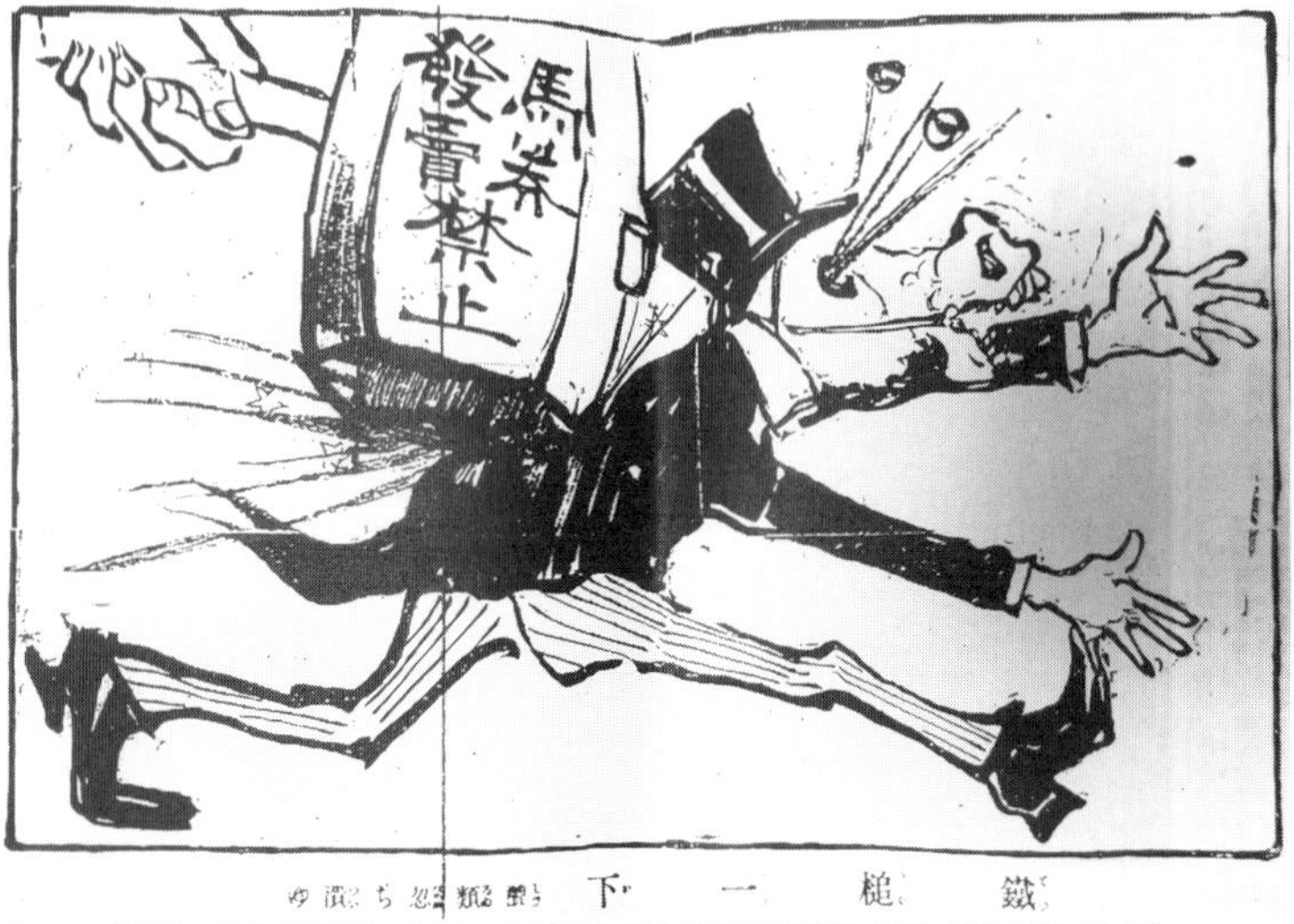


図3-2　「鉄鎚一下」馬券発売禁止の風刺画（『大阪朝日新聞』明治41年10月6日付）

してこなかった根岸競馬の馬券発売をも禁止にしたことである。これには根岸競馬の関係者もショックを受け、陳情書を提出した。そこには、「新刑法の発布を機とし何等の善後策を定めずして俄《にわ》かに馬券の発行を禁止せられ従来の希望は水泡に属し予期の収益は全く空に帰するの場合となり」と当初の目論見が水泡に帰したことを嘆き、「馬券発売に対して加えたる如き暴戻なる禁過」をされると、「誰が復《また》日本に投資せんや」と投資家としての警告を発する。そして「一部競馬事業」だけではなく、「弘《ひろ》く他の財界に大打撃を加えたる」と恨みつらみを述べ、さらに黙許してからわずか一年半での禁止に、「朝令暮改は未開国の通弊」と厳しい批判を行うのである。これを手にした山縣は、一〇月二四日、新馬政長官となった寺内に陳情書を送付するとともに、「馬券廃止に付外国人より大使館其他へ願書《がんしょ》差出《さしだし》候書類別紙さし出候。疾《とく》外相より御聞取相成候」と外相と早急に相談するよう伝えている（『寺内正毅関係文書』）。

一〇月三〇日、初めて馬券発売のない競馬を実施することになった根岸競馬は、「墓場のよう」〔『東朝』M41・11・1〕と新聞に書かれるほど、賑わいとはほど遠いものであった。こうして、黙許馬券は禁止されたが、「前もって番組を買って賭をしておいて、帰宅後秘密の場所で金銭の授受、馬券を禁じて以前のガラに逆戻りの形、それでも物足らぬと見えて一勝負毎に「や大穴を当てた」「配当は幾位だ」「受取に行って来ようか」と慰めているのはむしろ憐然に感じる」とあるように、それでもなお地下にもぐって馬券を私的にやり取りする連中がいた。馬券禁止をしたために、却って非合法賭博に回帰することになったのである。

馬券を禁止された競馬会への補助金一四万円余りは国庫剰余金をもって充てられた〔「大蔵大臣請議競馬補助金剰余金より支出の件」明治四一年一一月一二日〕。そこには、「本年度に於て秋季の競馬を了せざる競馬会若干あり、此等競馬会に対し必要の補助を与え競馬の維持を計るは緊要に付、其金額本行の通《とおり》支出を要す」と記され、競馬を維持する事は必要と判断されていたことがうかがえる。

馬券発売禁止から二年後の明治四三年、「馬匹改良」は「専《もっぱ》ら軍事上の必要に基く」ことから「陸軍戦時の要求」に応じて「軍馬の充実を企画する」必要があるため、馬政局は内閣から陸軍省のもとへと移管された。馬券を禁止した以上、陸軍にとって馬政を引き取ることに障害はなかった。長官は引き続き寺内正毅、次長に浅川敏靖が任じられた。浅川は騎兵出身で騎兵課長を経て明治三七年には臨時馬制調査会の委員も務めるなど、陸軍馬政に精通した人物であった。そして、競馬法が制定される大正一二年までの間は、陸軍省所管の馬政局の指導のもと、軍馬改良という国家目標に向けて、補助金が出され「馬券発売の伴わない競馬」が細々と行われていくのである。

もちろん、内容も軍馬育成に直結するような速歩競走（人間の競歩と同様走り方に規定があるという競走）や、長距離を走る優秀内国産馬連合競走（連合二マイル）の充実が図られるなど、持久力をもつ軍馬の育成が図られた。そして、馬券禁止により経営に大打撃を受けた各競馬倶楽部側は、補助金に頼らざるを得ない苦しい運営を強いられることとなったのである。

第4章　馬券禁止と景品券競馬

## 馬券禁止後の競馬会

明治四一年一〇月九日、馬政局長官を辞任したばかりの曾禰荒助は後任の寺内に対し以下のように書簡を送った〔『寺内正毅関係文書』〕。曾禰は「事務上御引継可申《もうすべき》件《けん》別に無之《これなく》」と引き継ぐようなことは何もないとあっさりと言い放ち、「彼《かの》書類一応御査閲被賜候《たまわれそうら》得《え》ば充分」と書類を一読するだけで足りると述べる。そして「競馬の事に付ては既に善後策も御確定」とは思いながら、「婆《ば》心止《しんや》む《む》を得ず」考えを伝えている。曾禰の起死回生のアイデアは今議会に政府から「馬券は競馬場内に限り之を発行、売買することを得」という内容の「法案を提出」することであった。そしてこれが議会において否決された場合は、「将来馬匹《ばひつ》否軍馬に要する大金額の支出を要求するの種」ともなると大蔵大臣をつとめた政治家ならではの見通しを述べる。もしこうした法案に対し「朝礼暮改の嫌ある」ということであれば、「議員より之を提出せしめ政府之に同意する」のが「為国家《こっかのため》」と述べるのである。

馬券公許が曾禰の言う「馬券は競馬場内に限る」という一条件だけで成立するはずがないことは当時の社会状況及びこの後の競馬法が成立するまでの紆余曲折を考えれば明らかであり、曾禰の状況判断の甘さが際立つ。

ただ、韓国に赴任していたため馬券への厳しい眼差しといった国内情勢などを皮膚感覚で知ることができなかったことは擁護する材料にはなるだろう。また曾禰は事業を実施するためには予算措置が必要であるという立場は一貫しており、否決された場合を踏まえたシナリオまで考えることができる、言うなれば「絵の描ける」政治家であった。実際競馬法を成立させ馬券発売を公許するという狙いは、この曾禰のシナリオに則り進められていくこととなる。

明治四一年の馬券禁止命令は設立が認可されていた栃木県小山の武州競馬会が消滅するなど、大混乱を巻き起こした。もちろん、競馬会側も馬券禁止後、手をこまねいていた訳ではない。東京競馬会の加納・安田らは早速二つの運動を開始する。ひとつは「対症療法」として、馬券禁止で汲々としている各競馬会への救済の実施、いまひとつは「抜本的根治案」である競馬法案の制定である。

「対症療法」たる競馬会への補助金は、馬券発売禁止に伴う補償として明治四二年度の競馬会奨励費として三八万円の予算が計上された。もちろん全国一五か所の競馬場がこれだけで運営できる訳はなく、また競馬法の提出も準備されていたことから衆議院でこの予算案は否決された。このあたりは競馬倶楽部内にも意見が相半ばし、歩様《ほよう》が乱れている様子がうかがえよう。

## 競馬法案の提出

競馬会への補助請願運動と並行して明治四二年二月、競馬会は切り札・競馬法案の提出の検討に入った。風教上の影響に配慮した、馬政長官に権限を集中させたところに特色のある法律案であった。

○明治四二年提出　競馬法案

第一条　本法において競馬と称するは専ら馬匹の改良を目的とし民法第三十四条により設立したる社団法人の開催するものをいう

第二条　競馬の開催を目的とする社団法人の設立者はその申請書に定款並びに左の事項を記載したる起案目論見書を添付することを要す、但し第二項の場合においては第五号、第六号の記載を要せず

一　競馬場の位置

二　競馬の種類

三　馬場の長幅形状及び設備の方法

四　馬見所厩舎その他競馬開催に必要なる建物の種類構造並びに建坪

五　建設費の概算

六　建設資金調達の方法

競馬場は他人の建設したるものを賃借してこれに充つることを得この場合における賃貸借契約は馬政長官の認可を受くることを要す

第三条　社団法人は競馬の開催費、勝馬の賞金、抽籤新馬の補助金、債務の償還金、産馬事業に対する補助または奨励金及び社団法人の経費を補充するため馬票を発行することを得馬票の種類金額及びその購買数の制限は馬政長官これを定む

馬票は本法により設立したる社団法人に非ざれば発行することを得ずこれに違反したる者は五百円以下の罰金または科料に処すその購買したる者また同じ
第四条　競馬規則、馬票発行規則及び取扱規程は社団法人において馬政長官の認可を得てこれを定む
第五条　馬票は馬政長官が定めたる制限を超過してこれを購買することを得ず
学生及び未成年者は馬票を購買することを得ず
競馬の主催者たる社団法人の理事、監事、審判委員　馬場取締、発馬係、調教師、騎手、馬丁その他競馬開催の事務に従事するものは馬票を購買することを得ず
前三項の規定に違反したる者は五百円以下の罰金または科料に処す
その事実を知りて馬票を発行したる者また同じ
本条の罪は現行犯に非ざればこれを罰せず本条の刑の言渡を受けたる者に対しては別に行政処分をもって一定の期間競馬会に出入することを禁ずることを得
第六条　社団法人の会計及び業務の施行は馬政長官これを監督す
馬政長官は社団法人の事務の執行が不正または不適当なりと認めたるときはこれを取消しまたは停止しもしくは改正せしむることを得
馬政長官は馬政局の官吏をして監督権の全部または一部を行なわしむることを得
第七条　社団法人の理事及び監事の就職は馬政長官の認可を受くることを要す
馬政長官は社団法人の行為が法律命令に違反しまたは公益に害ありと認めるときは理事または監事の解職

を命ずることを得
附則
第八条　本法施行前設立したる社団法人にして第一条に該当するものは本法により設立したるものと看做す但し未だ競馬場を建設せざる者は第二条第一項に規定せる起案目論見書を作りまた同条第二項により競馬場を賃借せんとする者はその賃貸契約書を作り馬政長官の認可を受くることを要す
第九条　既設の社団法人の理事及び監事は本法施行の日より二週間以内に第七条第一項の認可を申請することを要す
第十条　本法施行に関し必要なる事項は命令をもってこれを定む

## 人貴きが故に馬貴し

競馬法案は明治四二年の第二五回帝国議会へ佐々木文一《ささきぶんいち》（岐阜・政友会）・東武《あずまたけし》（北海道・政友会）・鈴木久次《すずききゅうじ》郎《ろう》（千葉・憲政本党）の三代議士の名で提出された。衆議院では村松恒一郎《むらまつつねいちろう》によって反対演説がなされたが、それに憤慨した賛成派により鉄拳を見舞われるというハプニングも起こるなど、当時の熱気をうかがい知ることができる。

さてこの衆議院において、有名な答弁がなされた。三月六日、反対派の高柳覚太郎《たかやなぎかくたろう》より、馬を育成するために馬券の発売を許すことは風俗を害することにつながるので、「人貴きか馬貴きか、之に対する御答弁を煩したい」と質問したのである。東武はそれに対し、「人が貴いために馬が貴い」と返した。A or Bに対しA&

Bと答えるのは確かに「愚にもつかぬ答弁」（『東朝』M42・3・7）ではあるのだが、東の馬に対する思いがうかがえる答弁でもあろう。

さて競馬法案は衆議院において修正可決され、貴族院へ回付された。しかし競馬法案への風当たりは非常に強く、三月二二日の貴族院委員会では政府委員の寺内正毅が「馬券を禁じて間もなく更に馬券の売買を許すと云うが如きことは是は到底為し能はぬこと」のため、衆議院における「委員会或は本会議に於ても反対を表して置いた次第」と反対の立場を明確にした。政府からの応援を期待できない状況では成立は難しく、委員会では出席議員全員が否決に回ってしまう。

翌日の本会議では加納久宜子爵が馬匹改良上の必要性を訴えたが、曾我《そが》祐準《すけのり》子爵は風教上の問題からこれに強く反対した。結局採決の際に賛成で起立したのは加納久宜子爵、新田《にった》忠純《ただすみ》男爵、徳川《とくがわ》厚《あつし》男爵の三人のみで、あえなく否決されてしまうのである。

## 予算の確保

明治四二年に帝国議会に提出された競馬法は成立すれば馬券復活の切り札となり得たが、貴族院で握りつぶされてしまった。そのため、各競馬会は、補助金を得て現状の競馬を運営しつつ、将来的な競馬法成立に注力していく二方面作戦を実施していくこととなる。特に問題となったのが予算の裏付けであった。競馬を運営していく費用についても無論だが、さらに課題であったのは設備投資費用であった。日本レース倶楽部を除く各競馬事業者は、馬場やスタンドを設営するためにすでに巨額の費用をつぎ込んでいた。馬券発売禁止となればこの支払いに不都合が出るため、政府は二〇か年の年賦で買収させる案をたて、開催補助費とあわせ各倶楽部に支弁することにした。さらに一六あった各倶楽部のうち、消滅した武州競馬会を除く一五の競馬倶楽部は一一に整理統合された【表4―1】。

**表4-1　馬券黙許時代の競馬倶楽部**

| | 名称 | 競馬場 | 場所 | 設立年 | 西暦 | 月 | 日 | 明治43年統合後名称 | 備考 |
|---|---|---|---|---|---|---|---|---|---|
| 1 | 北海道競馬会 | 子取川 | 札幌 | 明治40年 | 1907 | 4 | 24 | 札幌競馬倶楽部 | |
| 2 | 函館競馬会 | 柏野 | 函館 | 明治33年 | 1900 | 5 | 9 | 函館競馬倶楽部 | 馬券発売は明治40年から |
| 3 | 越佐競馬倶楽部 | 関屋 | 新潟 | 明治40年 | 1907 | 10 | 12 | 新潟競馬倶楽部 | |
| 4 | 総武競馬会 | 松戸 | 千葉 | 明治40年 | 1907 | 7 | 12 | 松戸競馬倶楽部 | 大正9年（1921）から中山競馬倶楽部 |
| 5 | 東京競馬会 | 池上 | 東京 | 明治39年 | 1906 | 4 | 24 | 東京競馬倶楽部 | |
| 6 | 日本競馬会 | 目黒 | 東京 | 明治40年 | 1907 | 3 | 15 | | |
| 7 | 東京ジョッケー倶楽部 | 板橋 | 東京 | 明治40年 | 1907 | 8 | 29 | | |
| 8 | 京浜競馬倶楽部 | 川崎 | 神奈川 | 明治39年 | 1906 | 9 | 13 | | |
| 9 | 日本レース倶楽部 | 根岸 | 神奈川 | 明治39年 | 1906 | 1 | 22 | 日本レース倶楽部 | |
| 10 | 藤枝競馬倶楽部 | 藤枝 | 静岡 | 明治41年 | 1908 | 4 | 17 | 藤枝競馬倶楽部 | 大正7年（1919）から福島競馬倶楽部 |
| 11 | 京都競馬会 | 島原 | 京都 | 明治40年 | 1907 | 3 | 15 | 京都競馬倶楽部 | |
| 12 | 関西競馬倶楽部 | 鳴尾① | 兵庫 | 明治40年 | 1907 | 3 | 20 | 阪神競馬倶楽部 | 鳴尾①と②は近隣の別の競馬場 |
| 13 | 鳴尾速歩競馬会 | 鳴尾② | 兵庫 | 明治40年 | 1907 | 8 | ? | | |
| 14 | 東洋競馬会 | 戸畑 | 福岡 | 明治40年 | 1907 | 7 | 16 | 小倉競馬倶楽部 | |
| 15 | 宮崎競馬会 | 大宮 | 宮崎 | 明治40年 | 1907 | 9 | 9 | 宮崎競馬倶楽部 | |
| 16 | 武州競馬倶楽部 | 小山 | 栃木 | ― | ― | 1 | | ― | 認可予定のみ |

立川健治「失われた競馬場を訪ねて［8］―馬券黙許時代―」（『書斎の競馬』第8号、飛鳥新社、1999、231頁）、（『近代競馬の軌跡―昭和史の歩みと共に―』日本中央競馬会、1988、8頁 ）より作成

表4-2　東京競馬倶楽部明治43年度上半期収支予算

| 収入の部 | 内容 | 単位：円 |
|---|---|---|
| 出馬登録料 | 番組35回×12頭×5円 | 2,100 |
| | 優勝競走32回×1勝ごと10円 | 320 |
| 騎手登録料 | 1人5円×40名 | 200 |
| 服色及仮定名称登録料 | 1人2円×5名 | 10 |
| 厩舎使用料 | 1頭2円×90頭 | 180 |
| 入場券発売収入 | 1等1日1人1円×20名×4日＋2等同50銭×50名×4日 | 180 |
| 番組発売収入 | 1部50銭×80部 | 40 |
| 合計 | | 3,030 |

| 支出の部 | 内容 | 単位：円 |
|---|---|---|
| 事務費諸手当 | (事務員5名×40円＋小使2名×15円) ×6か月＋雑給金120円 | 1,500 |
| 事務諸税公課 | 建築物家屋税300円＋印紙税等50円 | 350 |
| 事務消耗品費 | (電灯料10円＋木炭8円＋文具15円) ×6か月 | 198 |
| 事務家賃 | 40円×6か月 | 240 |
| 事務旅費乗車賃 | 市内20円×6か月＋市外80円 | 200 |
| 事務集会費 | | 60 |
| 事務印刷費 | | 120 |
| 事務通信費 | 電話市内半年33円＋市外半年41円＋郵送料60円＋電報30円 | 164 |
| 事務広告費 | | 100 |
| 事務借地料 | | 2,550 |
| 事務営繕費 | | 2,000 |
| 雑費 | | 98 |
| 事業費競馬賞金 | | 35,750 |
| 奨励金 | | 200 |
| 抽選馬補助金 | | 3,600 |
| 開催手当報酬 | 嘱託員800円＋競馬係員25名×75円＋守衛等40名×10円＋人夫475円 | 3,550 |
| 開催費 | 印刷費600円＋旅費400円＋広告費100円＋装飾接待費400円＋消耗品200円＋通信費150円＋雑費100円 | 1,950 |
| 合計 | | 52,630 |

『東京競馬会及東京競馬倶楽部史１巻』288頁より作成

とはいえ、各倶楽部に財政問題は大きくのしかかった。例えば、明治四三年度四月から九月までの東京競馬倶楽部上半期の収支予算案には、収入はわずかに三〇三〇円、対する支出は五万二六三〇円で差引四万九六〇〇円と大幅な赤字であった【表4―2】。この穴埋めは補助金に頼らざるを得ず、こうした財政難の中、収益を確保すべく様々な取り組みがなされた。中でもユニークであったのが宮崎競馬倶楽部の取り組みである。地方に位置し、売り上げも少なかった同競馬倶楽部は一念発起、明治四五年春季競馬から入場者に福引券を配布し、いわゆる商店街の福引と同様、当選者に景品を贈呈したのである。これをみた宮崎県知事有吉《ありよし》忠一《ちゅういち》はくじ引きで景品を配るより、一着馬を的中させたものに景品を配った方が馬事思想の普及に寄与するのでは、と考え宮崎地方裁判所の高野兵太郎にこの旨を問い合わせた。そして高野より、「対価物以下の価格を標準とする場合は商店街の福引と同様に扱うので刑法に抵触せず」という言質を得て、これを宮崎競馬倶楽部副会頭の児玉伊織《こだまいおり》に伝えた。

児玉は大正二年の春季競馬より入場料五〇銭を支払ったものに投票権を一枚交付し、的中者に反物などの景品を贈るようにした。これがいわゆる宮崎方式の「景品券投票」である。一時活況を呈したこともあったが、出走馬数などの制限から、宮崎では充分にその魅力を発揮することは叶《かな》わなかった。しかしこの「景品券投票」という「発明」は、馬券の禁止にあえいでいた競馬事業者にとって一筋の光明に他ならなかった。

翌大正三年九月、東京競馬倶楽部は宮崎方式の勝馬投票施行について警視総監伊沢多喜男《いさわたきお》に対し認可を申請したところ左記の条件で認可となった〔『日本競馬史』〕。

一　入場券は現実に入場する者一人につき一日一枚を限り発売するものとす
二　勝馬投票のために用いる投票券は、入場券に添付せるものの外《ほか》発行することを得ず
三　勝馬投票に関する一切の行為は他の者に請負わしむることを得ず
四　警視総監は入場料の収支計算を検査し、かつ必要と認むるときは一切の帳簿、書類等を検閲すること
あるべし
五　警視総監は公益上必要と認むるときは勝馬投票施行の禁止または停止を命じ、もしくは本命令書の条
項を変更することあるべし

こうして宮崎方式は東京では「勝馬投票」と名を変え実施されることとなった。馬券禁止後はおよそ三百人程度の観覧者であったのに対し、「勝馬投票」が実施された大正三年一一月の秋季競馬には一万二千人もの観覧者が集まり、久しぶりに活況を呈すこととなった。

「勝馬投票」という言葉自体は明治四二年、札幌の北海道競馬会が用いたのがその始りであり、英語ではbetting ticket、直訳すれば「掛け券」となるものが「勝馬投票券」という名称なのはここに由来する。この名称は現在でも使用されており、戦前との連続性を感じさせるもののひとつである。

東京競馬の勝馬投票は平日三鞍《くら》、日曜は四鞍とすべてのレースで発売された訳ではなかった。そして五〇人の的中者に限り、一人五円の百貨店商品券（三越や白木屋）が贈られた。投票券は一枚五〇銭なのでおよそ一〇倍である。当初は的中者が五〇人を超える際には抽選が行われていたが、大正五年四月より一〇〇票以内五円、

一五〇票以内四円というように、勝馬的中投票数によって商品券が案分されるようになった（投票券は一円に相当）。

大正四年より入場料も一等一円、二等五〇銭となり、一等券には勝馬投票券二枚、二等には一枚を付した。最終的に入場料は一等一〇円、二等四円と変更された。

こうした景品券競馬は、馬券発売が不可能な状況において、収益を上げるひとつの手段であり瞬く間に他倶楽部へも波及した。大正一〇年の東京競馬倶楽部の登録及入場料収入は六万七〇七四円（春季三万一三一九円、秋季三万五七五五円）となっており、明治四三年度上半期の収入すべてで三〇三〇円だったことを考え合わせると、大幅な収入増加につながっていることが一目瞭然である。なお景品券は多くの場合競馬場付近の交換業者により八掛け程度で現金化されていたといわれており（『日本競馬史』）、いわゆる現在のパチンコの「三店方式」の嚆矢《こうし》をここに見出すことができる。

## 景品券競馬を実施しない倶楽部

ところが、横浜、東京、総武（中山）といった関東の競馬倶楽部が大正四年から一一年にわたり景品券競馬を実施したにもかかわらず、阪神・新潟は大正五年から九年まで、小倉は大正五年から一〇年まで、京都は大正五・六年に景品券競馬を実施しなかった。むしろ、大正四年一一月の全国公認競馬倶楽部連合会においては「翌年より景品券競馬の開催を取りやめるべし」と決議されるなど、各競馬倶楽部においても足並みは揃っていなかった。

実は阪神競馬倶楽部が景品券競馬を開催した大正四年一〇月、神戸地方裁判所検事正から司法省に対し「一人が多数の入場券を購入したり、景品券を場内で現金化しておりこれらに対し取締の必要がある」という内容の「阪神競馬倶楽部状況報告」が提出されていた。鳴尾事件の衝撃からいまだ日も浅からぬ中でこうした報告がなされたこと、またせっかく実施した景品券競馬の売上が、収入四一八七円七五銭に対し支出が三九五四円とわずか二三二円程の収益に過ぎなかったことも期待に反していたため、中止に踏み切ったのであろう。阪神に追随し、小倉と京都もあわせて大正五年の景品券競馬を中止している。

景品券競馬は、富籤の一種と捉えられていたため認可権限は地方長官にあり、各地方により許認可の方針が一定していなかったのも理由のひとつと考えられよう。

例えば、大正二年八月、割増金付勧業債券を用いた「掛売法」と称する債権販売方法が問題となった。割増金付勧業債券は日本勧業銀行が発行するもので、抽選によって割増金がつくことが特徴であった。この「掛売法」に関して、内務省は警視総監に対し、内務省令第二〇号（明治四二年八月一〇日）をもって、「懸賞又は富籤類似其の他射倖の方法を用いんことを提供し、又は投票を募集するの行為にして公安又は風俗を害するの虞ありと認むる者は庁府県長官（東京府に於ては警視総監）に於て之を禁止し又は制限することを得（以下省略）」と取り締りを決定する。すなわち、風俗を害さない限りにおいて懸賞・富籤は認められていたが、その許認可は地方長官に握られていたのである。

また、各倶楽部の東西対立や主導権争いなども影響していたのだろう。とはいえ、多くの倶楽部ではこの景品券競馬を実施した。景品券競馬は、きたるべき馬券発売に向けての払い戻しや馬券購入のシミュレーションとなったのである。そして各倶楽部は、この景品券競馬で糊口をしのぎつつ、競馬法を制定し馬券公許の道を模索する両面作戦を展開していくことになる。

## 司法省の軟化

明治四二年に帝国議会に提出された競馬法案は全部で十条しかなく（後に成立する競馬法は十六条）、馬票（馬券）の種類や金額及びその購買数の制限は馬政長官が定める、といういわば大枠だけの法案であった。しかしこの明治四二年法案が貴族院で圧倒的に否決されたことに加えて、政府内部においても競馬法への味方は少なく、前途に暗雲が立ち込めていた。

明治四三年一一月、尾崎行雄東京競馬倶楽部会長の呼びかけにより競馬倶楽部連合会が発足し、翌年一月尾崎が委員長に就任した。明治四四年には自らも牧場主であり、農商務省牧馬課長もつとめた廣澤辨二《ひろさわべんじ》を中心に、産馬地方の代表者が集まった大日本産馬会も結成された。この二団体が車の両輪となり、馬券復活運動を展開していくことになる。ここで作成された馬券の制限案は「会員以外には販売しない」という点だけであり、具体的な内容は検討されていなかった。

大正三年には衆議院議員でもあった廣澤が議員提出法案として競馬法を提出した。この大正三年法案は、一一条からなり、馬票の種類・金額・購買の制限は明治四二年案と同様主務官庁が定めるものとした。法案は委員会に付されたが、シーメンス事件のため第三一回議会は停会となり、審議には至らなかった。

このように、民間において馬券再開熱が高まる中、主務官庁である陸軍の対応は冷ややかであった。鳴尾事件に象徴される陸軍への非難の記憶が冷めやらぬ中、おいそれと馬券復活を認める訳にはいかなかったのである。しかし、大正元年八月、馬政局そのものも制度整理の対象となり、農商務省への移管という話も浮かび上がってくる中で、馬政局の存続や今後の方針も含め、馬券の取り扱いをいかようにするか、明治四三年六月に馬政局長官に就任した浅川敏靖としても難しい判断を迫られていた〔『寺内正毅関係文書』〕。

大正三年、第二次大隈重信《おおくましげのぶ》内閣が成立すると、司法相には東京競馬倶楽部の元会長・尾崎行雄が就任した。馬券成立に向けて、司法省との折衝をするには絶好の機会がおとずれたのである。実際、大正五年の請願委員会では衆議院において満場一致で採択され、貴族院では審議未了となったものの、司法省参政官の田川大吉郎《たがわだいきちろう》もこれまでのような絶対反対という態度ではなく、「弊害を過去の如く盛んならしめざる目的さえ相当に規定することが出来ますれば、其制定に対し反対する訳ではございませぬ」〔『衆議院請願委員会　第三分科会議録』T5・2・23〕と軟化する姿勢を示した。この背景には各競馬倶楽部の熱烈な運動もさることながら、明治末年に馬券を廃止したアメリカが、大正二年に再び馬券発売を復活させた世界的潮流も味方した。結局審議未了に終わったものの、浅川馬政長官も手ごたえを感じたのか、議会終了後の大正五年四月六日に

競馬法制定（馬券復活）其他一、二件に関し意見具申あり、又当業者数千名より同様の請願を貴衆両院に提出致候。衆議院にては皆採択となり貴院にては会期切迫の為め審査未了に終りしも委員の意向は寧《むし》ろ善き良なりしと承り候。馬券に関しては相当の取締を講ずる上は司法省側にても強《しい》て反対はなきものの如く、又大隈伯の如きも初めは反対なりしも結局議会の意向次第に任ずべき歟《か》の意見なりとか承り候。

と寺内に書き送っている〔『寺内正毅関係文書』〕ように、競馬法制定運動はこれまでの馬券復活という絶対的な目標から、どのような枠組みの中で馬券を発売するかという条件闘争にステージが移行したのである。

## 馬政委員会の設置

競馬法制定には大きく三つの課題があった。ひとつは、明治末年の失敗を念頭に置き、風紀の紊乱《びんらん》を招かないように世論を味方につけること、二つ目は一を成立させるために馬券の発売に対する制限をどこまで設けることにするのかということ、三つめは馬匹改良のために必要な馬の戸籍、すなわち馬籍の整備であった。

大正七年九月、原内閣が成立すると、官民合同の馬政に関する調査会の設置が持ち上がり、「馬匹奨励に関する建議案」が第四一回議会に提出され、採択された。

こうして成立したのが「馬政委員会」である。委員長には騎兵の父として知られる秋山好古《あきやまよしふる》大将が就任し、副委員長は農商務次官の田中隆三《たなかりゅうぞう》、委員には宮内省主馬頭渋谷在明《しぶやざいめい》、内務省地方局長添田敬一郎《そえだけいいちろう》、同警保局長川村竹治《かわむらたけはる》、司法次官鈴木喜三郎《すずききさぶろう》、司法省刑事局長豊島直通《とよしまなおみち》、貴族院議員で競馬法反対派の湯浅倉平《ゆあさくらへい》も加わるなど、馬政局創設当時のように馬匹関係部局から幅広く人員が集められた。この馬政委員会を舞台に、競馬法案の中身について議論が重ねられていく。余談であるが陸軍省参事官兼馬政局書記官としてこの委員会に参加していた藤田嗣雄《ふじたつぐお》は画家・藤田嗣治《つぐはる》の兄である。

競馬法については、場内の風紀維持のための服装の取り締り、八百長の取り締り、そして馬券が焦点となっ

表4-3　大正8年馬政委員会に提出された競馬法案一覧

| | 年 | 日数 | 購買者条件 | 勝馬投票券 | 条件 | 払戻制限 |
|---|---|---|---|---|---|---|
| 1 | 2回 | 4 | 観覧人 | 20円以下 | 1人1競走毎1枚 | なし |
| 2 | 2回 | 4 | 競馬倶楽部関係者 | 主務官庁が定める | 主務官庁が定める | 主務官庁が定める |
| 3 | なし | なし | なし | 寄付10円ごとに馬匹鑑識券1枚 | なし | なし |
| 4 | なし | なし | なし | 主務官庁が定める | 主務官庁が定める | 主務官庁が定める |
| 5 | | | | 奨馬債券を発行、競走後割増金付の即時償還および元利有期据置き償還の二種 | 主務官庁が定める | 主務官庁が定める |

『馬政委委員会議事録』より作成

た。馬政局はここに五つの競馬法案参考資料を提出した【表4―3】。

第一、第二は馬政局案、三は部外より聴取して作成したもの、第四、第五は馬政局の競馬通の者が作成したものと浅川長官は説明した。司法省の見識は、と問われた豊島刑事局長は、寄付行為についてはこれは実際のところ賭金と見なさざるを得ずと答えている。また興味深いのは「奨馬債券」という考え方で、これはいわゆる勧業債券の類似で、勝馬予想の的中したものがすぐその場で割り増し付の返還を受けるという方法であって、通常の勧業債券が三〜四〇年で返還されていくのとは大きく異なり、やはり賭博であると断言する。したがって、「刑法上賭博罪の除外例を作る必要があると思う」と司法省の見解を示した。すなわち、寄付行為や勧業債券を隠れみのにするのではなく、正々堂々と競馬法として成立させるしかない、という結論であった。

このうち、浅川ら馬政局の本命は第一案であった。他の案が勝馬投票券について「主務官庁が定める」としていたのに対し、第一案は法律条文に勝馬投票券の条件を一人一競走ごと一枚、二〇円以下と明記していることに特徴があった。浅川は、このように西洋にはない日本独自の「一人一枚」を前面に押し出すことが、馬券発売反対派の説得材料となることを期待したのである。

一〇月二〇日、植野徳太郎《うえのとくたろう》陸軍少将は「軍事上の要求よりすれば競馬法を速に制定・実行せられんことを希望する」と明言し、陸軍の競馬法制定への協力的な姿勢が鮮明となった。

一二月一六日、豊島直通刑事局長は現在行われている「勝馬投票」（景品券競馬）は刑法に触れないので、金額を拡張するのは差し支えがないが、明治期のような状況を来たすと頗《すこぶ》る問題があるので、制限をかけ、「あまり射倖心を挑発せざる範囲において」であれば、金額を増額することは「差支なかるべしと信ず」と答える。事実上の司法省の了承であり、現行の「勝馬投票」制度の金額を増加させることについて同意を得たのである。「勝馬投票」（景品券競馬）が一種のシミュレーションになっている事がうかがえる。

競馬法の検討は一五名の特別委員に委ねられることになり、翌年の三月一八日、三か月の検討期間を経て、小笠原長幹《おがさわらながよし》委員長から答申案が提出された。そこでは、馬匹の能力向上・優良馬匹の生産を奨励するのは国防上の急務であり、その奨励の方法として競馬法を制定し、極めて厳密な監督のもとに馬券発行を許可することは、欧米の実例を鑑みても、また馬産界の現状から「事情已むを得ざるものと認むる」も、今はそうした制度の導入に慎重に対応し、方法や時機についてはさらに検討を進める、と述べられており、事実上の先送りであった。

さらに、馬券反対派の湯浅は馬券以外による振興は可能と訴え「事情已むを得ざるものと認むる」を「相当効果ありと信ず」に修正すべし、と一度特別委員会で否決された案を再度持ち出してきたのである。この修正は馬券の発売を「已むを得ないもの」から「効果ありと信ず」と必要性を一段階落とすことに狙いがあった。

これに鈴木喜三郎司法次官が同調した。司法省は豊島刑事局長の発言内容から馬券発売を許容していたように思われていたので、意外な反応であった。鈴木は、湯浅の意見には全く同感であるとし、馬匹能力の増進に馬券が「相当効果ありと述べられたるは本員の了解に苦しむ」と反対の立場を明らかにする。そして「事情已むを得ざるものと認むる」を「事情已むを得ざるものとする」と改める修正案を提出するのである。前者が、馬券の発売を「致し方ない」と「認めて」いるのに対し、後者ではそうした意思は後退し、ただ単に事実を述べているにすぎず、トーンとしては後退していることがうかがえる。

結局、「するも」に字句は修正され、田中義一《たなかぎいち》陸相に答申されることとなった。

会議終了直前、秋山委員長の「質問終了せしや」に対して浅川は、一つの要望があるとして、委員会を続行すべく粘りを見せる。

（前略）夫れは競馬法案に付、既に答申ありたるも此の答申の主旨は永久に競馬を不可なりとせしに非ずして其の方法に就ては慎重の考慮を加え、適当なる案を作り又其の時機は人心の安定を待ち実施せむとするに在り。其の時機は何時来るやは知れざるも、何れの時か其の来る時あらんと信ず。故に其の時機に於て実施するに差支なき様其の方法を審議し置きたし。而して本件は委員会に於て自ら審議すべきか、或は更に大臣の諮問を俟つべきかは分からざるも兎も角本員の希望を提出する次第なり。

この発言の後に小松謙次郎《こまつけんじろう》委員が「曩《さき》に満場一致を以て答申を決定し居れり。浅川委員の提案は答申の精神に衝突」するとたしなめたように、一度決定した答申の件を蒸し返すのはご法度であったが、鈴木司法次官に答申内容が一段後退させられていることに対し危機感を持ったのだろう。こうした浅川の粘りは、齋藤宇一郎《さいとううい ちろう》や藏内次郎作《くらうちじろうさく》、八田宗吉《はったそうきち》といった衆議院に籍を持つ他の委員にも支持されたが、答申の文言は変わらなかった。結局、この大正九年の「競馬法制定可否に関する件」では馬政委員会から馬券発売への積極的な提言は得られなかったが、この浅川の粘りに競馬法制定に向ける関係者の熱意の程を見出すことができよう。

## 馬籍の制定

競馬法と並んで重要な法案が馬の戸籍、すなわち馬籍の制定であった。大正八年六月三〇日の委員会では馬籍法制定の可否が検討された。

実は、この時期においても誰がどのような馬を飼育しているのかの把握は困難であった。というのも、軍馬として馬を徴発するため四歳以上一七歳以下の馬の所有者は役場に届出が必要であったし、明治三四年に公布された馬匹去勢法により三歳以上の牡馬の所有者も届出はなされていた。しかし、それ以外の馬匹については不明であり、また徴発馬の点検も四年あるいは七年に一度であったため陸軍にとっても馬匹数のより正確な数字を把握できる馬籍の制定は願ったり叶ったりであった。

民間にとっても、血統や馬の特徴を記した馬籍を制定することで、売買の際に馬商に欺かれるといった弊害の払拭につながり、また競馬を実施する上でも血統の確定は不可欠であったため、官民から期待の高まる制度であった。結局、特別委員会を設置する旨が決定され、審議の上馬籍法は大正一〇年四月に公布された。こうして競馬法成立の条件がまたひとつ整ったのである。

## 馬券発売の条件

馬券発売を認可する上で、司法省の同意は不可欠であった。すでに大正中頃から司法省内においても馬券発売を容認する方向に傾きつつあったものの、その認可条件についてはいまだ不確定であり、かつ馬政委員会の議論から司法省内においても温度差があったことがうかがえる。

馬政局がこれまで策定してきた競馬法案は、大正一〇年七月時点では馬券発売について「主務大臣これを定む」とし、法案そのものには明記していなかった、それが同年一二月の修正案となると、

・二〇円以内の勝馬投票券
・競馬一競走以内につき一人一枚限り
・払戻金は三〇倍まで

という条件がすべて本文中に盛り込まれるようになった。これは、馬政局と司法省の折衝の中で、払い戻しの倍率を巡り、三〇倍から三倍という意見の相違があり、議論を進めていく中で本文において明確化すべきと判断されたためと思われる。大正一一年二月、司法省から回答があり、「二〇円以内」を「五円以上二〇円以内」と下限を定め少額馬券の販売を禁じることで軽率に馬券購入をする弊害を封じ、払戻金は射倖心を挑発させぬため一〇倍までと改められた。こうして、競馬法案の骨子は馬政局・司法省両者の間でまとまった。一〇倍以内としたのは、射倖心の挑発もさることながら、景品券競馬である「勝馬投票」が上限を一〇倍として実施さ

れてきたことと、それで大きな混乱がなかったことが現状維持を良しとする方向に取り纏《まと》まったと考えられる。

## 馬券上手？の皇太子殿下

皇太子裕仁《ひろひと》（昭和天皇）は大正一〇年三月三日より欧州巡行の旅に出た。その旅は後年、天皇に即位してから「自分の花は欧州訪問の時だったと思う」（『小倉庫次侍従日記』）と言わしめたほど、思い出深い旅であった。

欧州巡行は海外要人との閲見、名所旧跡探訪などさまざまな経験を皇太子裕仁にもたらせたが、実は競馬場にも訪れていた。

大正一〇年四月二六日、マルタを出港した御召《おめし》艦隊（鹿島・香取）はジブラルタルに向かっていた。イベリア半島南端に位置し、良港を持つ〝地中海の鍵〟ジブラルタルは戦略的要地として知られており、イギリスが海外領土として支配していた。

四月二九日、皇太子裕仁は二十歳の誕生日をヨーロッパで迎えた。ジブラルタル総督からも生誕を祝うとともに熱誠なる歓迎を行う旨の電報が届き、翌日、ジブラルタルに到着した皇太子裕仁は総督府や来訪していた米国欧州艦隊司令長官ニブラックを答訪した。午後四時三〇分、総督がノース・フロントのジブラルタル競馬倶楽部に招待し、裕仁皇太子も背広に着替え競馬を観覧した。事件はそのときに起こった。

五月一三日付の『時事新報』に、その時の模様が報道された。

◇ジブロールタ一競馬場で東宮賭を遊さる

競馬場に行啓あらせられ米国軍艦座乗のネブロック提督の発議にて、一片の賭を遊ばされ殿下のお賭ありし馬、見事勝を制せりと聞く

わずかこれだけの記事が国内で大問題となった。すなわち、国禁である賭博を皇太子が行ったことへの是非を問うものが現れ、供奉長の珍田捨巳《ちんだすてみ》は釈明に追われる羽目になったのである。少々長くなるが、珍田の釈明電報の箇所を引用しておこう（『昭和天皇実録　第三』）。

此の日某番組の競馬開始前、米国気質の極めて洒落なるニブラック長官は、全くの戯談気分の下に、幾多の紙片に競馬の番号を記入し、両殿下御始め側近の誰彼に選択を願いしに、偶々《たまたま》殿下の御選択遊ばされし馬優勝せり。茲《ここ》に於てニブラック長官は殿下には御運目出度御勝になりましたが、若し西洋で致しますす如くに賭をして居りましたならば、殿下は此の金を御儲けに為《な》る訳ですと申上げ、「ポケット」より幾個かの銅貨を手掴《てづか》にして出し、之を殿下に差上げんとせり。殿下には暫時御躊躇の後、畏くも四囲の状況一旦之を御受領遊ばさるるを至当と御認定遊ばされたるが如く——事実亦、他に方法なかりしが如くに側近奉仕の者も拝した

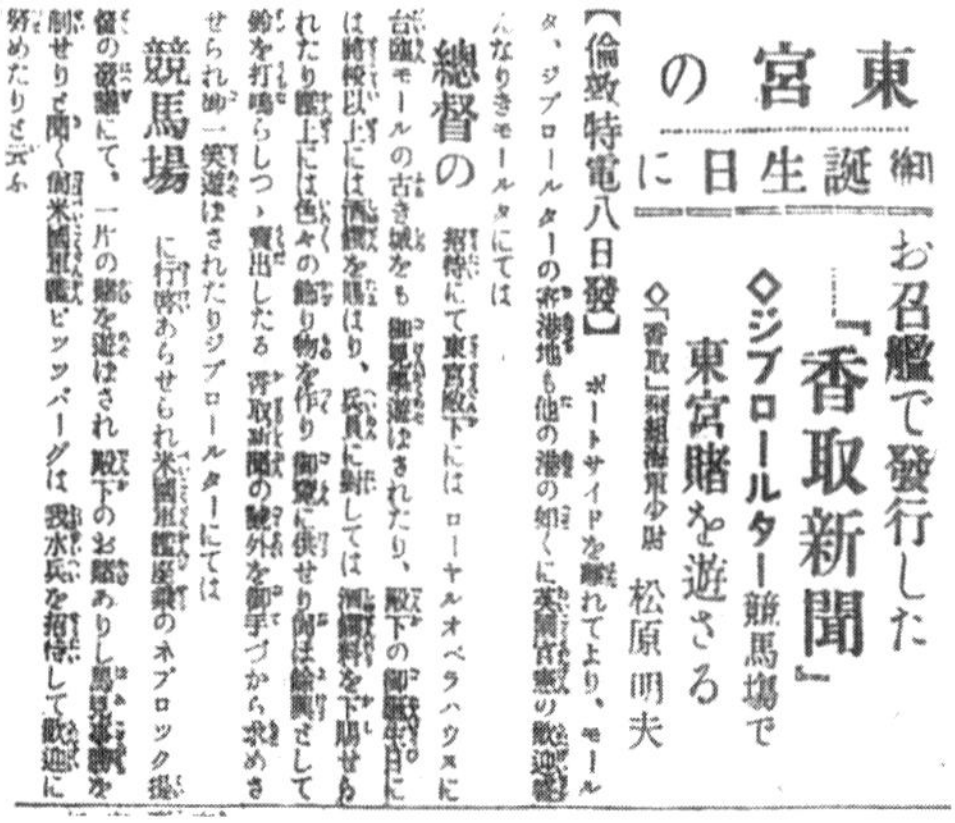
東宮の御誕生日に

お召艦で發行した『香取新聞』

◇ジブロールター競馬場で東宮賭を遊さる

◇「香取」乗組海軍少尉　松原明夫

【倫敦特電八日發】ポートサイドを離れてより、モールタ、ジブロールターの碇泊地も他の港の如くに英國官憲の歡迎盛んなりきモールタにては

總督の

招待にて東宮殿下にはローヤルオペラハウスに台臨モールの古き城をも御見物遊はされたり、殿下の御誕生日には將校以上には酒を賜はり、兵員に對しては酒料を下賜せられたり艦上には色々の飾り物を作り御覧に供せり何は輪飾さして鈴を打鳴らしつゝ賣出したる香取新聞の號外を御手づから求めさせられ御一笑遊はされたりジブロールターにては

競馬場

に行啓あらせられ米國軍艦座乗のネブロック提督の發議にて、一片の賭を遊はされ殿下のお賭ありし馬見事勝を制せりと聞く偖米國軍艦ピッツバーグは我水兵を招待して歡迎に努めたりと云ふ

図4-1　「ジブロ—ルター競馬場で東宮賭を遊さる」（『時事新報』大正11年5月13日付）

り――、兎に角之を御受領遊ばされ、約三十秒も経過したらんかとも思はるる頃、之を小栗司令長官に御手交遊ばされたるが、同長官は、更に之をニブラック司令長官に返却せり。

同夜総督官邸晩餐に於て、ニブラック長官は小栗司令長官に向ひ、日本の皇族は、金など御持ちにならぬそうであるが、本日競馬場に於て、自分が銅貨を差上げたることは、不謹慎にあらざりしかと考ふるが如何

と言い、之に対して小栗長官は、

単に御説明の為に例を申上げ、実際に金銭を奉呈したる訳にはあらざるを以て、御心配に及ばずと思ふと答へたりとは、其の後小栗長官の語りし所なり。

いささか長い引用になったが、ここで重要なのは涙ぐましいまでの「皇太子は賭博をしたわけではない」という釈明である。あくまで陽気なアメリカ人気質のニブラック長官に強引に誘われたまでであり、銅貨を受け取らないのも国際友好上好ましくなく――そしてそれは周囲の人間もすべて思っていた――、一旦は受け取ったものの「三十秒後」には小栗孝三郎《おぐりこうざぶろう》第三艦隊司令長官を通じてニブラックに返却したと記されている。そして晩餐会の際に自らの行為を「不謹慎であったか？」と反省するニブラックに対し、「問題はない」と慰める小栗、というまるで芝居のような筋書きで電文は終わっている。

報告を受けた牧野伸顕《まきののぶあき》宮内大臣や原首相はもちろん、当事供奉していた奈良武次《ならたけじ》侍従武官、竹下勇《たけしたいさむ》国際連盟海軍代表の日記や、当事者である小栗の回顧録にも、競馬場に行ったことは書かれてあっても今回の皇太子

賭博問題については一切記されておらず、報道した時事新報の記者も大事になるなど想像していなかったであろう。おそらく、当事者間においては単なる遊び、戯れの範囲のことであり、特に問題視するようなことでなかったことがうかがえる。それが批判を受けることとなり、世間の賭博へのセンシティブな感情に驚きつつ、俄《にわか》に火消しに応じなければならないような状況になったのであろう。これまで海外要人が来日する際に接待の場として機能していた競馬場を、今度は皇太子裕仁が体験する側になったのであるが、その際に遊びのような馬券でさえも国内にハレーションを引き起こしたことは大きな課題となった。そしてこの世間の賭博への忌避感こそが、競馬法の成立を目指す勢力にとって目の前に立ちはだかる大きな壁となったのである。

# 第5章　競馬法の成立

## 大正一二年競馬法案の提出

大正一一年六月、高橋是清《たかはしこれきよ》内閣が総辞職し、加藤友三郎《かとうともさぶろう》内閣が成立した。陸相には山梨半造《やまなしはんぞう》が就任し、同年七月には四個師団の整理、軍馬一万三〇〇〇頭を縮小する軍備縮小案を発表した。いわゆる「山梨軍縮」である。また陸軍省は行政整理の一環として航空局を逓信省、廃兵院を内務省、そして馬政局を農商務省へ移管した。

国内馬匹《ばひつ》の総数は大正四年の一五七万頭をピークに漸減傾向にあり、大正八年には一五〇万頭を割り込むなど、こと生産の振興に関して馬政計画の失敗は誰の目にも明らかなものになっていた。さらに第一次世界大戦では連合国・同盟国あわせて日露戦争の一二倍以上にもあたる五九〇万頭が動員されるなど、輸送用馬匹の需要はますます高まっていた。そのため目の前の「少馬化問題」への抜本的改善策が必要とされたのである。

そうした中、行財政整理が前提の加藤友三郎内閣においては、補助金の増額は望みがたく、馬券の発売による収入増がにわかにクローズアップされていくこととなる。

馬券発売の条件は概ね政府内部において調整が終了し、政府法案は作成されたものの、大正期を通じて常に

図5-1　加藤友三郎（『近代日本人の肖像』、国立国会図書館蔵）

図5-2　安田伊左衛門（個人蔵・海津市歴史民俗資料館寄託）

競馬法に反対の立場を取っていた貴族院の動向が鍵であった。山梨は安田伊左衛門の助言に従い、貴族院工作を進めていく。大正一二年一月一一日、白川義則《しらかわよしのり》陸軍次官、渡邊為太郎《わたなべためたろう》馬政長官とともに貴族院最大会派・研究会の領袖、水野直《みずのなおし》に接触〔『水野直関係文書三〇―一』〕しており、競馬法成立について説得を試みていたと思われる。

大正一二年二月二一日、加藤友三郎内閣は競馬法案を閣議決定、第四六議会での成立を目指し提出へと動きだす。早くも新聞紙上には「競馬法案提出内定」〔『東朝』T12・2・16〕、二月二〇日には「競馬法案　近日貴族院へ」〔『東朝』T12・2・20〕と貴族院への提出が報道されている。宮崎競馬倶楽部理事の児玉伊織の日記にも東京の安田伊左衛門から競馬法案が貴族院に提出される旨の電信があったと記されており〔『児玉伊織日記』T12・2・21条〕、競馬関係者間で二月下旬に貴族院に先に提出することが共有されていたことがわかる。政府としては従来のように衆議院で原案可決したものの貴族院で審議が長期化し、店晒《たなざら》しになったあげく会期切れ、審議未了という状況をおそれており、厳しい審議が想定される貴族院へまず提出するという戦略を取っていた。

また、加藤友三郎内閣には交友倶楽部（政友会系の勅選・多額納税者議員の会派）から水野錬太郎《みずのれんたろう》内相、岡野敬次《おかのけいじ》郎《ろう》法相、鎌田栄吉《かまたえいきち》文相、研究会からは市来乙彦《いちきおとひこ》蔵相、荒井賢太郎農相、前田利定《まえだとしさだ》逓相、大木遠吉《おおきえんきち》鉄相と七名もの貴族院議員が入閣しており、半ば貴族院内閣ともいえる陣容であったため、難関である貴族院も通過可能と踏んだのであろう。ところがその状況が一変する二つのトラブルが発生する。

ひとつは競馬法の関係省庁のひとつである農商務省の一部関連予算が認められず、反感を募らせたことであった。事態は法案提出を一時見合わせる事態に陥るが、これは宮《みや》田《た》光雄《みつお》書記官長らの斡旋により農商務省をなだめることで落ち着いた。

もう一つは、二一日の閣議終了後に馬政委員会を開き競馬法案を報告したところ、事後報告であることを憤慨した二、三の委員から抗議されたのである。これに加えて以前より幹部にのみ懇談するような陸相の態度に不満を持っていた研究会所属の馬政委員も同調したため穏当ならぬ状況をきたしてしまう。おりしも山梨陸相はインフルエンザのために欠席しており、昨年一一月に就任したばかりで経緯の詳細を把握していない白川次官が矢面に立つこととなった。研究会幹部にのみ懇談を行ったことは諮問機関たる馬政委員会にとってないがしろにされていると感じるのも無理はなく、また事前に競馬法案の照会がなかったことも話を拗《こじ》らせた原因であった。

小石川後楽園において、簡単な報告と晩餐で済ませられると考えていた当局の目論見は大きくはずれ、夕方五時四〇分から始まった馬政委員会は夕食休憩をはさみ、出席者に不満を抱かせたたま午後九時四五分に散会となった。法案提出前の工作は裏目に出てしまったのである。

貴族院における会派・研究会は馬匹改良・産馬振興のための競馬法案の重要性を理解する一方で、社会風紀の粛清にも配慮しており、例えば研究会所属の貴族院議員であり馬政委員でもあった小松謙次郎は反対論を唱えていた。そのため会派として一律の考えは示せないと自由問題とする方針〔『東朝』T12・2・23〕になりつつあった。

また、政府系の交友倶楽部に所属する土方寧《ひじかたやすし》も公然と反対する等、政府系会派内も反対派を抱えており〔『東朝』T12・3・3〕、予断を許さない状況であった。そのため、政府は急遽《きゅうきょ》当初の貴族院先行通過策を諦め、まず衆議院に上程し、圧倒的多数で可決することを目標に切り替える。そうして貴族院へプレッシャーをかけつつ、あわせて貴族院の内部工作を並行して進めるという戦略に改めたのである。

## 衆議院での審議

三月五日、衆議院本会議に競馬法案が上程された。荒川五郎《あらかわごろう》が質問に立ち、奨励する馬種や刑法上の問題などを取り上げたあと、「諸君は普通選挙に対しては一般の投票を拒まれますけれども、馬には投票権を与えようとする」と馬券と選挙権を並列で論じているのは興味深い指摘であろう。風教上に及ぼす影響を最大限に配慮して導入された「一競走一人一枚」が奇しくも選挙の投票権と同じ状況をきたしたためである。むしろ馬券購入には男女の別はなかったので一歩進んだものといえなくもない。

その後競馬法案委員会が設置され、元東京競馬倶楽部の廣岡宇一郎《ひろおかういちろう》が委員長に選出され、翌六日に初会合を開いた。いくつかの質問が出たが、司法次官・刑事局長が的確に答弁し、大きな反論は起こらず一日で終了した。政友会は八日の政務調査会及び代議士会にこの競馬法案をかける予定であったが、党として原案賛成の態度を示していた〔『東朝』T12・3・7〕。

三月八日、第二回の競馬法案委員会が開かれ、八田宗吉（政友会）、正木照蔵《まさきてるぞう》（憲政会）から賛成演説がなされ、満場一致で採択された。この間わずか二〇分。翌九日、競馬法案は衆議院本会議にて委員会報告の通り可決され、政府側の読み通り衆議院は政友会・憲政会・庚申倶楽部などの圧倒的多数によりわずか五日間で本会議での可決に至る。そして競馬法案は決戦の場・貴族院に回付されることとなった。

## マスコミの動向

明治末期の反競馬キャンペーンを展開したマスコミは、競馬法案についてはどのようなスタンスであったのだろうか。『東京朝日新聞』に石川数馬なる人物が「競馬」という投稿を行っている（『東朝』T12・3・6）。ここで石川は「国民の射倖心を煽ると計《ばか》り云わぬでもよかろう」と述べ、競馬法への一定の理解を示している。そこで問題としているのはかつての競馬の開催スケジュールで、横浜ではじまると次は大森、その次は川崎、目黒、板橋、松戸と毎月切れ目なく開催が続くということ、これこそが射倖心を煽る根源であるとし、馬券の購入額を一人一枚にしたり、払い戻しを一〇倍以上にしたりするなどの枝葉にこだわらず、四月・九月に限定すれば弊害は抑えられるとする。そしてぜひ競馬の復興を望むと結んでいる。制限を金額におくか時期におくかについては一概に論じられないが、ニュアンスとして競馬法案に理解を示す投書であることは間違いない。投書がその新聞のスタンスを示しているとは言えないが、全く社是と違う投書を掲載することも考えにくいことから、明治末年の反馬券の時期から数えて一五年が経ち、マスコミの姿勢の変化をうかがい知ることができる。

その一方、「競馬法案が提出されると、咽喉から手の出る連中が、モウそろそろ醜《しゅう》運動に取かかって居る」、委員会の満場一致可決に対して「利権を見るの機敏、真に敬服の外なし」など（『東朝』T12・3・10）と皮肉を交えての論評もしており、競馬法に対する東京朝日新聞の揺れる立場を示しているといえよう。

## 貴族院での論争

三月一〇日、貴族院へ政府提出法案として競馬法案が上程された。その際、概略説明に立った山梨陸相は、「競馬の振興を策しまして、之に依りまして国民の馬に関する思想を振起」するという理由を述べた。すなわち、「愛馬心の涵養」を第一の理由として述べたのである。

これに対し、反対派の湯浅倉平が以下の八項目について質問を行った。湯浅は馬政委員の一人で、馬政委員会への諮問がなかったことに不満を抱いていた。

①競馬法の存在意義…刑法の例外を設け、賭博の禁を解いてまでも馬の改良が必要なのか。
②競馬以外の奨励法…競馬以外に奨励金や補助金で馬匹の改良増殖を図る方法はないのか。
③制限緩和の危惧…馬券発売許可内容及び競馬場数の緩和のおそれ。
④偏在した馬種の奨励の危惧…競馬用の馬の生産のみ盛んになるのではないか。
⑤八百長の危惧…団体が利益を得るため八百長の可能性はないのか。的中者が少なかった際の払戻余剰金は団体の利益になるのではないか。
⑥厳重なる取締実施の可否…学生生徒の馬券購入禁止など、実際に取り締まることはできるのか。
⑦馬政局移管問題…国防の為に競馬を実施するのに農商務省に馬政局を移管するのはなぜか。

## ⑧競馬法の海外展開…満州朝鮮方面で馬券の発行をゆるす見込みがあるのか。

これに対し、山梨は逐一答弁を重ねて行く。①については、「競馬を以て直ちに他の賭博と同一と言うことは如何のものであろうか」と競馬＝賭博という点に疑問を呈し、馬、騎手、成績、血統などを「大に考慮研究を要し、人智を開発」することに目的があると述べる。そして馬を研究する、興味を抱かせるという趣旨を述べ、当初に述べられていた「馬への興味喚起」が第一であるという基本姿勢を崩していない。②に対しても基本姿勢は変わらず、「其射倖心を多少利用いたしまして、利害を直接にして、そうして馬の事を深く研究」させることに目的があるので、奨励金ではその目的を達する事が出来ないとする。

③についてはそのような方針は無いと明確に否定し、④は競馬はあくまで改良のための種牡馬検定競走であり、「我々の信念は軍馬即農馬、農馬即軍馬、斯う云う方針」であるため、現在は軽輓馬《ばんば》に主眼を置いて改良を進めて行く方針であると述べる。⑤は、明治期の馬券騒擾の多くが関係者の馬券購入にあったため、本法律では競馬関係者の馬券購入は厳禁であるとし、そうした懸念には及ばないとする。また的中者が少なかった際の余剰金については主務大臣の命令により馬匹の増殖奨励費に用いるような方法を検討したいと述べる。

⑥は現実的にはなかなか困難な点があると認め、なるべく努力は行うという答弁に留めている。なお、学生生徒への勝馬投票券の販売は禁止されているが、買った学生に罪を問う規定はなく、売った側が制裁を受けることになっていた。⑦は本法律が主として国防のために制定されることは間違いないが、④で日本の維持出来る総馬数では、軍馬即農馬、農馬即軍馬となさざるを得ず、また国防は陸軍だけでは出来ることではなく、各

省がそれぞれの職分に基づき国防に尽力することが重要である、と移管理由を説明している。なお移管の理由については、実際は山梨軍縮による移管であり、湯浅の指摘通りなのであるが、そこは自らの責任を追及されたように思ったのか「金を陸軍省から農商務省に移して、軍費の少ないのを衒《てら》うと云うような小さな考から之を起した次第ではありませぬ」と全面的に否定している。

⑧の朝鮮・満州の競馬においては未定と答弁しているが、7章で述べるようにいずれ日本は外地においても積極的に競馬を実施していくこととなる。

これに対し、湯浅は再質問で、①と⑧には納得したものの、②では他の奨励方法として乗馬団体への補助を提案している。また④についても湯浅は承知せず、競馬馬や乗馬用の馬は発達・発展するであろうが、農耕用の馬は減少するのではないか、すなわち馬種の偏向が出てくるのではないかと危惧している。湯浅は、乗馬団体の奨励という穏健適正な方法があるのにも関わらず、「国民の風紀を退廃させる」競馬の実施をする点に納得がいかないのであった。

なお山梨は乗馬団体への奨励・補助は現在も行っており、さらに競馬を行うことでより多数の人間が馬に対する興味を惹起すると述べている。

## 上山満之進の質問

午後からは農商務省次官をつとめ勅選議員となった上山満之進《かみやままんのしん》が競馬法について反対の立場から質問を行った。上山は馬政委員会への答申がないことについて、なぜ「馬政委員会に掛けない」のか、と追及してきた。

これは当初貴族院に提出しようとし、その日の夜に馬政委員会に「報告」で済ませようとしたところ大逆襲を食らった山梨にとって厳しい質問であった。上山は政府自ら設置した機関に、「俗な言葉で申せば出し抜いて」進行することはどういう理由があるのかと厳しく論難する。

山梨はこれまでの馬政委員会において競馬法の審議は尽くされ、その上で「馬券問題も一方法と云うことが会議に於て認められたのであります」と、すでに認められていると答え、会議招集するには時日がなく今日に至ったと説明している。それに対し上山は、以下のように反論する。

陸軍大臣は、馬政委員会で競馬法案の大体は同意を経たものとは仰せられなかったが、同意を経たる同様なものだと云う御答弁がありました。是は私の知って居る限りではそうでない。どう云う点を以て現に提出されて居る競馬法の大体に馬政委員会は異論のないものだと仰せになるのでありますか。是を明かに御答を願いたい。私はそうでないと思う。〔『貴族院議事速記録』〕

上山は本会議の最後においても再度馬政委員会の答申について特別委員会で審査をすることを要求しており、馬政委員会の馬券発売への同意の有無がひとつの論点となっていく。

馬券には反対の立場であった上山だが、農商務省の次官をつとめただけあり、面白い指摘をしているので紹介しよう。上山は、友人より「牧畜なるものは其土地が発展すればする程衰えて来るのが当然」と聞いたと述べ、従って国内発展には限界があり、ましてや陸軍が求めるような国内産馬頭数一五〇万頭を二〇〇万頭にしようとすることは困難であり、むしろ満蒙のようなエリアで求めるのはどうかと提案する。将来的におそらく陸軍が兵を動かすのは「亜細亜の東北」だと思われるので「其方面に於て軍馬を養成すると云うことが国防上からも適当でないかと考える」と提案するのである。

この提案に対し、山梨はあくまで仮定の話としながらも、満蒙が「日本軍の所有に帰して其購買などが自由になれば、是は如何にも上策でありまするが、是が領有されると云うことはなかなか一朝一夕では到底出来ぬことと思います」と答えるにとどめるものの、将来的な満蒙における馬産の実施に対し「上策」と述べていることは注目に値する。

## 綱紀粛正と学生馬券問題

このように、貴族院では競馬法に対し厳しい意見が続出したが、政府もそれに対し全面的に反論することのできない事情があった。というのも、加藤友三郎内閣は「綱紀の粛正」を掲げており、競馬法はその精神において完全に相反するものだったからである。実際、加藤首相も答弁を求められた際には、綱紀粛正をする上では馬券の発売はない方が良いし、それは自分もそう思っているが、馬産振興の必要は国家的要請である、そのため国家としての優先順位を採った、とこう述べる。そして「私一個と致しますればどちらかと云えば希望しない」と答えるのである。政策全般を視野に入れる首相がこうした煮え切らぬ態度を取るのは致し方ない面もあるが、阪本釤之助《さかもとさんのすけ》、土方寧ら反政府的立場の議員からは格好の標的となったことは否めない。

特に土方は教育者の立場から、学生の馬券購入について厳正に取り締まることができるのかを確認している。

現行案では、学生・生徒は入場料を払えば競馬場に入場することができるが馬券は購入できないとしていた。しかし土方は学生服を着ていない以上は見破ることはできず、また購入した学生らへの罰則がないという点に不満を述べる。政府側は将来ある学生に傷をつけることもないとして、罰則規定を設けていなかったと説明するが、競馬場に来て馬券を買う学生にはたして将来があるのか、と論難されてしまい、この条項については修正案が作成されることになる。

なお、この日は林頼三郎《はやしらいざぶろう》司法省刑事局長が答弁に立ち、競馬法の性質を説明している。刑法との関わりを考察する上で重要な議論なので少し詳細に確認しておこう。なお余談であるが林の名は幕末の志士・頼三樹三郎《らいみきざぶろう》に由来する（『林頼三郎』）。

林によると、いわゆる広義の「賭博・博奕」は法律的には三種類存在すると述べる。すなわち①狭義の賭博、②富籤、③単純な射倖行為である。賭博と富籤は刑法、射倖行為は特別法規で定めている。これらについて学者間で種々意見はあるが、一般的に以下のとおりとなる。

①賭博は当事者が互いに損失を負担する。

②富籤は一方の当事者（胴元）は絶対に損をしない仕組み。

③射倖行為は籤や入場券に付す番号で懸賞、景品を与えるもの。これは本質は別にあり、プラスアルファのメリットだけ享受するというものである。百貨店で物を購入した際に福引券をもらう、といった類である。

したがって、勝馬投票券は「（広義の）賭博」ではあるが、法律的には「（狭義の）賭博」ではなく、「富籤」に該当するのである。林は、このロジックでもって「競馬は賭博ではなく富籤」と論じる。

なお、土方は皮肉を込めて日本の青年の体格は非常に劣っているので、これを改善するためには素人相撲の奨励をなさねばならぬとし、「その方法としては、馬券じゃない、人券だ、勝者投票券」の売買を許せばどうかと提案している。「馬の改良の為に投機心を起《た》て宜い位ならば、人身の改善」のためにはありではないかというのである。さすがに突拍子もなかったのか議場は笑いに包まれた。これには山梨も各学校には体育のプログラムもあり、体格を奨励するために素人相撲を奨励するという考えはなく、また徳育上害があり、これは加藤首相も言明している通りと否定している。なおも土方は陸相は人間のことなどより馬の方が大事なのか、と食ってかかるが山梨陸相も素人相撲と馬とを同一視することは本末転倒であると応酬した。

翌日の新聞は一面で「競馬法反対論」〔『東朝』T12・3・11〕、「競馬法攻撃」〔『東朝』T12・3・11〕と取り上げる程本会議での議論は反対派が圧倒的であった。本法案は競馬法案特別委員会に付託され、細部について議論が深められていくこととなる。

## 貴族院の動向

貴族院本会議の翌日の三月一一日、宮崎から東上した児玉伊織は、関係者と共に一日で競馬法案特別委員を十三人以上廻る強行軍で陳情につとめている。児玉は競馬法案特別委員の加太邦憲《かぶとくにのり》（研究会）を一二日も訪問し、陳情につとめているが、あるいはこのあたりで研究会との妥結案を模索していたとも考えられる。後述するが、加太は委員会において鍵を握る人物であり、競馬法成立の裏には、こうした地道なロビー活動があったのである。

競馬法案については貴族院の動向に世間の注目が集まっていた。そこで新聞記事〔『東朝』T12・3・13〕から各会派の動向を探ってみよう。研究会は、基本的に原案賛成が多数を占めているが、馬券に対しては以前からの行きがかりもあることから正面からは賛成できない状況であり、同盟関係にある交友倶楽部も土方寧のような強硬な反対論者がいることから自由問題として取り扱うということにほぼ内定していると報じている。対する憲政会系の公正会は、反対と決しているものの、あまり事ごとに反対するのも考慮すべきであるとして、寛容なる態度を取るのではないかと観測されている。同成会および無所属（所属がないのではなく「無所属」という名称のグループ）は反対しており、茶話会は同会の性質上、呉越同舟のため「賛否相半ば」と予想されている。政府としては研究会にターゲットを絞り、「既に或条件付で黙契までも成立してるなどと世評がある」と懐柔が進んでいる状況を報道している。

特別委員会が始まった三月一四日、研究会は政務審査連合部会を開いて馬政局から競馬法案に関する説明を聴取して〔『東朝』T12・3・15〕おり、態度決定のための材料を集めていた。しかし、この委員会開始直前の状況は、宮田光雄書記官長が「余り香ばしからざる」〔『児玉伊織日記』T12・3・13〕と分析しているように、事態はいまだ流動的であった。

### 委員会での議論

三月一四日、午前一〇時四四分から貴族院競馬法特別委員会が始まった。委員は【表5―1】の通りである。議題として注目が集まったのは、本会議終盤に上山が指摘していた馬政委員会の答申であった。その答申を

表5-1　大正12年貴族院競馬法特別委員会委員一覧

| 爵位 | 名前 | 所属 | 1 | 2 | 3 | 4 | 5 | 委員会採決 | 本会議採決 |
|---|---|---|---|---|---|---|---|---|---|
| 伯爵 | 児玉秀雄 | 研究会 | 出 | 出 | 出 | 出 | 出 | ―(委員長) | ○ |
| 子爵 | 高倉永則 | 研究会 | 出 | 出 | 出 | 出 | 欠 | 欠席 | 欠席 |
| 子爵 | 井上匡四郎 | 研究会 | 出 | 出 | 出 | 欠 | 出 | × | 欠席 |
| 子爵 | 秋田重季 | 研究会 | 出 | 出 | 出 | 出 | 出 | ○ | ○ |
| 子爵 | 西尾忠方 | 研究会 | 出 | 出 | 出 | 出 | 出 | ○ | ○ |
|  | 加太邦憲 | 研究会 | 出 | 出 | 出 | 出 | 出 | ○ | ○ |
| 男爵 | 宇佐川一正 | 公正会 | 出 | 出 | 出 | 出 | 出 | ○ | ○ |
| 男爵 | 名和長憲 | 公正会 | 出 | 出 | 出 | 出 | 出 | ○ | ○ |
| 男爵 | 伊藤文吉 | 公正会 | 欠 | 出 | 出 | 出 | 出 | ○ | ○ |
|  | 石渡敏一 | 交友倶楽部 | 欠 | 出 | 出 | 出 | 出 | ○ | ○ |
|  | 犬上慶五郎 | 交友倶楽部 | 出 | 出 | 出 | 出 | 出 | ○ | ○ |
|  | 荒川義太郎 | 茶話会 | 出 | 出 | 出 | 出 | 出 | × | × |
|  | 川上親晴 | 茶話会 | 出 | 出 | 出 | 出 | 出 | × | × |
|  | 湯浅倉平 | 同成会 | 出 | 出 | 出 | 出 | 出 | × | × |
| 侯爵 | 細川護立 | 無所属 | 出 | 出 | 出 | 出 | 出 | × | 欠席 |

『東京朝日新聞』大正12年3月11日付、『貴族委員議事速記録』『貴族院委員会議事速記録』より作成。1～5は委員会の回数を示す。

巡って、馬政委員会が競馬を認めたとする山梨と、認めていないとする湯浅の間で議論がかわされることとなる。

湯浅は、馬券を伴う競馬については司法省の政府委員は疑いをもっており、答申には馬券を伴う競馬が必要とは書いていないと指摘する。対して山梨は当時は司法省も内務省も馬券には否定的であったが、各省と審議の上、長い時間をかけて現行法案として纏《まと》まることとなり、そのため時日が切迫した次第であり、「どうか之で御諒承を……」と懇願する。

ところが湯浅は少しも意に介さず、「本会議及び只今の御答弁は全然に事実に相違いたして居る」と糾弾する。

ここに至り山梨も徹底的にやり合う腹を固めたのか、馬政委員会の答申全文を朗読した。

「馬匹」能力の向上及優良馬匹の生産を奨励するは国防上の急務に属するを以て其奨励の一法として競馬法を制定し極めて厳密なる監督の下に馬券発行を許すことは欧米諸国の実蹟と我馬産会《ママ》の現状とに照らし事情止むを得ざるもの

とするも今や世界平和僅《わずか》に成り大戦の余響民心に波動を及さんとするの秋に方り此種の制度を設けることは最慎重なる考慮をするに依り其方法時期に関しては更に廟議を尽されむことを望む

答申自体は玉虫色であり、「厳密なる監督の下」であれば馬券発行が許可されたと認識すると山梨が言うのも無理はない。ところが、湯浅には奥の手があったのである。

## 「認めるも」と「するも」

湯浅は、大正九年、答申作成時の司法次官・鈴木喜三郎が競馬そのものの必要性および競馬が必要であっても馬券許可が必要か否かについて懐疑的であったことを述べ、その趣旨から答申原案の「欧米諸国の実蹟と我馬産会の現状とに照らし事情止むを得ざるものと認めるも」を「するも」に修正したのである（4章参照）と指摘した。いわば三年越しの地雷であった。湯浅は、こうした事は陸軍省に入ったばかりの人間であれば当時の事情を知らないのはやむを得ないことであるが、すでに当時陸軍首脳部であれば充分御承知になっているはずだと皮肉を込めて痛烈に批判した。山梨にとって最大のピンチが訪れた。

山梨は、司法省の指摘から「認める」から「する」に修正したことは認め、そのために「司法部の同意を得る、と云うことに余程努め」たため時間がかかったと答える。湯浅の指摘が司法省の関係であったことから、まずここを納得させねばならぬと思ったのであろう。幸い馬政委員会答申に地雷をすべりこませた鈴木喜三郎司法次官もこの時期には検事総長に転出しており、時間をかけて司法部の同意を取り付けた法案であることを改めて強調している。いずれにせよ、司法省の諒解も取れ、手続き的には不満足なところはあるがそれは山梨自身も陳謝しており、馬政委員会を等閑に付したことはないことをご了承願いたいと答えた。

ところが湯浅はこれに対しても矛を引かず、過日の本会議で山梨が自分に対する「不愉快千万に考える御弁」があったと述べ、さらに追及を続けるのである。こうなってくるともはや法案の内容吟味というよりは、個人攻撃に思われるような吊し上げであり、いまだ意見を決めかねている議員への支持拡大につながったかは甚だ疑問である。

第二回は三月一七日に開かれ、研究会の高倉永則《たかくらながつね》子爵が学生・生徒の馬券問題について質問を行った。学生・生徒に対し馬券を発売したものは処分されるが、購入した学生・生徒はお咎めなしとする点についてであった。渡邊為太郎馬政長官はなるべく取り締まるとした上で「それが為に将来ある学生に傷を付けると云うことも如何と思い」、温情的配慮をしたことを述べた。これについては高倉も「此規則を知りながら買うと云うことになれば、其学生と云うものは決して有為なものとは判断出来ない」と正論を述べ、これがのちの修正論につながっていく。また高倉は年三回以上の競馬開催についても一定の制限が必要との発言を行っており、競馬法に慎重な立場を取っていた。実際高倉は競馬法案特別委員会の委員でありながら、委員会も本会議も採決の際は欠席する等、研究会の中でも意見が定まっていない議員がいたことがうかがえる。

なお、渡邊為太郎馬政長官が競馬の有用な点として馬事思想の普及を説明するところで、「之を見に行って娯楽になる」と述べていることに注目したい。政府にとっても、競馬の観覧は充分娯楽になり得る見込みを持っていたのである。

三月二〇日、第三回委員会が開かれた。この日は文部次官赤司鷹一郎《あかしたかいちろう》が出席しており、おもに前回から取り上げられていた学生・生徒の馬券購入問題が論じられた。湯浅は赤司に対し学生・生徒が競馬場に入場すること、また小学校の教員などの馬券購入の可否について文部省の見解を問うた。赤司は、学生の本分は勉強としながらも、「それと同時に差支ない所の娯楽などを致しますることは是も亦一向差支えないことであります」と述べ、先日の渡邊同様、競馬観覧を娯楽とみなす見解を示した。また、小学校教員の馬券購入についても、例えば書籍などについても教育上読まない方が良い本もあるが、国民一般に許されている以上は禁ずる事はできず、馬券も同様で、本法律が成立した際には差し支えはないとしか言えないと答弁している。ただし、当局としては「成るべく本人の自制心に訴えまして、買わないように致したい」とし、訓令などは出さないのかとの湯浅の問いには、「実施の結果に徴したい」と答えている。

この日、注目すべき答弁がなされている。馬匹改良の競馬が必要な点は理解するが、何故馬券発売が必要なのか、について質問された際、石橋正人馬政局技師は「馬券の購買者と云うものは競争の監督者」となる点を挙げたことである。すなわち、馬券を買った者は自らの勝負がかかっているのでレースを真剣に見る、そこに参加意識、当事者感が醸成され結果的に実施者もより真剣になる、という論理である。これはまさしくその通りで、馬事思想の普及の上で馬券発売の効果に期待が寄せられていた。

元警視総監で同成会所属の川上親晴《かわかみちかはる》は、昨年までは司法省は競馬法案に反対であったように思えるが、今年この法案に対して賛成しているのは何故かと司法省の立場を糺《ただ》した。林頼三郎は、司法省が競馬法案に向って「絶対に反対であったと云うことはございませぬ」と述べ、現在でも無条件の競馬法案には反対であるが、厳しい制限の下これを許可することは国防上・産業上に利益がある以上は程度問題としてこれを許可するという司法省の立場を答弁した。例えば勧業債券は実質から言えば富籤であるが、メリットと程度から認可しているという具合である。とはいえ、馬政委員会における競馬法案の審議の際には鈴木喜三郎がブレーキを掛けたように、司法省内部においても競馬法案については様々な意見が存在していた。ただ、現時点において林が「司法省は誠に適当なる案であると考えて居ります」と答弁したことは、政府内部が一体となり本法案を通過させようとしている姿勢を示していた。なお川上は答弁の中で、故郷の鹿児島が馬産地であるために競馬法賛成派から電信は一日三、四通、川上の宿屋まで押しかけてきて運動をするものも数多いと述べており、関係者へのロビー運動の激しさを物語っている。

賛成派の秋田重季《あきたしげすえ》からは馬券の金額が高額すぎるのではないか、という質問も出た。現状の五円以上二〇円以下では高額すぎ、「中産階級」「知識階級」への普及を阻害するのではないかという懸念である。これはさすがに渡邊為太郎馬政長官が射倖行為を挑発し、軽率に購入させないためにこの金額制限は必要と答えており、こうした制限が司法省の考える許容の範囲であることがうかがえる。

石渡敏一《いしわたりびんいち》は、一一か所ある競馬会社をあまり増やさないということについて保証があるのかどうかを問うた。これは、衆議院の第二回競馬法案特別委員会において正木照蔵が一一箇所に限らず、馬産地等においても許可していくべきである、と訴えたことを踏まえての質問であった。法案中には明記されていなかったが、明治期の乱立を思い起こすと現状以上の認可は考えにくく、渡邊馬政長官も当分のところ増加させるつもりはないと明言した。

そして渡邊は「人が沢山這入って見るのが又競馬の一の目的でございます、それには馬券と云うものが付きますと、娯楽が多くなりますから」と述べているように、馬券発売の認可をすることが「娯楽」につながると捉えていたことがうかがえよう。

## 修正案の浮上

三月一九日、研究会常務委員会が青木信光《あおきのぶみつ》・榎本武憲《えのもとたけのり》・村上敬次郎《むらかみけいじろう》ら出席の元開催され、競馬法案については風紀頽廃を防止し得る厳格なる取締案にて修正することに決定した。〔『東朝』T12・3・20〕。問題はどのような修正案を作成するかであり、その中で浮上してきたのがいわゆる「五倍説」であった。これは、原案の払い戻し一〇倍までを半分の五倍にするもので、競馬倶楽部側としても到底のめぬ条件であり、翌日には撤回されたが、安田伊左衛門が「法案握潰の様況ありとて悲観」するなど、競馬法成立に向けていまだ前途は混沌としていた。

同様の会議は三月二〇日にも開かれ、更なる調整が図られた。結局、政府案の年間開催数の制限の明確化や、取り締まりを厳格になすなどの修正事項をもって研究会は賛成に回り、「同案は実質的光明を認めてきたものと見らるる」と報道〔『東朝』T12・3・19〕され、競馬法案成立に研究会の動向が鍵を握っていたことがうかがえる。

三月二一日、第四回の競馬法案特別委員会が始まった。この日は主に内務省の管轄する「景品券競馬」との関わりについての質問がなされた。答弁に立った内務省の政府委員はのちに「新官僚」の代表として知られることとなる後藤文夫《ごとうふみお》警保局長であった。後藤は現在実施されている景品券競馬につき、「今日までの所、各段の弊害を今日の程度に於きましては認めて居りませぬ」と一人一枚、払い戻し一〇倍までとする制限が有効に機能していることを明言した。こうした制限は今回提出の競馬法の制限と同一であることから、基本となったことは疑いがない。

競馬法反対の急先鋒・湯浅は、アメリカの事例を持ちだし馬券の発売を禁止している州、認可している州があるかと尋ね、また「メインランド」では馬券発売禁止運動が起こっていることを述べ、馬券禁止の類例を示そうとするが、石橋正人馬政局技師は一九〇九年頃にアメリカ・ニューヨークで禁止されたことはあるが、のち復活し「現在盛んにやって居り」、さらに、「ケンタッキー」「メインランド」でも活発に行われている、と湯浅の発言をことごとく否定する。そして「禁止されている事例はありませぬ」と言い切るのである。また質問にあった「メインランド」での馬券発売禁止運動については、あったことは承知しているがその後は不明と答え、世界的に馬券禁止の潮流はないことを述べる。また、外国においても「馬券の制限と云うことに付ましては、全然各国に其例はございませぬ」とこの競馬法に定める制限がいかに日本独特のものであるかを説明しており、湯浅の質問はことごとく裏目に出てしまう。

委員会全体を通じて反対派の質問が多く、採決は予断を許さなかったが児玉秀雄委員長(研究会)も議事進行につき懇談会の実施を要請するなど、研究会としてあくまで円滑な議事進行に注力した。そして政府側は「風紀の紊乱に害は全く無いとはいえないが、これが煎じ詰めた案である」という立場をあくまで崩さなかった。

この第四回委員会で質問は終了し、残すは二三日の採決を待つだけとなった。研究会は年間開催数の制限及び競馬倶楽部数の当面の間の現状維持という二点の修正案で可決するつもりであった。この時点の見通しは反対派が「委員十五名中 幸《さいわい》無派系の四氏に過ぎず」〔『東朝』T12・3・22〕であり、多数決での可決が見通されていた。「幸無派系」というのは、内幸町に事務所のあった公正会・同成会・茶話会・無所属派の貴族院四会派をまとめた呼び方である。幸無派は、研究会に対抗する傾向を持っており、研究会が競馬法案を成立させる方向であればそれに反対したのである。

特別委員会採決前日の二二日午後四時から研究会政務審査会が開かれ、競馬法案について協議が行われた。この審査会には競馬法案特別委員長である児玉秀雄と、山梨陸相・白川次官・渡邊馬政長官という政府側の担当者も列席しており、この場にて修正案の最終調整がなされた。〔『東朝』T12・3・22〕ところがこの政務審査会でも結局決定に至らず、「容易に結論に達せず結局未解決の侭《まま》七時散会」〔『東朝』T12・3・23〕となり、協議が紛糾した様子がうかがえる。しかし、最終的には二、三の修正と希望条件を付して賛成に決するのではないかとも報道されており、混乱した状況を示している。競馬法案に対する研究会内の調整は翌日三月二三日午前から再び行われ、自由問題としながらも、①競馬開催数の制限、②学生及び未成年者が馬券購入した際の処罰、③競馬場数の制限という三条件を修正し、希望条件付き賛成に決した。〔『東朝』T12・3・24〕この修正案は午後二時から開催された特別委員会に提案されており、ぎりぎりまで内部調整が行われていることがうかがえる。

三月二三日、いよいよ第五回競馬法特別委員会が開催された。冒頭、湯浅は否決案を提出する。そして西尾《にしお》忠方《ただみち》は、修正をした上で賛成したいと述べ、加太邦憲によってその修正案は説明された。その内容は、

①競馬開催は原則年二回、主務大臣の許可を受けた場合は三回まで（第二条）
②学生・生徒が勝馬投票券を購入した場合は罰金又は科料（第十五条）
③競馬を行う法人数は当分の間十一以内（附則）

というものであった。①は、もともと「年三回以上競馬を開催せんとするときは主務大臣の許可を受くべし」とあったもので、その条文であると三回以上、四回・五回と主務大臣の許可を得さえすれば可能となるわけであるが、この修正案により、年二回＋一回、の年三回までとなった。②はこれまで「将来ある学生に傷を付けると云うことも如何と思いまして」（渡邊為太郎馬政長官）という立場から、馬券を購入した学生には罰則を設けられておらず、売った側だけの罰則であったので、さすがにこれは不公平ということで罰則を設けている。①②については方針そのものに問題はなく、政府側にとっても充分に飲める話であった。③は、しばらくの間は現状の一一法人のままでいくという確認である。これは前述したとおり、衆議院の要望への牽制であった。これにより、将来的な競馬場増設については歯止めがかかったことになるが、それでもこれで貴族院の面子《メンツ》が立つのであれば馬券発売に関しての修正でもなく、「落としどころ」としては悪くなかった。ちなみにこの修正案を報告した加太邦憲は旧桑名藩士で、フランス法を専攻していた司法官吏であった。三月一二日に競馬関係者と接触していたことを考えると、修正案作成に関わっていた可能性が考えられる。

また、この中で注目すべき反対意見があったので紹介しておこう。荒川義太郎《あらかわよしたろう》はこの競馬法案に反対であったが、風紀紊乱などが理由ではなく、制限が厳重すぎるので、たとえ本法案が成立したとしても競馬事業が立ち行かないという危惧から反対している。従ってむしろ制限を撤廃する必要があるという立場からの反対で、反対理由の多様性がうかがえよう。

こうして意見が出揃いいよいよ採決となった。修正案に賛成の委員は児玉秀雄委員長を除くと八名、反対は五名と僅差で修正案が可決された。委員会ではなんとか可決にこぎつけたものの、児玉伊織が「楽観を許さざることとなる」と記したように本会議ではまだまだ予断は許されなかった。

三月二四日、貴族院本会議に競馬法案修正案が上程された。午前中には反対派からは土方・湯浅、賛成派からは西尾忠方が登壇したが、これまでの論点の繰り返しで、特に目新しいものはなかった。湯浅は、「競馬場に向い馬券を買う、勝てば勝祝《かちいわい》と称し、負ければ自棄酒《やけざけ》を飲む」と競馬の害毒を指摘しているが、これは現実の風景を的確に表現しており、実は湯浅自身がそうした競馬ファンに近い心理を持っていたのではないかと想像される。そして湯浅は競馬法案を「国民を害する所の法案」と言い、反対の立場を貫くのである。終始一貫したその姿勢はむしろ清々《すがすが》しい程である。

最後に登壇したのは磯部四郎《いそべしろう》であった。磯部はパリ大学に学んだ元司法官僚で、明治二五年の司法官弄花《ろうか》事件で官を辞して以来、大逆事件で幸徳秋水《こうとくしゅうすい》の弁護を引き受けるなどボアソナード以来のフランス民法学における国民の司法上の権利自由を最も正確に理解する人物とされていた。磯部は賛成の立場から、競馬が射倖であるのであれば、保険契約も、米穀取引所も株式もすべて射倖ではないかと喝破する。さらにすべての商売は投機的性格を持つとまでいうのである。それと比較して日本全国に一一か所しかない競馬を年に二回、数日やったからといって、これはあくまで「一時之に趣味を有する者に娯楽を与える」ことであり、「綱紀粛正に反するものでございましょうか」と反論するのである。射倖的なものがすべて風紀を害するのであれば「商業界は闇」であるとまで言い切り、競馬害悪論者へのカウンターパンチを浴びせていく。さらに磯部は午前中の土方の、馬券を購入して不慮の大金を手にして一家が崩壊していくという懸念に対しても揶揄《やゆ》を込めてこう発言した。

（「土方は」―筆者註）方正の君子であると私は今日まで思って居りました、然るに其方が女子より物をねだられる、ねだられて与える、又待合の内部の機密に精通して居られると云うことに至っては、是亦《これまた》油断のならない方である

会議の最終盤においては、湯浅や土方の細かい議論より、インパクトのある磯部の一種の暴論が好まれる傾向があるが、このあたりはウイットに富む磯部の独壇場《どくだんじょう》であったといえよう。

これで討論は終結となり、いよいよ採決となった。前日の委員会が拮抗した状況であり、「本案は否決すべきものなりと信ず」という少数者意見が付されていたことから、採決は予断を許さなかった。この採決は記名投票となったが、おそらく委員会や世間から競馬法への一定の反対があったため、万全を期して研究会幹部が記名投票を導入したのであろう。その結果、白票（賛成）一七五名　青票（反対）五〇名、と過半数を大きくこえて競馬法案は可決された。研究会の主要構成員である子爵に限ると、賛成は出席者六三人中六〇人で賛成率九五・二％と驚異的な数字を誇り、組織的な引き締めがなされていたことがわかる。引き続き第二読会・第三

読会が開かれ、ここに長年の懸念であった競馬法案は一部修正されながらもようやく貴族院を通過したのである。研究会幹部水野直は、自身の懐中手帳の三月二四日の箇所に「競馬法案上院可決」とメモしており、苦労の上に成立した法律への思いをにじませている。

同日、衆議院に回付され、競馬法修正案が提示された。横田千之助《よこたせんのすけ》が「本院に於て討論されたる精神と何等抵触しない」ので貴族院修正案に同意する意思を示すと、異議なしの声が響き、競馬法案はここに両院の協賛を経て、成立するに至ったのである。

# 第6章　大衆娯楽としての競馬

## 競馬法の成立

大正一二年に成立した競馬法をもって馬券発売が認可された。しかし、社会への影響に対する懸念から非常に厳しい制限を伴うものであった。競馬開催は営利目的とする会社には許可せず、具体的には馬券禁止時代も継続して競馬運営を行ってきた一一団体に限定することにし、開催は四日以内、馬券の金額は五円以上二〇円以下、払い戻しは一〇倍までと規定した。こうした制限はすべて悪夢ともいうべき明治期の騒擾事件の再発を防ぐために、大正期から開始された「景品券競馬」の実績に基づく措置であった。競馬倶楽部にとって揉め事が頻出すればせっかく再開した馬券が再び禁止されかねず、暗黒時代に立ち返ってしまうおそれがあった。かといって厳しい制限のため馬券が思うように売れない場合は倶楽部運営に支障をきたすという二つの大きな懸念が横たわっていたのである。

このような状況下において各倶楽部は競馬開催の準備を進めていく。ここでは首都圏の代表的な競馬倶楽部である東京競馬倶楽部をとりあげて、初回競馬の様子を確認していこう。八月一一日、東京競馬倶楽部が秋季開催の予定を一一月三、四、一〇、一一日と発表し、本格的な準備を進めていく中、大きなアクシデントが東京を襲った。九月一日の関東大震災である。しかし奇跡的に目黒のスタンドは大きな被害はなかったため、年内の開催へと目標を切り替えていく。そこには、震災で落ち込む人々への「娯楽の提供」という狙いがあり、震災というアクシデントにあっても、したたかに対応している様子がうかがえる。東京競馬倶楽部の首脳のひとりであった安田伊左衛門は次のように述べている〔『競馬夜話』〕。

一一月初頃から、内務省・東京市等に於て、震災の罹災地が斯かる意気消沈せしめ居っては、復興も容易に出来ざるが故に、何とか市民の意気、人心を引立てなければならぬというので、人心を引立てる様な興行物及びそれに相当するようなことを盛にせしめることを奨励した。故に競馬も其の奨励して居る一つに適して居る（後略）

競馬開催の迫った一二月四日、『東京朝日新聞』は「復活の目黒に　関東関西分目《わけめ》の競馬　全国から一騎当千の駿足　既に勢揃いした大緊張　騎手連の苦肉策」と題して以下のように伝えている。

目黒の秋季競馬会は愈あと二週間に差し迫った。長年の懸案だった馬券復活の第一回と云うので人も馬も緊張し切っている。横浜、阪神はもとより遠く札幌、函館、九州辺からも一騎当千の駿馬が桧《ひのき》舞台の目黒へと押しかけて覇を争うべく敦圉《いきま》き既に登録ずみになったのが百十九頭、昨今はもう午前、午後と火の出る様な練習が行われている。古つわもののエミグランド、オーロラーキンテン、スターリング、ウードコックなんど《ママ》が汗みどろになって名騎手に操縦されている光景は勇ましい。清浦子の令息や楠本男などの愛馬家を初め一般の見物も集まって目黒一帯は活気に溢れそれに今年は福島千本松の牧場で松方巌《まつかたいわお》氏が理想的に飼育した自慢の馬ビヤゴウードと、九州阪神を薙倒《なぎたお》してまだ土つかずというので評判の高い小倉の駿馬レンドが二哩連合優勝競走に関東・関西の覇を競うと云うので人気は一層沸き立っている。（後略）

多くの馬名が紹介され、前人気を煽っている様子がうかがえよう。特に、松方巌の愛馬「ビヤゴウード」と九州・阪神で連勝中の〝西の秘密兵器〟「レンド」との一大決戦をクローズアップすることで、興行として盛り上げている様子が見てとれる。また、横浜・阪神・函館・九州といった各地を代表する馬が競うというものは、同時期に大人気を博していた中等学校野球大会と同様に、興行における地域ナショナリズムの広がりをうかがわせる。

「ピューアゴールド（ビヤゴウード）」は父ガロン、母が大正二年に輸入された豪州産牝馬のホーエー（宝永）の牝馬であった。母は抽選新馬（抽選馬とはあらかじめ注文を受けて馬を買い集め、抽選により申込者に分配した馬を指す）をレコードで勝つなどスピードに富み、松方巌の自家牧場である栃木県千本松農場で繁用され、ピューアゴールドの他、バンザイ、カーネーション、コウエイと大正末期を彩る多くの名馬を産みだした。ピューアゴールドは横浜仲住《なかずみ》厩舎に預託され、大正一二年東京春季でデビュー、その後のレースでも勝ち、一マイル四分の一（約二〇〇〇メートル）で二分七秒〇の日本レコードを出した。大正八年の記録を実に四年ぶりに更新したため、まさに「関東のエース」の名に相応《ふさわ》しい戦績であった。対するレンドは鹿児島産の馬で、小倉の奥村直市の所有馬だった。大正一二年春の小倉の新呼馬（呼馬とは馬主が任意で求めた馬を指す）で優勝し、同年秋の阪神のレースも勝利した際に「目黒の二マイルでピューアゴールドと勝負するため東上するんだ」と語ったとされ（『日本の名馬・名勝負物語』）、陣営の気合の程がうかがえる。そして、こうした前評判を煽る記事（『東朝』T12・12・14）は多く、

（前略）新馬の中でも頗る呼声の高いのは松平伯のタマモ（小岩井産五尺二寸五分）アイザリック氏のソレード（栃木産五尺二寸）等内地産サラブレッド種レース用としての典型的タイプである。地方から出場の名馬としては小倉の奥村氏のレンド（鹿児島産五尺五寸九分）、同ポール（鹿児島産五尺四寸五分）で是《これ》亦《また》見るからに素晴らしい馬だ。とりわけ興味を向けられて居るのは連合の二哩レースで大正十年秋クンプウの作った三分三八秒百分一八と云う記録はトラックのコンディション次第で破られるらしい。それは松方公のピアゴールと前記レンドとのレースに依って実現されるかも知れないと観測されて居る（後略）

と記されているように、やはりここでも「ピアゴール（ド）」（前述ピューアゴールドと同馬）と「レンド」との対決が一番のメインイベントとみなされていることがわかる。それでは、これら新聞に描かれたファンの姿はどうだったのであろうか。当時は競馬開催の始まる前に調教を競馬場で行い、それをファンに開放していたようである。熱心なファンが見学に訪れていた様子は次の記事（『東日』T12・12・14）からもうかがえる。

馬券復活後帝都における最初の催しとして満都ファンから異常の人気を以て迎えられつつある東京競馬倶楽部主催秋季大会は愈々《いよいよ》明十五日から十六、廿二、三の四日間開催されるが十三日は最後の練習日とあって出場騎手は無論のこと雨にもめげず詰め懸けたファン連中はスタンドをギッシリ陣取ってストップ・ウオッチやレンズを手に各自勝敗予想を凝らして一攫千金を夢みるなど競馬気分は一層活気づいて来た。今回の参加馬数は各抽四十六、新抽卅、呼馬廿五、新呼十六〔各抽・新抽はそれぞれ抽選馬の既走馬と新規出走馬、呼馬・新呼も呼馬の既走馬と新規出走馬を指す――筆者註〕の総計百十七頭で優勝候補として呼び声の高いのは呼馬ではピュアゴールド、エミグラウンド、オーロラー、レンド、タカヲ、カシマ等で右のうちピュアゴールドが最も有力とされているが福島で優勝したエミグラウンド、小倉鳴尾の両大会で共に優勝したレンドを初めオーロラー、タカヲなどいづれも伯仲の接戦が期待され前途を嘱望されている（中略）ちなみに競走開始時間は午前正十時で晴雨にかかわらず挙行され観覧者は洋服または羽織袴の著用のもののみにかぎられている。

馬券を当てるために前日から詰めかけ走破タイムを計測したり馬体をチェックする熱心なファンの様子がうかがえよう。こうした馬に対する興味の喚起こそが馬事思想の普及として国策と合致したのである。こうして、ファンの期待を一身に受けた公認競馬の初日のゲートが開いたのである。

図6-1　目黒競馬場（馬の博物館蔵）

## 目黒競馬の開催

目黒競馬は心配された大きなトラブルもなく、また売上も初日一三万円を数え、上々のスタートを切った。こうした売上を支えたファンはどういう人たちだったのであろうか。場内の風景を述べた新聞記事には、「震災前と顔触れの変った中に殊《こと》に職人風の多く見受けられる」（『東日』T12・12・17）や、「二等席は満員で職人風の新調の半纏着が沢山いたが景気がいいと見え馬券の買いぶりもあざやかかで柵外の見物は五万人とかぞえられた」（同）とあるように、五万人もの観客が集まっていたことと、客席には職人風の姿も多かったことがうかがえよう。もともと生活に「酒、女、ばくち、いれずみ」がつきものである職工（『民衆暴力』）にとって、復興景気の元で唯一合法化された賭博である競馬はまさに格好の「娯楽」であった。

もともと「嵐の後は俺達の天下」（『どん底社会』）と言われるように、雨や嵐の後は人夫の仕事が急増し、賃金の上昇が見込める傾向にあった。いわんや関東大震災の後をや、復興に向けての労働力需要は通常の比ではなかった。

また、大正期の労働者について「博奕《ばくち》を以て生命として居る者がある」（『どん底社会』）と述べられており、労働者種別としても「賭博道楽の多いのは、大工・左官が比較的多い」（『無産階級の生活百態』）とあるように、労働者にとって賭博は一般的な娯楽であった。

このように、復興景気は馬券の買い手である職人の懐を潤したため、震災後に開催された競馬は順調に売上を伸ばすとともに、人心を振起させる「イベント」としての役目を果たすこととなった。競馬場に多くの人が集まると、付近には菓子屋、玩具屋、弁当屋などが「縁日気分」で店を出しはじめ、ちょっとしたお祭り気分が味わえるようになった。競馬場はいわば都市の「祝祭空間」として機能していたのである。

こうして空前の盛り上がりを見せる中、開催三日目、今開催のメインイベントともいうべき「ピューアゴールド」対「レンド」の対決が行われる連合二哩《マイル》競走が実施されたのである。

## 連合二哩競走

復活した公認競馬のメインイベントたる「連合二哩競走」とはどういったものだったのだろうか。

この競走は「連合競走施行要領」に基づき、明治四四年秋から実施されたもので、正式には「優勝内国産馬連合競走」という名称であった。「連合」とは、各クラブの枠を超えて、という意味であり、二哩は二マイル、すなわち約三二〇〇メートルの距離を示している。長距離であったのは持久力に富む競走馬を奨励するためである。要領では、一着から三着まで馬政局から賞金が出され、一着賞金は三千円以内となっていた。抽選馬の平均取引価格が四〇〇円前後という中で、一着賞金三千円は破格のものであり、馬の購買価格の引き上げに貢献したといわれている。出走資格は内国産馬で、春季競走において一・二着を得たものに与えられていた。興味深いところでは、月毛・芦毛・河原毛の馬は出走できなかったことが挙げられる。これは戦場で目立つ色の馬を排除するためであり、戦前の競馬が軍馬改良と直結している様子がうかがえる。したがって戦前では芦毛であるオグリキャップやメジロマックイーン、ゴールドシップ、そして白毛のソダシは連合二哩に出走できなかったということになる。

この連合競走は全国の倶楽部からそれぞれ有力馬が集い、チャンピオンを決定するという形式をとっていたため馬券禁止で意気消沈する競馬界に対し幾分か活気を与えていた。実際、レースそのものは人気があり、単純に強い馬同士が競走する、という事象そのものに得難い魅力があることの証左であろう。またヨーロッパでは各国の馬が競走する国際レース・バーデン大賞が一八五八年にドイツ・バーデンバーデンで始まり、その五年後にはフランスで各国ダービー馬のうち、どの馬が強いかを競う狙いからパリ大賞が始まった。そして一九二〇年に凱旋門賞が創設されると、秋のロンシャンを彩るヨーロッパ王座決定戦としての地位を獲得していくこととなる。このように統一されたレース形式で、「ごちゃごちゃいわんとどの馬が一番強いか決めたらええんや」というような世界的な潮流に沿い、連合二哩も整備されたのである。

大正一二年一二月二二日、目黒競馬三日目、注目の連合二哩競走の日は生憎の豪雨であった。そのため、客足が心配されたが「馬券売場は大繁昌」〔『東朝』T12・12・23〕であった。というのも、道悪のコンディションはかえって予想が難しく、玄人筋にはそこが面白かったようである。

「ピューアゴールド」対「レンド」の戦いは結果「ピューアゴールド」が七馬身差で勝ち、「レンド」は及ばず二着であった。「ピューアゴールド」は大正期の名馬というにふさわしく、この後も一度だけ出遅れで負けたことをのぞけば勝ち続け、結果一〇戦九勝（うち単走三勝）と見事な成績を残している。単走とは、強い馬が出走した際に他の出走予定馬がすべて回避したため、一頭だけで馬場を一周することである。一方「レンド」も、「ピューアゴールド」には及ばなかったものの、翌年春は小倉で御賞典に勝ち、生涯で一九勝で挙げるなど活躍し、「九州が生んだ史上最高の名馬」とも評された。この二頭の戦いに熱狂する大衆の姿は、競馬の娯楽スポーツとしての一面を色濃く表していよう。

## 馬券購入層　新しい競馬ファン

次に、各競馬倶楽部の経済状況を確認しておこう【表6―1】。概観してうかがえるのは、その売上金の巨額さと、右肩上がりの売上である。大正一三年より各倶楽部平均（大正一三年に開催していない中山・京都両倶楽部を除く）で約五倍の伸びを示しており、大正末期から昭和初期にかけて勝馬投票券購入が大きく伸張したことが見て取れよう。こうした売上を支えたファンは前述したとおり職人など一般大衆がその大多数を占めると考えられるが、馬券が一枚二〇円と随分高額であったことを考えると、そこにどのようなカラクリがあったのかと疑問がわく。

昭和八年の「入場人員に対する購買金額」の調査（『競馬の制度及犯罪』）では七八〇〇万円あまりの勝馬投票買得金額に対し、入場延べ人員は一一六四万人ほどであったことから一人あたりの購買金額は六円七一銭となり、

**表6-1　大正12年から昭和3年にかけての各競馬倶楽部売上（単位：円）**

| | 大正13 | 大正14 | 大正15／昭和元 | 昭和2 | 昭和3 | 昭和3／大正13対比（%） |
|---|---|---|---|---|---|---|
| 東京競馬倶楽部 | 3,337,500 | 4,595,100 | 4,928,880 | 5,403,040 | 8,599,580 | 257.7% |
| 日本レース倶楽部 | 1,355,530 | 3,520,740 | 4,165,800 | 4,807,980 | 5,330,780 | 393.3% |
| 中山競馬倶楽部 | 未開催 | 未開催 | 未開催 | 未開催 | 3,892,320 | — |
| 阪神競馬倶楽部 | 2,141,020 | 2,874,620 | 3,614,660 | 3,941,240 | 4,347,420 | 203.1% |
| 京都競馬倶楽部 | 未開催 | 2,850,100 | 3,870,060 | 4,365,340 | 6,746,400 | — |
| 札幌競馬倶楽部 | 760,440 | 988,760 | 1,114,380 | 923,420 | 882,880 | 116.1% |
| 函館競馬倶楽部 | 87,840 | 615,320 | 843,360 | 836,320 | 823,480 | 937.5% |
| 福島競馬倶楽部 | 525,580 | 997,080 | 1,298,640 | 1,502,660 | 1,505,440 | 286.4% |
| 新潟競馬倶楽部 | 335,320 | 564,270 | 830,520 | 949,880 | 1,365,400 | 407.2% |
| 小倉競馬倶楽部 | 1,966,540 | 2,475,240 | 2,304,781 | 2,730,880 | 3,122,900 | 158.8% |
| 宮崎競馬倶楽部 | 40,010 | 355,020 | 370,760 | 581,700 | 705,080 | 1762.3% |
| | | | | | 平均 | 502.5% |

『日本近代競馬総合年表（上巻）』より作成

馬券が一枚二〇円であった事を考えると、思いのほか低い結果であることがわかる。すなわち、正規の発売金額購入者を上回る数の、入場のみで馬券を購入しない人間が一定数存在したと考えられよう。

織田作之助に「競馬」という作品がある。初出は戦後の昭和二一年四月号の『改造』であるが、内容の検討から、おそらく作品の舞台は昭和一〇年前後と類推される。そして作中に次のような記述が見られるのである。

　そんな競走《レース》が続くと、もう誰もかれも得体の知れぬ魔に憑《つ》かれたように馬券の買い方が乱れて来る。前の晩自宅で血統や調教タイムを綿密に調べ、出遅れや落馬癖の有無、騎手の上手下手、距離の適不適まで勘定に入れて、これならば絶対確実だと出馬表に赤鉛筆で印をつけて来たものも、場内を乱れ飛ぶニュースを耳にすると、途端に惑わされて印もつけて来なかったような変梃《へんてこ》な馬を買ってしまう。朝、駅で売っている数種類の予想表を照らし合わせ、どの予想表にも太字で挙げている本命（力量、人気共に第一位の馬）だけを、三着まで配当のある確実な複式で買うという小心な堅実主義の男が、走るのは畜生だし、乗るのは他人だし、本命といっても自分の侭《まま》になるものか、もう競馬はやめたと予想表は尻に敷いて芝生にちょんぼりと坐り、残りの競走は見送る腹を決めたのに、競走場へ現れた馬の中に脱糞をした馬がいるのを見つけると、あの糞の柔さはただごとではない、昂奮剤のせいだ、あの馬は今日はやるらしいと、慌てて馬券の売場へ駈け出して行く。三番片脚乗らんか、三番片脚乗らんかと呶鳴《どな》っている男は、今しがた厩舎の者らしい風体の男が三番の馬券を買って行ったのを見たのだ。

ここでは、予想要因の多様さと、予想表をつき合わせて予想を組み立てるといったような当時の一般的な競馬ファンの行動が活写されている。さらには場内の熱気に翻弄される人物の心情描写に、自身も競馬ファンであった〝オダサク〟の筆は冴える。

その中でも「片脚乗らんか」という言葉に注目したい。これは一緒に馬券を分割で購入しないか、という意味であり、馬が四本足の動物であることから四分の一の分割を示している。こうした分割購入が当時一般的に行われていたことは、別の史料〔『競馬の制度及犯罪』〕からも確認できる。

第一目「スヰッチ」又の名「デンキ」
一、総説＝此の方法は普通甲乙二人の共犯者に依り敢行される。先づ共犯者の甲が馬券（二十円）共同購入名義の下に数人から金円を受取り、自分も一口乗って（通常五円位）一応本当に馬券を買い穴場（馬券発売所）を出て一般観覧席に行く途中、右馬券を密かに共犯者乙に渡し、同人をして二十円に転売せしめて差金を利する仕組である

すなわち共同購入が一般的に行われており、それ自体は取り締まりの対象外であったことがうかがえる。また、こうした正規の販売ルートとは別に私設馬券業、いわゆる「呑屋《のみや》」も存在していた。「呑屋」に対しては倶楽部の財源の根幹を揺るがすものであるので、各倶楽部とも警察などと連携し厳しく取り締まった。また、学生生徒への勝馬投票券の発売は禁じられていたが、実際は遵守されていたかどうか疑わしい。井伏鱒二は昭和一一年に発表した小説「競馬」の中で次のように記している。

「彼も同じ馬をねらつて馬券を買ってゐた。複を十枚も買つてゐた。学生時代から競馬の通をもつて自任してゐた男である。」

また、「呑屋」に関しても「のみ屋がそばに来てマタハリで勝負してくださいなどと云つてゐる」と表現しており、これらの表現から呑屋も学生生徒への馬券発売も取り締まりが行われていたとはいえ、撲滅するには至

らなかったようである。すなわち、こうした非合法な手段も含めて、大衆にとって勝馬投票券を購買しやすい環境であったことは事実であろう。

もう一点、当時の場内の写真では立派な服装をした人間、いわゆる貴顕紳士が多く見られる、という指摘に関して再検討を行っていこう。確かに大正一二年秋季競馬の招待状に阪神競馬倶楽部が「観覧御注意」として「ご服装は羽織、袴、または洋服、女子はこれに相当し社交上礼儀を失せざるようご注意相願いたし。万一右に反するお方これあり候節は遺憾ながら入場謝絶いたすやも計られず候間、念のためご注意申しおき候」と記しているように服装に関しては各倶楽部ともきちんとしたみなりで来場するように呼びかけていた。

では実際はどのような対応がなされていたのであろうか。当時の競馬を振り返った座談会の中に、次のような発言が見受けられる。脇重治郎（元帝国競馬協会）や北岡国雄（元騎手）らの座談会「根岸競馬の思い出」（『根岸の森の物語』）では、

**脇**　「取締事項」というのがあって、「服装は礼儀を失せざるものを着用せられたし。ことに一等入場切符をごはい用のお方は羽織あるいは袴、または洋服を着用せられたし。服装不適当と認める時は、係員よりご注意致しますからお聞き入れ願います」と、書いてあるんです。

**北岡**　ぼくは、菊池寛《きくちかん》さんが和服で入っていたのを覚えています。

**脇**　山元町の通りに、そういうための貸衣装屋があったと思いましたが、二本柳《にほんやなぎ》さん覚えてないですか、そういう人のために衣装を貸していたのを。

と貸衣装屋の存在を述べ、鈴木栄次・丹波政一郎・小関勇らの座談会「日本競馬会の発足」（『近代競馬の軌跡』）では、

**鈴木**　（前略）ですから、グランドスタンドにはとにかく羽織袴でないといけないというわけです。ネクタイつけてないものは……。
**丹羽**　東京はそうだったのです。
**小関**　ネクタイないものはなくてもよい、そのかわり袴を貸した。

と語られているように、洋服規定に関しては貸衣装屋を利用したり、また競馬倶楽部から袴等を貸すような対応がなされていたのである。

## 競馬雑誌の登場

また、大正一五年に馬券中心の内容構成を取る「競馬ファン」という雑誌が創刊され、付録として勝馬予想引換券を添付していた。これは各「競馬場入口前本社出張所」で勝馬予想として引き換えるもので、好評を博したようである。昭和六年秋には、「競馬ファン週報」として週刊化された。このように競馬に関する雑誌類が創刊され、その多くが馬券に絡む必勝法などの記事であることを考えると、大衆の興味の対象がうかがい知

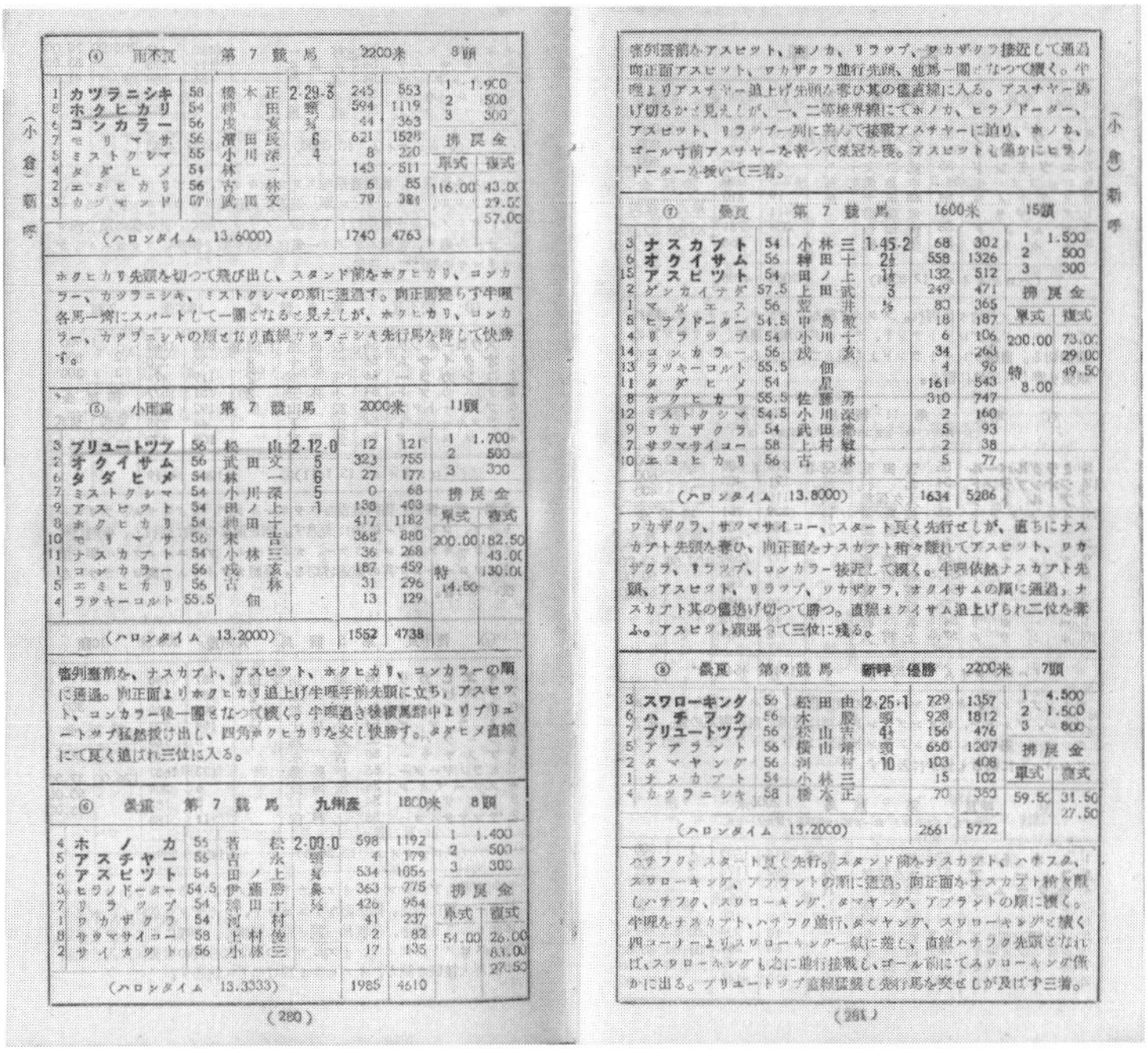

図6-2　『昭和十四年秋季競馬成績書』（競馬前夜通信、1939年）

れる。

ひとつ史料を挙げて検討していこう。筆者の所蔵する戦前の競馬関連書籍のうち『昭和十四年秋季　競馬成績書』には、昭和一四年秋に出走した馬の索引が五十音順に掲載され、馬名、馬種、性別、馬齢、毛色、父馬名、母馬名、収得賞金、勝利度数、昭和一四年において出走した成績が略述されており【図6―2】、いわば現在の『競馬四季報』やインターネット上の情報サイトの役割を果たしていると言えよう。二三ページには、おそらく以前の所有者の書き込みと思われる赤線が「ハイエスト」という馬とその小倉競馬での成績（6―3）の箇所に引かれている。（　）は勝利を表し、左の数字が何日目の開催日か、右の数字が何番目の競走かを示す。したがって（6―3）は小倉競馬第六日第三競走で一着をとったことを示している。おそらく以前の所有者はこのハイエストの小倉における成績に注目していたのだろう、こうした赤鉛筆による書き込みは随所に見られ、二六五ページには勝ったミネノボリの騎手・渋川に赤チェックが、二七八ページには小倉初日第六競走で三着だったホノカに下線、同第九競走七着だったブリユートップおよび複勝投票数九四に下線が引かれるなど、所有者の予想もしくは反省の軌跡が刻み込まれており、八〇年以上前の先人の苦闘の姿を思い浮かべてしまう。馬名成績のほかには昭和一四年秋季に行われた公認競馬全一一場の全競走の結果が掲載され、各レースに簡単な短評が添えられているという、いわば昭和一四年秋季競馬に関しては全ての情報がつめこまれているすぐれものであった。つまり織田作之助が描いたように競馬ファンは詳細な情報を雑誌・新聞などから得、自らの予想を構築していたことがうかがえよう。そして、誰からも邪魔されず、おのれの勝つと信じる馬を一頭だけ選択する、という行為にお金と自らの信念を賭けたのである。

また、公認競馬の開催が週末の土日に行われることは、大正期より増加しはじめたサラリーマン等の新中間層に照準を合わせていたと思われる。このように、大正一二年の競馬法により復興した馬券を伴う競馬、すなわち「公認競馬」は「身なりのきちんとした貴顕紳士の嗜む高級娯楽」ではなく、一般大衆が参加する気軽な娯楽として機能していたのである。

## 競馬情報誌の発売と新中間層の需要

競馬が知的推理娯楽であるためにはその材料が必要である。それらを提供したのがいわゆる競馬専門誌であった。

競馬専門紙の草分けが大正一三年秋の阪神競馬で発行されたタブロイド版活版印刷二ページ、一部一〇銭の「神戸日日新聞競馬版」である。東京の松丸海南により発行され、神戸又新日報と関係があったようで、主に鳴尾で売られていたようであるが、販売エリアの狭さがネックになったのか、昭和初期にはその姿を消した。

予想をメインに据える雑誌としては大正一五年八月の「競馬ファン」がその先駆けである。発行所は黎明社、発行人は岩崎四郎という人物であった。岩崎は都新聞の記者あがりで競馬には素人であったが、都新聞には楠茂市という東京競馬記者クラブのドン的存在がおり、そのあたりの協力を得て発行したのではないかと考えられている。「競馬ファン」は競馬の隆盛とともに部数も伸ばし、昭和五年には関西に進出している。

「競馬ファン」の部数増加に伴い、岩崎は次の手に打って出る。「競馬ファン週報」を昭和六年秋季より、それまでのタブロイド版四ページから四六版三二ページの冊子型に変更し、一部三〇銭で売り出したのである。前週の成績、今週の予想を掲載し、その週の勝馬予想引換券がついており、ファンのニーズを的確に捉えていたため発行部数は本誌を上回り、昭和九年には関西版を印刷するに至る。

当時の出走馬の公表はレース発走の約四〇分前で、研究に費やせる時間は非常に短かった。そのため、ファンは開催登録馬を掲載した小冊子（俗に「ブック」と称した）を参考に予想を組み立てていた。というのも、一開催あたりの出走登録馬は百頭前後、実際の出走馬が八〇頭程度であり、これらの馬がほぼ毎日出走するため、どのレースにどの馬が出走を予定しているかというある程度の見込みはついたのである。

また、予想をプロとして売りさばく商売も出現した。いわゆる「予想屋」である。

こうした予想屋は出走馬が確定していない段階で自ら想定出馬表を作成し、一枚五〇銭で販売していた。予想屋の中心となっていたのは関西の鳴尾で、騎手や厩舎関係者が予想屋に転向していたようである。予想屋は駅から競馬場までの間の通路に簡易の店舗をひろげ、通行人へ向け商売を行った。公認競馬はほぼ一年を通して開催されていたので、全国を飛び回る予想屋もいた。目黒や根岸は競馬場までの道路が狭く、予想行為がやりづらかったようで、予想屋の多寡にはこうした地域性もあったようである。こうした予想屋は大正から昭和初期まで続き、競馬雑誌の充実とともにピークは過ぎつつも、昭和一五年の予想禁止まで続いている。

## 地方競馬と白井新平

「競馬ファン週報」の地方版を担当していたのがアナーキストで知られた白井《しらい》新平《しんぺい》で、昭和一三年に独立し「競馬週報」を創刊した。地方競馬に絞った戦略があたり、『競馬週報』は発行部数を伸ばした。

白井新平は明治四〇年京都府舞鶴の生まれ。神戸一中四年修了から大阪高等学校に進学するも退学し、労働運動に傾倒する。昭和四年、黎明社に入社し、以降『競馬ファン』の編集に携わった。白井は、「競馬ファン週報」が創刊されたときに、競走馬の一レース分の成績を一マス分に収めるという画期的な表記をあみだした。これがのちに「馬柱」といわれる日本独特の表記で、本人の弁によると「○△×▲」などの予想記号、「本命、対抗、単穴、注意馬など新造語」も白井の発明であるという。さらに白井は、その活躍の場を地方競馬へ広げていく〔『競馬と革命と古代史をあるく』〕。

（前略）それまで草競馬として誰も手をつけていなかった地方競馬を開拓するために『競馬ファン週報』を出させた。市川（千葉）で勝った馬が大船（神奈川）へ来ると馬名が変る。だから、出馬のとき、前回の成績がファンにはわからない。予想屋は市川の勝馬はこの馬だと紙切れに書いて、一〇銭、二〇銭でチップ（予想）が売れた。それを、年齢、血統、成績を解説した冊子をつくれば必ず売れる。地方競馬（省令による一円の商品馬券）をみたこともなかったが、その道の先達『赤競馬新聞』の加藤保隆氏を良き師として、県庁の馬産課の申込書をみて、年齢、血統を調べ開催前の馬体検査に立ちあって、実馬と照合して、徹夜で出る馬全部の短評を書き、既定番組で総評を書いて二日で発売した。この企画は最初から爆発的に売れて九、一〇、一一と三年間、関東の地方競馬はシンペイがオルガナイズした独占的な黎明社のドル箱だった。関催当日には毎朝レースの予想を謄写版《とうしゃ》で刷って添付する。予想屋泣かせであるが彼らもこれを参考にした。書き手で馬を知っているのもシンペイの独壇場だ、シンペイが独立すれば黎明社では咄嗟《とっさ》に代人はいないし、対抗紙がないのだし、売れることは確実だった。（後略）

こうした競馬専門誌も、各競馬倶楽部が出馬を昭和三年からレース前夜に発表するようになり（中山は昭和九年から）、出馬表として当日全レースの出走馬、裏面に前日の成績を記したものを入場者に無料配布するようになると、徐々にブック形式のものの売れ行きも落ち込んでいったようである。

このように、前夜発表を必要としたのも、少しでも早く出走馬を知りたい、研究を始めたいとするファンのニーズに則したものであった。

また、なぜ日本で馬柱で発達したかについては長島信弘《ながしまのぶひろ》のいうように「紙面単価の高さ」などの理由が挙げられるが、加藤典洋《かとうのりひろ》は「縮減模型」にその理由を求めている（『「天皇崩御」の図像学』）。加藤は以下のように述べる。

日本における競馬の娯しみ方とたとえばイギリスにおけるそれは、ずいぶんと違っているのではないだろうか。イギリスにくらべると、日本の競馬ファンは、競馬情報をそれ自体として楽しむ、あるいは競馬情報それ自体にタノシミを見出す、という傾向が強いという気がする。

加藤によれば、情報は「単なる情報」と「情報であると同時に図像でもある」に区分され、前者は不動産情報や求人広告で、これらは競馬情報と似ているが「図像」は感じられないとする。すなわち、「相互に関連する有機性をもたず、世界を構成していない」のである。そして、馬柱は図像を構成していると述べる。

（前略）一方競馬専門紙の競馬情報や大相撲の星取表、プロ野球の各種記録からぼく達が受けとるのは、〃時刻表のように〃情報が「ぎっしりとつめこまれた」あの世界の〃縮減感〃なので、ある情報を「図像」化するのは、この場合、この「世界」の「縮減感」だといわなくてはならないのである。

たとえ外国流にゆったりとしたスペースに余裕ある仕方で記述された競馬専門紙が現れても、もしその情報量にさしたる多寡が認められないなら、競馬ファンの多くは迷わず現行の四頁の競馬専門紙の「柱の中のウサギ小屋情報」のほうを選ぶだろう。スポーツ情報が少くとも日本で人をひきつけるのは、ぼくの考えでは単なる情報としてというより図像としてなのだが、ある情報がたんに情報としてではなくそれ自体人に何らかの訴えかけをする図像として現れている場合、そこで重要なのは、その情報の量であると同時に、その〝凝縮度〟なのである。

加藤は近代スポーツの楽しまれ方を、「する」から「見る」、そして「見る」から「読む」（解読する）へ変化してくると説く。そして「読む」のツールとしてスポーツ情報の図像化を位置づけるのである。大相撲の番付に代表される「一つの世界がぎゅっと凝縮され」た情報は、確かに馬の成績をひとつの枠に収めた馬柱と通じるものがあり、予想という他のスポーツには無い要素を持つ競馬には「読む」ことは欠かせず、この特性が競馬新聞の「図像化」に一役買ったといえるだろう。

## 新中間層

次に、こうした競馬ファンはどういった層によって構成されていたのかを見ていこう。昭和五年の『サラリーマン』という雑誌に、「馬券は夫婦者で」なる記事が掲載されている。それによると、夕飯の際に妻が「ね、あなた、お隣の奥さんが洋服を新調になったのよ」と話かけてきた。興味なさそうに生返事をする夫に、妻はさらにたたみかける。「ふんじゃ駄目よ、あなた。競馬よ、二十円の馬券を買って二百円に成ったんですって、いいわね。あなたのサラリーの二倍だわ」と競馬の効果を述べる。その後記事は公認競馬の説明が続き、馬券は一人一枚と限定されているが、「気の少《ママ》さい細君連中は四人位が組んで一枚買うこともある。これを称して会社《カンパニー》だの、乗合だのと云っている。五円宛出せば、脚《あし》一本など呼ぶのは競馬ファンらしい」ので、分割購入が一般化されていることがうかがえよう。

また、研究の要点として「血統」「馬の過去の成績」「その日の能力」「馬と馬場や騎手の関係」「距離の長短、タイムの研究、天候」「負担重量の関係」「枠順」をあげている。「賭博的興味と、スポーツの明朗な気分。この二つが当分に享楽される国家公認の賭博をマスターすることも興味尽きぬものである」と締めくくっており、この時期の競馬が広範なファンに受容されていたことを示している。

## 東京競馬倶楽部移転問題

こうして増加するファンを受け入れ、安定した売上を確保していく上で競馬場の設備の充実も重要な課題であった。

創設の地にずっと存在する競馬場は稀《まれ》で、何らかのかたちで移転・拡充が行われていた。例えば小倉競馬場は明治四一年に戸畑で創設され、のち三萩野《みはぎの》、そして現在の地・北方《きたがた》に移転している。そこで、『府中市史』から東京競馬場の移転経緯を確認していこう。

東京における競馬場の歴史は古く、上野不忍池など、多くの競馬場が設置されていたが、明治四一年の東京競馬倶楽部成立の際、目黒競馬場の存置が決定されて以降、馬券禁止時代も含めて一貫して目黒で競馬が開催されていた。しかし、馬券発売の認可に伴いこれまでとはうってかわって多くの客が詰めかけると手狭となり、また東京近郊の開発が進むにつれ地主より地代値上げ要求が起こり始めると、競馬場敷地のほとんどが借地であったため、費用負担の増大は大きな問題となってきた。さらに地元目黒町の町会議員からは「競馬場の存在が町の開発を妨げる」という意見も出され、倶楽部首脳にとっては競馬場の移転は急務となったのである。

そのため東京競馬倶楽部の安田伊左衛門は楠本正隆理事とともに各競馬場視察のためオーストラリアを訪れ、倶楽部内には昭和二年に競馬場移転準備に関する委員会が設置され、羽田の埋立地や浅間山《せんげん》、府中町、小金井ゴルフ場周辺などが候補として挙げられた。

この競馬場移転問題に熱い視線を送っていた人物が南武鉄道株式会社社長・野村龍太郎《のむらりゅうたろう》である。大正一〇年に設立された南武鉄道は不況下の開業のため営業は不振に喘いでいた。そのため様々な打開策を打ち出していく必要があり、そのひとつが沿線近辺に競馬場を誘致することだったのである。

こうした鉄道会社側の動きと並行して、移転先の誘致合戦も活発化しはじめる。前述した移転候補先の中でも最有力だったのは小金井と府中であった。すでに小金井には用地を買い込む人間も出始め、起伏のあることから小金井の方が有利のように思われたが、府中は多摩川向こうの土を運搬し勾配をつけることで対抗した。これは陸軍が軍馬資源を育成するためには競馬場には起伏がある方が好ましいという意図を持っていたことに起因する。こうして、移転先は小金井と府中、二地域によるまさに直線を向いての攻防となったのである。

最後の直線走路でアタマ一つ抜け出したのは府中町側であった。その過程を『多摩史拾遺記』から見ていこう。実はこの当時府中町は「中央線の電化と共に帝都への交通至便」であったが、「同沿線に居住者群集し異状の発展を招来し、之れが為め京王、及、南武両線の開通を見たるも大なる開発資料ともならず」と、中央線に居住者が片寄り、京王線や南武線が開通したものの、それらの沿線開発はいまだ道半《なか》ばであった。すなわち、首都圏の一翼を担う条件が整いつつも「殆《ほと》んど現状維持の形態を持続」する段階だったのである。しかし、「必竟《ママ》するに当町に特産物なく、且又、他より出入すべき事業のない為めで、心ある人々は、常々生気ある町の構成に苦慮」しており、「此の時に際し、偶々《たまたま》時の町長たりし桑田英之助氏が、目黒競馬場が他に移転すると云うことを聞き込まれ、好機逸すべからずと、各関係方面の情勢を探究し、漸く移転の可能性あることを認め」、積極的な誘致を行ったのである。こうした背景には競馬場が地域の開発に資するとともに、地元に対する金銭面での貢献があった。目黒競馬場は地元・目黒町に特別寄付金として二万七七〇〇円余りを寄付しており、昭和六年の府中町予算が年間約六万円であったことを考えると競馬場の誘致は町の活性化に非常に魅力的なものと考えられたのである。

昭和二年から具体的な誘致運動が開始され、「昭和二年二月十八日に、町会議員の協議会を招集し、同競馬場の招致運動に関し附議したる処、満場一致で可決。直《ただち》に運動に着手」しはじめ、「本件は厳秘を要する問題に付、是非共、目鼻のつく迄、総《すべ》ての運動を委任せられ度旨《たきむね》、桑田氏よりの希望あり」という形ですすめられた。桑田町長は府中多摩農民組合長・矢部甚五《やべじんご》と協力しておこなっていたが、「機未だ熟せざるか、終に昭和三年七月、一応断念の已むなき窮状」に陥った。結局失意のうちに桑田は昭和三年一一月二一日に任期満了、小川純一が同月二六日に町長に就任すると「問題再燃」し「日夜暗中飛躍を試みたる処、同年十二月十九日に至り、東京競馬倶楽部の代理者たる三菱信託株式会社より正式の交渉」があり、いよいよ本格的な交渉のテーブルにつくことになる。競馬場招致運動の中心となった競馬場招致期成同盟会の委員長は府中町長の小川純一であり、副委員長は多摩村の糟谷義治であった。

昭和四年三月四日、町会議員及地主連合協議会が「万障を排し招致に努力」することを示しあわせたが、移転実現には様々な困難が待ち受けていた。例えば同月「府中多摩農民組合および是政東部・西部・府中八幡《はちまん》宿《しゅく》・府中京所《きょうず》・府中新宿・矢崎」の六つの関係地域の代表者が町長あてに次のような陳情を行っている。

（前略）該地を耕作致すことに依て辛くも其の日の生計を営み居り候いし我等小作人に於ては、万が一移転実現の暁の節には唯一の資本を奪われ一朝にして生活維持の途を断たれ、且つ他に転職容易ならざる農業従事者のことに候へば、直にその日よりの生活に脅威を蒙むることと相成り、困窮の底に陥入ること必定に候へば、何卒この困難なる事情を御諒察被下、移転実現の節に於て衣食の途に迷わず生活維持の方法相樹ゆくよう充分なる御配慮賜り度、農民組合各部落代表者連署仕り此の段及陳情候也。

こうした移転にまつわる補償問題の処理は重要な課題であり、府中町は、金銭で解決している。三月二七日に開催された委員会では売買予定の土地および買取金額などを決定し、土地の確保に動き出している。

こうした買取金額の提案に対し、快く土地を譲渡する人間ばかりではなく、拒否するものもあらわれた。このうち、竹内泰治、原田実の二人は土地売買に容易に応じず、「両氏の土地は、到底単時《ママ》日に協定不可能と見做せる為め、同年六月二十二日、委員会を開催、一時交渉を打切り、当分、成行を静観することに決定す」と一時暗礁に乗り上げることになるのである。

しかし矢部甚五らの協力で調整がつき、いよいよ府中町は競馬場設置に充分な用地を確保することに成功する。小川は六月二九日宛の三菱信託株式会社宛書簡に「漸く佐竹三吾《さたけさんご》氏の御斡旋により円満なる解決を遂げ、何時にても万手続進行上、支障無之候間、御了承被下度候」と記し、安堵している。また翌月、小川は東京競馬倶楽部会長・松平頼寿《まつだいらよりなが》に対しても陳情書を書き送っている。

陳情書

（前略）敷地買収の件に関する詳細経過に就いては、既に閣下御仄聞《ごそくぶん》の事と拝察（中略）、重ねて御聞を煩すを避け申候も、事、当町に取りては、浮沈の境地に有之《これあり》候為、挙町《まちをあげて》、之が歓迎に没頭し、最大の犠牲を払い、本年壱月より今日迄、関係委員拾数名、亦、殆ど寝食を忘れ買収交渉の任に当り、以て万全を期し申候処、偶《たまたま》、一部地主の頑迷の徒に会い、不徳、遂に序を以て閣下に具陳するの途なり、困惑罷在《まかりあり》候処、幸に佐竹先生の侠義、衝《あた》るに万難を排するの情を以てせられたり。誠に、不肖等、意を強する処にて候。閣下願くは不肖等が苦衷《くちゅう》を憐み、八千町民の意の在る処を察し、寛洪《かんこう》の度と憐愍《れんびん》の情をたれ賜らん事を、恐惶《きょうこう》恐惶、謹《つつしん》で具陳仕候。

昭和四年七月十四日

府中町の置かれた状況と、競馬場誘致への強い思いが見てとれよう。この後、昭和四年一二月に中心人物の一人矢部甚五が亡くなるという苦難や、官幣小社大国魂神社・宝性院等との土地問題（社寺との土地買収問題）など幾多の困難を乗り越え、ようやく昭和八年一一月、府中に競馬場が誕生することとなるのである。

## あるファンの日記

ペトラヂの最近の調教の時計は注目に値する。また下見場の観察に於ても、父馬ベリオンの偉容をうけつぎ新馬には珍らしき程に調教の行届いたその馬相には先づ誘惑を感じざるをえない。他方ハクシュンは今秋からはじめて試みられた宮内省御料牧場の貸下げの一頭として、かねてからファンの間に噂の高い馬だけに、一般の人気は當然此馬を第一に推すであろうと考へると、ここでのペトラヂはやや面白いチャンスを与えるものの様にも思われる。(アヤセは暫《しばら》く問題外としていい様だ)けれどもペトラヂのあの歩様《ほよう》の焦燥と眼光の狂いとは何にしても観察者の脳裡に暗影を投ぜすには惜《お》かないではないか。結局私にはこのレースは手出しが出来なかった。

まるで現在の競馬ファンと見まごうような文章であるが、この日記は昭和三年一〇月三日の関東大礼記念競馬を楽しもうと目黒競馬場にやってきた「一ファン」(『競馬ファン』昭和三年一一月号)のものである。これは第四競馬のもので、二〇〇〇メートル(昭和三年春季競馬より距離はマイルからメートル表記となった)、三頭立てであった。「ファン」は狙いをペトラヂとハクシュンの二頭に定め、下見場(パドック)でペトラヂの状態に惹かれるが、歩様と若干入れ込み気味である点に懸念を生じ、結局このレースは「見」(馬券を買わずにレースを観るだけのこと)

とする。結果は「ファン」の心配したとおり、ペトラヂは第一コーナーで外側にそれて停電（逸走）し、レースを放棄してしまったのである。結果はハクシュンが一着で、配当は三八円五〇銭であった。馬券は一枚二〇円なのでオッズは約一・九倍である。「ファン」はペトラヂをパスした「己の鑑識力」に自信を得て、「次の競馬」に向かう。

第五競馬は抽選馬による二〇〇〇メートルのレースで、出走馬は①フクライ、②ニッポン、③バンフク、④ダリヤ、⑤メドラ、⑥ヤタマ、⑦リンカーンという七頭であった（数字は便宜上付した。なおリンカーンは現在の競馬ファンになじみ深い日経賞等の勝馬〔父サンデーサイレンス　母グレースアドマイヤ〕とは当然ながら別馬である）。従来の成績から考えると②ニッポン、④ダリヤ、⑤メドラが上位人気であったが、下見場を見る限り「ファン」は「信頼を寄せ難い」と見る。また新潟・福島と活躍してきた①フクライも思わしくなく、残りの③バンフク、⑥ヤタマ、⑦リンカーンに注目するのが「馬券買いの常道」と考え、「ファン」はこの三頭を以下のとおり分析した。

そしてこの新進馬三頭を比較研究すればリンカーンのフォームはまだ不充分であり、バンフクのともの上つ調子は二千米の距離では期待もたせ難く、残る唯一の候補者は今秋中山の優勝新馬ヤタマの一頭に帰着せねばならない。実際ヤタマの曳馬場の出来栄えもすばらしく目立つて居る。

⑦リンカーンは仕上がり不足、③バンフクは体形的に距離がもたないと判断し、狙いを⑥ヤタマに絞る。ところがそのヤタマにも心配な点があった。騎手の乗り替わりである。中山で勝利した際の鞍上・徳田騎手から

半澤騎手に乗り替わっており、これが「ファン」に不安を生じせしめ、結局馬券は購入しなかった。結果はその⑥ヤタマが「古馬の一群に後塵をあびせ通して快勝」し、三一六三票中わずか一二五票の投票であったため二百円という大穴が飛び出したのである。当時払い戻しは十倍までという規定があるため、いわば「〝半澤〟騎手による〝十倍返し〟」が飛び出したのである。この結果をみた「ファン」は以下のように述べた。

大穴は唯まぐれ当たりに過ぎないと見逃してはならない。斯様な組合せで、たとい半票でも四分一でもヤタマの穴をおさえ得なかったことは馬券買いとしては恥ずべき卑屈を意味するであろう。（中略）将来のため肝銘すべき不覚である。

その無念は察するに余りあるが、きっと「やられたら、やり返す！」と早速次のレースの検討に移ったことであろう。第六競馬は繋駕速歩競走で、本命馬の単勝三一円（約一・六倍）を的中させ本日初当りを記録する。第七競馬も本線で二七円（約一・四倍）を的中させ調子よく二連勝とした。第八競馬はパスし、第九競馬は本日一番の呼物、いわゆるメインレースであったが、本命馬ナスノの参戦により妙味の少ないレースとなっていた。「ファン」自身は本命続きのレースの流れの中でそろそろ荒れ時を期待したのか、本命馬ナスノを切って、アスベルを買ってしまう。アスベルは第三コーナーで良い足を見せたものの第四コーナーでは失速してしまい、結果はナスノの楽勝で、にもかかわらず荒れるのを期待したファンが多かったためか配当は四三円五〇銭（約二・二倍）もつき、「勿体ない多額」と悔やんでいる。「ファン」の偉いところはここでめげないところで、最終第一〇競馬はきっちり本線のプリモスを「配当の如何に係らず、唯勝つことの快を得るために」的中させている。配当は二六円五〇銭（約一・三倍）とつかなかったが、きっちりと締めてくるところが馬券玄人の妙味を感じさせる。結局この日は四レース中三レース的中、プラス四円五十銭であった。

## 二日目

二日目の一〇月一四日は日曜日であった。「ファン」によると日曜日は一般客が多く、客層が変化してくること、また初日で一着馬が勝ち抜けているので、二日目の一番人気は堅実味に欠けるはずだが、多くの客は前日の成績を過信するので、そこに馬券の妙味があると分析している。

実際、第一競馬は前日二着カシンが圧倒的一番人気となり、実に二九〇〇票中一四六五票という票数を集めたが、本来は二番人気のスヰート、三番人気のユニックと実力は伯仲しており、「誰がみてもこの勝負はユニツク、カシン、スヰト《ママ》ーの三頭の争いに帰着すべきもの」にもかかわらず、一本被りしている様子がうかがえる。「ファン」はスヰートから買ったため馬券は的中しなかったが、ユニックが勝ち、一六五円五〇銭（約八・三倍）の大穴を出している。「ファン」氏の狙いが正しかったのである。

続いて抽選馬甲乙の二レースであったが、「ファン」の相馬眼の高さから見事勝馬を選び出し、九二円五〇銭（約四・六倍）・八二円五〇銭（約四・一倍）という好配当を連続的中させている。第四競馬は各内国産馬五歳以下、二〇〇〇メートルのレースでは栃栗毛の牝馬トップ（票数わずか一七票）が勝ったために不的中。「ファン」の本命クヰンホークがゴール間近で「ダークホースの万一の飛躍」に差されてしまい、悔しい敗戦となった。

第五競馬は九四円(四・七倍)を的中、第六競馬は外し、第七・八は「見」。いよいよ勝負の第九競馬は①キンケイ、②アスベル、③ガエイ、④フレスノ、⑤コウエイ、⑥ヨシトミ、⑦コーチ、⑧ミスセント、⑨クモムラサキの九頭立てであった。有力馬は①から⑥で、いずれも甲乙つけがたかったが、一番人気は⑤コウエイで、ついで①キンケイ、②アスベル、⑥ヨシトミが続いた。「ここでは昨日のアスベルの第三カーブの足を思い起した」「ファン」は、②アスベルを購入する。四コーナーから先頭に抜け出すアスベル。追い込む一番人気の⑤コウエイ。決勝線間近でもつれ込み、結果は際どいものとなった。結果は同着で、コウエイは二三円(約一・二倍)、アスベルは五六円(約二・八倍)となった。最終の障害レースを「見」した「ファン」のこの日の成績は、七レース中四レース的中、差引一八五円のプラスで、馬券巧者ぶりを発揮している。

もちろんこの「日記」が創作である可能性も考えられるし、競馬ファンというものは勝ったときの話は景気良くしたいサービス精神旺盛な人種なので、日記の内容も「盛った」可能性も否定できない。ただ、パドックでの観察や、昨日見たレースの脚色から本日の勝馬を推理するなど、現在にも通じるようなオーソドックスな競馬の予想がなされていることがわかる。この「予想行為」こそが、競馬の持つ「娯楽」の要素の中でももっとも魅力あるもののひとつなのであり、馬への理解を深める「馬事思想の涵養」という国策に合致していたのである。

## 競馬の性質変化

大正一二年三月、競馬法の成立とともに、従来の競馬管轄部署であった陸軍省馬政局は廃止され、農商務省畜産局が管掌することとなった。こうした変化は、各競馬倶楽部に大きな影響を与えることとなった。農商務省は、第二次馬政計画の立案に際して、以下の如く綱領を策定した〔農林省編『馬政第二次計画』〕。

第二期計画綱領説明

（第一略）

第二　全国に於ける総馬数は国防上及産業上の見地より少くとも百五十万頭を維持する必要あるを以て軍事上の要求に悖らざる範囲に於て将来努めて経済上有利なる馬種の生産を奨励すると共に一面種牡馬の保護、牧野の改良維持、利用法面の開拓、取引の改善、衛生施設等助長奨励の方策を講じ以て必要馬数の維持を図らんとす（後略）

あくまで「軍事上の要求」を第一義としながらも、経済的に有利な馬種の生産も奨励するという立場を鮮明にしたのである。これを受けて、競馬法成立後、秋季競馬開催を目前にした大正一二年一一月一五日、阪神競馬倶楽部常務理事・中龍児は以下のように発言している〔『阪神競馬倶楽部三十年沿革史』〕。

珠《こと》に競馬の監督を陸軍省より農商務省に移管された今日、政府の馬に対する方針は明らかに変わってきたのであります。即ち従来、陸軍省の軍事行政では、軍事上の要求を第一の主眼とし、夫れに産業上の要求を加味したものであって、聊《いささ》か強制保護的傾向も含まれていたのでありますが、農商務省では主として産業行政の官庁であるから、自由開放的の傾向を認むるであろうと思います。即ち競馬に対しても強制力を加えない。倶楽部の自力に待つという趣旨で、単に導いて目的地に達せしむる方針であるとは、当局者の明言する所であります。此の民衆化と申しましょうか。従来とは全く行き方の違った方針で競馬法を運用すると云う、民間の覚悟を要するのであります。

そこには、陸軍の軍事行政から脱して「自由開放的」な農商務省のもと、自主的な倶楽部運営を実施していこうという自負があふれている。各競馬倶楽部も同様の傾向を持っていたことは、座談会の場における中西信吉の以下の発言からもうかがえる〔『近代競馬の軌跡』〕。

そういう意味では、倶楽部時代の役所と倶楽部の関係は、さっき言ったように、日割りだけは競馬協会で調整して徹底をみるんだけれども、その後、その日割りにのってどういう競馬をやるかというのは、倶楽部独自の意見ですよ。その場合に、役所からこういうことをやれという指導もある。たとえば今の長距離・重負担というようなことも、これは大分戦争に近くなってからだけれども、そういう指導があるわけです。それに対して倶楽部の当時の幹部が、納得がいかなければ、なかなかうんと言わないんですよ。相当抵抗しているんですよ。それはどこの倶楽部も、大なり小なりそうだったんじゃないかと思うんだ。悪い意味でないボスが経営しているんだから。そう簡単にお役所の言う通りにはならないんだ。

こうした矜持を胸に秘め、各競馬倶楽部首脳は馬券禁止時代の鬱憤を晴らすべく、より早いスピードの、具体的にはサラブレッドを中心とする、魅力的な競馬を実施していくのである。織田作之助が描いたように、競馬の予想はそれこそ血統、調教タイム、出遅れや落馬癖の有無、騎手の上手下手、距離の適不適、ひいては内部情報まで多くの情報をインプットし、自分なりの結論をアウトプットするという非常に複雑な「知的推理」であった。そして、その「知的推理娯楽」の材料となるデータ類を提供したのが競馬新聞・雑誌であった。

さらに競走体系の整備を進めることで、本来独立して試行される各競走がひとつの流れの中に位置づけられることとなった。すなわち、クラシックに代表される競走体系の整備である。中でもその頂点に位置するものが第9章で詳述する四歳世代（現在だと三歳世代）のナンバーワンホースを決める東京優駿大競走であった。

# 第7章　外地競馬の実態

## 朝鮮の競馬

戦前期においては、朝鮮・台湾などいわゆる「外地」においても競馬が実施された。ここでは、それら外地競馬の実態についてみていきたい。

まず、朝鮮における馬匹《ばひつ》の状況から確認しておこう。朝鮮の在来馬匹は日本の馬匹と同様、矮小であり国防上不適格であったため、馬匹改良は喫緊の課題となっていた。そこで朝鮮総督府は大正五年（一九一六）、水原に朝鮮総督府農事試験場、支場として江原道准陽郡蘭谷面に蘭谷牧場支場を設け、蒙古牝馬に内地産馬を配合し、朝鮮における馬匹改良を実施した。

道路の改修が進み産業が発達し、大型馬の需要が増加すると、総督府は大正八年二月、「馬産奨励に関する件」を出し、朝鮮における馬産の振興を訴えた。そのため総督府は朝鮮鉄道の馬匹輸送運賃を四割引きにし、内地及び満州からの移輸入馬税の撤廃、また補助金を交付し咸陽北道種馬所を設置させ、引き続き朝鮮馬の改良に当たらせた。

朝鮮における馬匹改良方針の特徴は、種牡牝馬ともに移輸入している点であろう【表7―1】。これには、

表7-1　朝鮮における種牡牝馬輸入数（単位：頭）

| | | 輸移入馬数 | | |
|---|---|---|---|---|
| 和暦 | 西暦 | 内地馬 | 満州馬 | 総数 |
| 大正10 | 1921 | 480 | 117 | 597 |
| 大正11 | 1922 | 377 | 215 | 592 |
| 大正12 | 1923 | 300 | 480 | 780 |
| 大正13 | 1924 | 128 | 460 | 588 |
| 大正14 | 1925 | 351 | 298 | 649 |
| 大正15/昭和元 | 1926 | 684 | 439 | 1,123 |
| 昭和2 | 1927 | 428 | 526 | 954 |
| 昭和3 | 1928 | 638 | 338 | 976 |
| 昭和4 | 1929 | 335 | 450 | 785 |
| 昭和5 | 1930 | 287 | 823 | 1,110 |
| 昭和6 | 1931 | 369 | 491 | 860 |
| 昭和7 | 1932 | 627 | 330 | 957 |

『続日本馬政史　二』932頁より作成

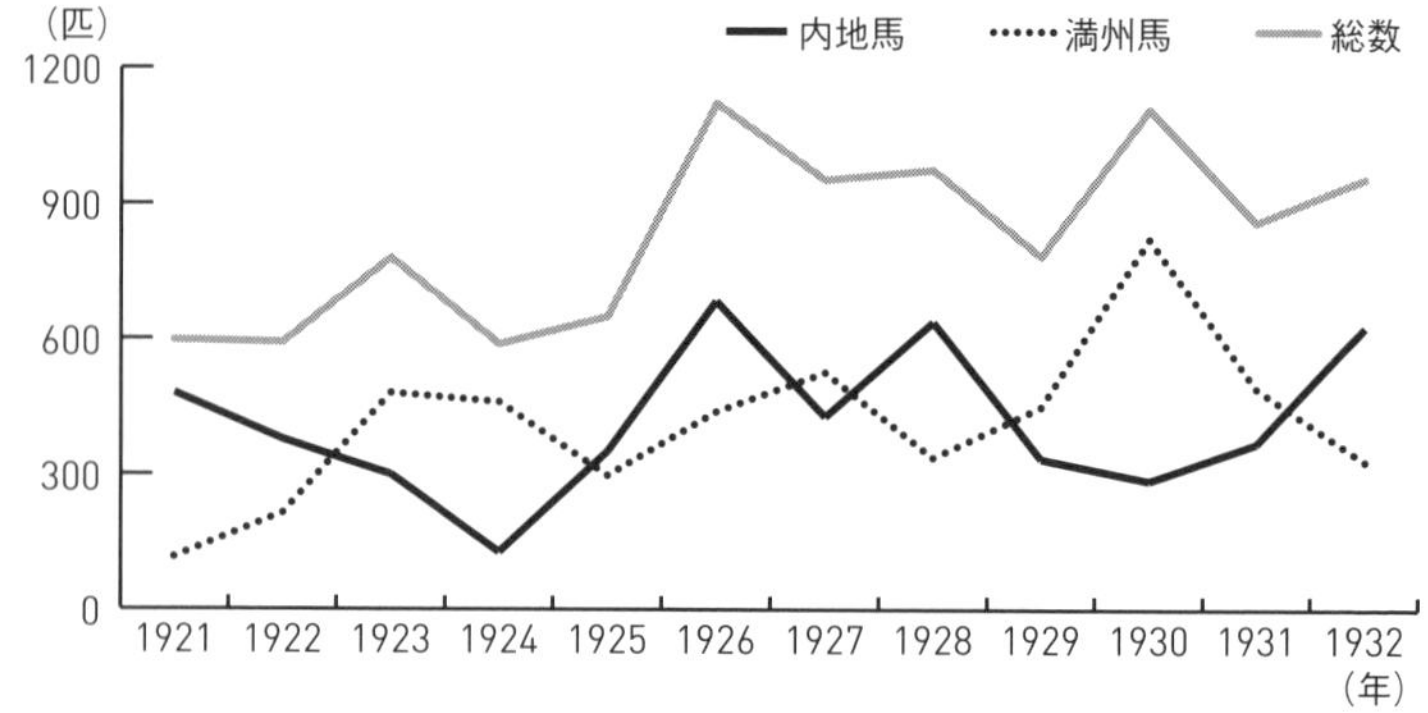


朝鮮在来馬の抱える問題があった。昭和初期、朝鮮には約六万頭の馬匹があったが、その九割を占める在来馬は体高わずか一・一〇〜二〇メートルに過ぎず、ポニーのような体格であった。体格に比して強健ではあったが、これらを基礎として改良をすることは非常に困難であり、結局他より移輸入した牡牝を基礎に改良増殖することになったのである。

こうした生産面の奨励だけではなく、運送業者の馬使用や乗馬の奨励、馬事思想の涵養など、需要面での喚起も行っていたが、その中で最も有効なもののひとつが競馬の実施であった。

朝鮮における競馬は大正七年、漢

江のほとりで開催されたものが最初である。その後大正一〇年まで春秋二回の開催が続くが、馬の改良増殖といった競馬の根本目的にはあまり沿うものでなかったという。

大正一〇年六月、馬の改良増殖と馬事思想の普及を目的とする社団法人設立の認可申請があり、総督府は内容・馬場の設備など馬匹改良上必要な条件を定め、その設立を認可すると各地から同様の申請がなされた。大正一五年、総督府は内規をもって法人の設置個所を左記の六か所と定めた。

(倶楽部名・場所・設立年月日)

朝鮮競馬倶楽部　京城　大正一一年四月
平南レース倶楽部　平壌　大正一三年七月
大邱競馬倶楽部　大邱　大正一五年五月
釜山競馬倶楽部　釜山　昭和二年七月
国境競馬倶楽部　新義州　昭和三年五月
群山競馬倶楽部　群山　昭和三年五月

しかし、これら競馬倶楽部の影響を受け、認可を受けない競馬の施行が横行したため、昭和七年三月朝鮮競馬令が発布された。これにより、民法第三十四条による公益社団として認可を受けた団体にのみ競馬の施行が許されることとなった。

表7-2　朝鮮における勝馬投票券売上高（単位：円）

| 和暦 | 西暦 | 倶楽部数 | 勝馬投票券発売額 | 1倶楽部当たり発売額 |
|---|---|---|---|---|
| 大正14 | 1925 | 2 | 170,208 | 85,104 |
| 大正15/昭和元 | 1926 | 2 | 256,734 | 128,367 |
| 昭和2 | 1927 | 3 | 635,326 | 211,775 |
| 昭和3 | 1928 | 5 | 1,283,988 | 256,798 |
| 昭和4 | 1929 | 6 | 1,878,860 | 313,143 |
| 昭和5 | 1930 | 6 | 1,658,799 | 276,467 |
| 昭和8 | 1933 | 6 | 1,708,512 | 284,752 |
| 昭和9 | 1934 | 6 | 2,276,619 | 379,437 |
| 昭和10 | 1935 | 6 | 2,833,669 | 472,278 |
| 昭和11 | 1936 | 6 | 3,697,245 | 616,208 |
| 昭和12 | 1937 | 9 | 5,088,242 | 565,360 |

大正14 ～昭和5年までは神翁顕彰会編『続日本馬政史　二』1963、942頁
昭和6·7年は欠、昭和8 ～ 12年は『朝鮮総督府時局対策調査会諮問案参考書　第2·３分科会』（朝鮮総督府時局対策調査会、1938）43頁

朝鮮における勝馬投票券売上高

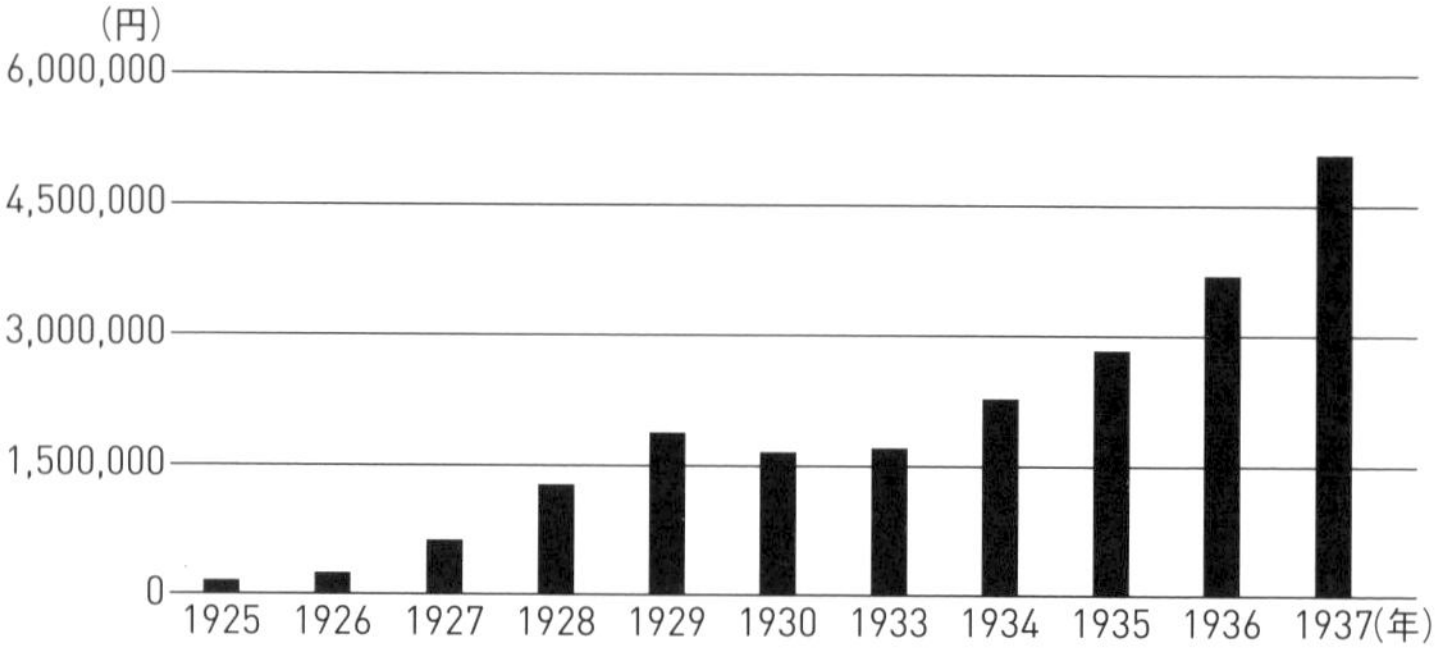


馬券については、競馬令制定以前は内地の地方競馬と同様、一枚二円から三円程度の勝馬投票券の発売を許可していた。【表7―2】のとおり倶楽部の増加もあるものの、大正末年から昭和一二年にかけて、わずか十数年の間に勝馬投票券発売額は約三〇倍にも達しており、人気を博している様子が見てとれる。

昭和七年の朝鮮競馬令は、競馬法に準ずるものであり、一回八日以内の競馬を年二回（特別の事由ある際は三回）開催することができるなど共通点もあったが、勝馬投票券の最低券面金額を五円から二円に下げ、控除率を二〇パーセント（内地は一五パーセント）とするなど相違点もあった。

三着までが的中となる複勝が導入されると馬券の売上は急速に伸び、昭和一二年には新たに咸興・清津・雄基の三場が認可され合計九場体制になり、売上は五〇〇万円を突破した。新馬券の魅力は外地においても変わらなかったのである。

幼少期を平壌ですごした作家の五木寛之《いつきひろゆき》は小学校三・四年生の頃に父親に競馬場に連れて行ってもらったと回顧している（『風に吹かれて』）。五木の父は教員を養成する学校につとめていた教育者であったため、「他人に競馬場に行ったなどと言うんじゃないぞ」と周囲の目を気にしており、このあたり、帝国議会で教員が馬券を買うことの是非について論議されていたことを想起させ興味深い。五木の父はインテリらしくデータ馬券派のようで、「切り抜きで魚の腹のようにふくらんでいる」分厚い大学ノートをスタンドで駆使し、「何やら計算をしてはマークをつけていた」らしい。幼かった五木は、あまりはっきりと記憶はしていなかったようだが、「向こう正面のアカシアの花の下を、原色の騎手の帽子がチラチラ見え隠れに走る風情は、抒情的な風景でさえあった」と述べ、往年の平壌競馬場の風景を知ることができる。五木は、ゴール直前でトップを走っていた馬が不意に崩れるように転んだ際に、観客によって発せられた「哀号ー！（アイゴー）」という「絶えいるような叫び」が特に印象に残っていると記している。

## 台湾の競馬

台湾における近代競馬は、昭和三年一一月、国内の地方競馬規則に準じた形で台北馬事協会主催によって開催された競馬をもってその嚆矢とする。ただし、朝鮮が約五万頭、樺太が一万頭の馬匹を擁していたのに対し、

**表7-3　台湾における勝馬投票券発売額**

| 和暦 | 西暦 | 倶楽部数 | 勝馬投票券発売額 |
|---|---|---|---|
| 昭和3 | 1928 | 1 | 6,550 |
| 昭和4 | 1929 | 4 | 104,728 |
| 昭和5 | 1930 | 6 | 268,620 |
| 昭和6 | 1931 | 7 | 342,586 |
| 昭和7 | 1932 | 6 | 600,702 |
| 昭和8 | 1933 | 6 | 882,127 |
| 昭和9 | 1934 | 6 | 984,910 |

**台湾勝馬投票券発売額**

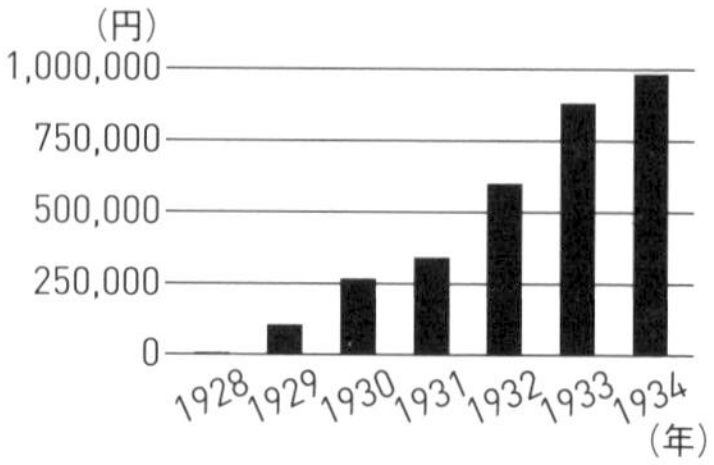


農林省畜産局編『外地及満州国馬事調査書』1935、131頁より作成

台湾には昭和三年段階で二八〇頭ほどしかおらず〔『馬政統計』〕、馬産が根付いていたわけではなかった。そうした中、台北圓山運動場を利用し、出走馬四一頭で競馬が開催された。そのうち半分以上は騸馬《せんば》であり、年齢も八歳以下はわずかに四頭、一四歳以上の老齢馬が二六頭を占めるなど能力的に疑問符のつく出走馬であったが、軍馬の障害飛越などの競技も行われ、非常な人気を博したという。

　これがきっかけとなり、翌昭和四年春季には嘉義・台南、秋季には台中・屏東において競馬が開催され、さらに新竹・高雄も加わり競馬場の数は一時七場にも増加した。昭和六年秋より新竹は休止になったため、その後は六場体制で春秋二季に実施されている。昭和八年には台湾競馬協会が組織され、内地の地方競馬規則に準じた競馬施行規則の統一が図られた。画一化したルールの下で競馬が実施されるようになると、売上は【表7―3】のように順調に伸びていった。売上が伸びると賞金も増加し、出走馬匹の質も改善された。それを示しているのが【表7―4】である。これを見ると、昭和三年時は出走馬のほとんどを占めていた騸馬が昭和九年に至ってはほとんど姿を消していることがわかる。騸馬は種馬にすることができないため、競馬を実施する本来の主旨のひとつである種馬選定とは相反するものであった。また、八歳以下の出走馬が一〇%程度だったものが九〇%近くにまで増加するなど、出走馬の改善も進捗していることがうかがえよ

**表7-4　台湾競馬出走馬の変化**

| 和暦 | 西暦 | 季 | 牡 | 牝 | 騸 | 8歳以下 | 9歳以上13歳以下 | 14歳以上 |
|---|---|---|---|---|---|---|---|---|
| 昭和3 | 1928 | 秋 | 5 | 5 | 31 | 4 | 11 | 26 |
| 昭和4 | 1929 | 春 | 5 | 13 | 44 | 16 | 19 | 27 |
| 昭和4 | 1929 | 秋 | 7 | 18 | 45 | 33 | 18 | 19 |
| 昭和5 | 1930 | 春 | 15 | 16 | 66 | 40 | 26 | 31 |
| 昭和5 | 1930 | 秋 | 17 | 16 | 50 | 42 | 15 | 26 |
| 昭和6 | 1931 | 春 | 23 | 19 | 43 | 47 | 18 | 20 |
| 昭和6 | 1931 | 秋 | 28 | 24 | 31 | 53 | 16 | 14 |
| 昭和7 | 1932 | 春 | 35 | 27 | 34 | 65 | 10 | 21 |
| 昭和7 | 1932 | 秋 | 41 | 32 | 23 | 76 | 11 | 8 |
| 昭和8 | 1933 | 春 | 59 | 31 | 21 | 85 | 18 | 8 |
| 昭和8 | 1933 | 秋 | 74 | 36 | 17 | 112 | 9 | 6 |
| 昭和9 | 1934 | 春 | 76 | 41 | 12 | 118 | 9 | 2 |

農林省畜産局編『外地及満州国馬事調査書』1935、133頁より作成

**出走馬の性別変化**

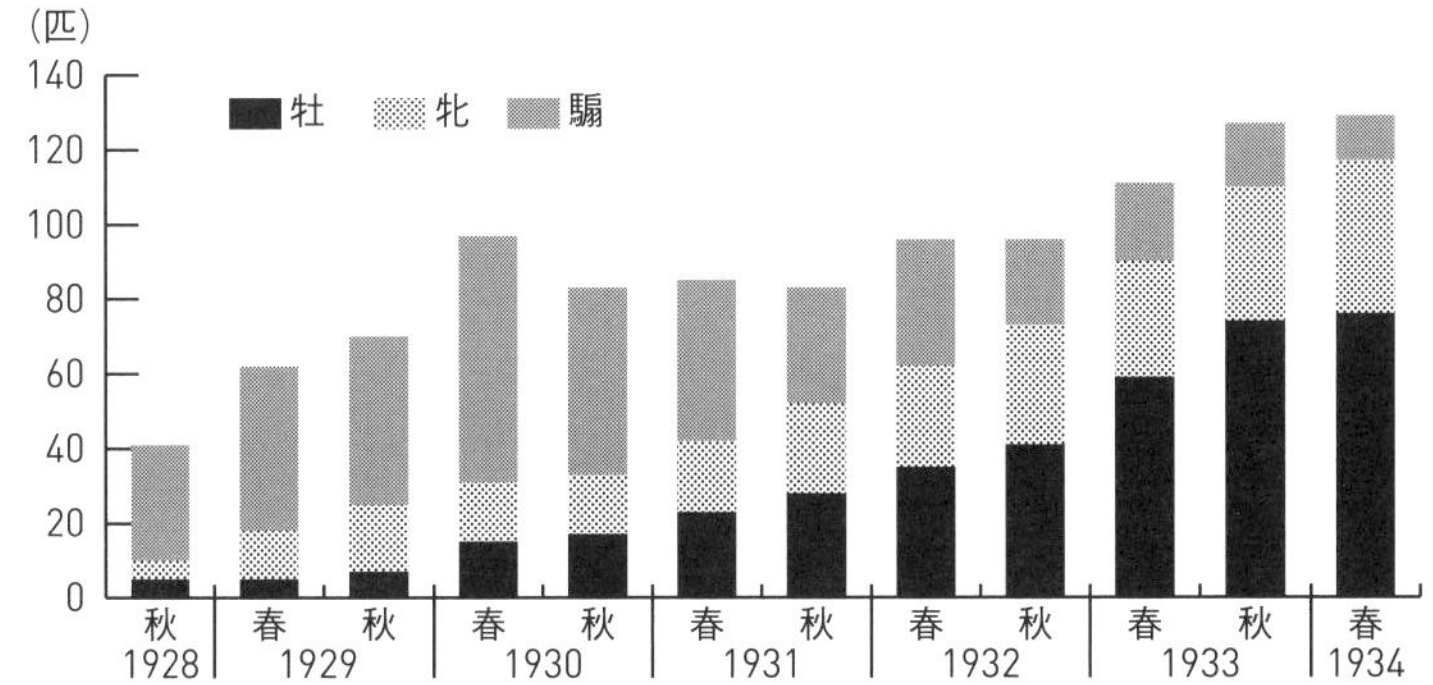


**出走馬の年齢割合**

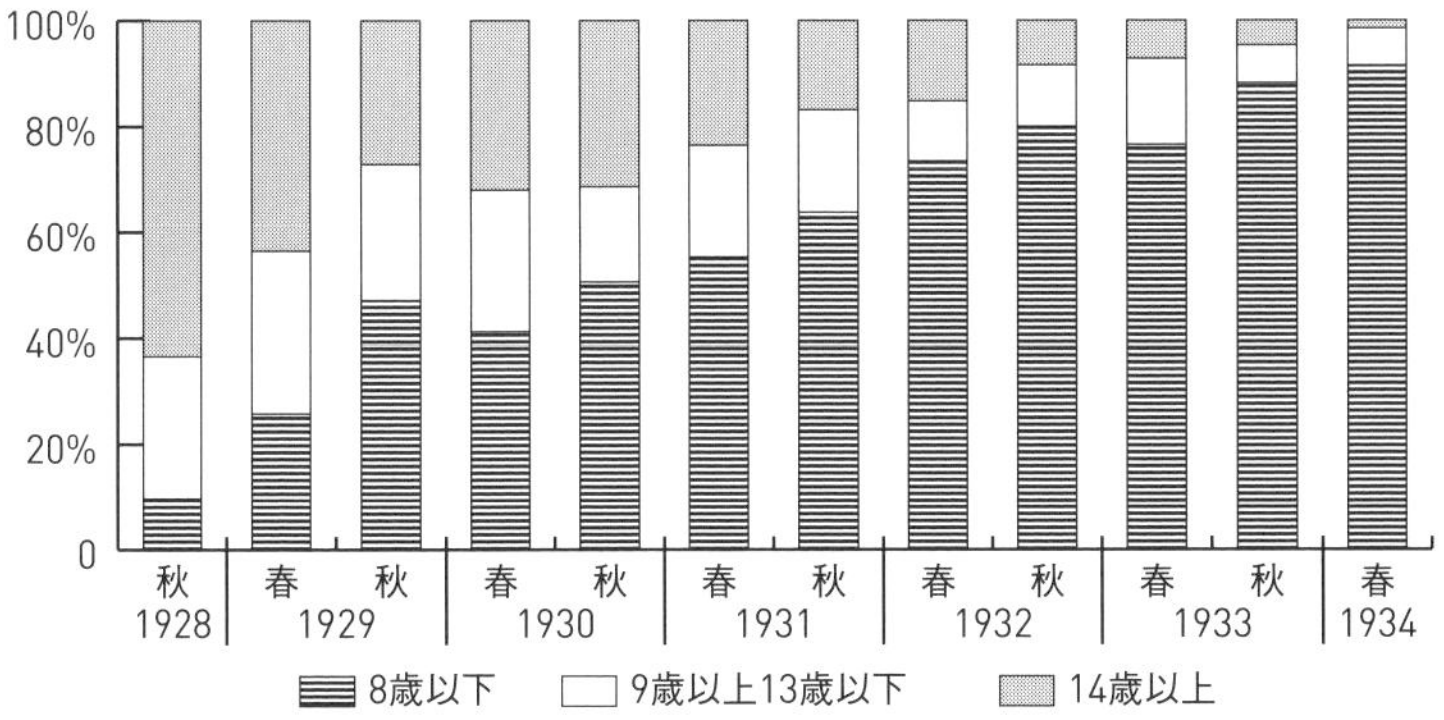

う。

馬産が盛んでない台湾において、畜力の主役は水牛であった。昭和八年、馬が三四七頭に対し水牛は三〇万頭、黄牛で七万頭を超えており、牛は台湾の役畜の主力であった。そうした環境下において、台湾馬政計画に基づき馬の増産が進められていく〔「植民地畜産部門から再考する戦前昭和期の資源増産計画」〕。昭和一一年からの第一期一〇年の計画では九千頭、昭和二一年からの二期からの二〇年の計画では実に一一万頭の馬匹を増産するプランが練られていた。こうした急激な馬匹改良計画を進めて行く上で競馬は重要な位置を占めた。実際に台湾馬産を視察した技師の報告書にも競馬は取り上げられており、馬産振興と関わりの強さをうかがわせる。

朝鮮において昭和二年から一一年にかけて馬匹数が七千頭あまり減少したのに対し、台湾では約二百頭から六百頭超に増加しており、着実に馬産が進展していることがうかがえる。若駒の増加は競馬のスピード化につながり、競馬の興行面にも大きく寄与したと思われる。統一したルール、出走馬の改善を成し遂げた台湾競馬の売上が増加するのも納得できよう。

昭和一三年五月、台湾競馬令が公布された。競馬法では五円以上と決められていた勝馬投票券の金額も、「馬事思想未だ普及せず競馬に対する興味乏しき」ために「朝鮮の例にならい」二円とされた。また、一人につき単勝・複勝各一枚を発売するという制限も、「台湾の特殊事情」により、台湾総督への委任事項として、事実上複数の購入が許されていた〔「台湾競馬令」〕。なお控除率は朝鮮と同様の二〇%とされている。

## 関東州の競馬

日露戦後の明治三八年、ポーツマス条約にもとづき関東州の租借権をロシアより獲得した日本は、翌三九年九月関東都督府を旅順に置き、関東州の支配を進めたが、当地における競馬はロシア支配時代の明治三三年四月に正会員九五名を有する関東競馬協会という競馬団体によって開催されたのがその始まりである。日本が支配権を握ると、上海や天津といった他の欧米人経営の競馬場の刺激を受けて、大正六年に競馬開催の出願があったがこれは許可されず、大正八年から大連市において有志による大連乗馬会という団体が生まれ、翌年から馬事思想普及の名目をもって軍馬一七頭による花競馬を実施した。勝馬投票券一枚一円、最高配当は五倍を限度とするもので、これが日本治世下における競馬の草分けである。

大連乗馬会の競馬は一周三二〇メートル程の馬場を使用しており、急ごしらえの感が否めなかったが、関東州に競馬会結成のブームをもたらした。同じく大連市で遼東競馬倶楽部が結成され、幅一五間、一周一六〇〇メートルの大規模な競馬場を周水子に設置した。大正九年に第一回競馬を開催し、入場券は一一円（福券五枚付）、五円（福券二枚付）及び三円（福券一枚付）の三種が発売された。福券とは、内地における景品券のことで、当時はまだ競馬法が成立していなかったため、景品券競馬と同様の手法を取っていた。控除率は三割で、大正一二年まで開催された。

大連市にはもう一つ、大正一二年に満蒙馬匹改良協会が設立され、老虎灘競馬場で第一回競馬を開催した。周水子競馬場、大連乗馬会、青島競馬会のものも参戦し、勝馬投票券は一枚一円で発売され、三日間で約二三万円を売り上げたという。

また同年、極東周報社という団体が星ヶ浦台山地前耕地三千坪を借り受け、幅十間、一周八〇〇メートルの馬場および観覧席を急造し、満蒙馬匹協会の後援を得て「民衆競馬」と名乗り実施した。入場券は甲種一一円（福券五枚付）、乙種七円（福券三枚付）、丙種三円（福券一枚付）の三種を発売していた。控除率は二割と遼東競馬倶楽部より安く、配当率二〇円を超える時は二着馬にも払い戻しを行うなど良心的であり、これらが功を奏したのか入場者の総数三万人、売上金額は二七万円にのぼるなど、かつてない盛況をもたらせた。

このように関東州に競馬熱が高まる中、大正一〇年には「関東州競馬令　馬券を発売する」（『読売』T10・10・7）とあるように、関東庁は現金での馬券発売を許可する方向性を模索していた。その骨子案では、競馬場の経営は一定資格者の法人にのみ認可し、馬券は一競馬一人一枚、一〇円を標準としており、二年後に成立する競馬法とほぼ同内容となっている。あるいは試験的に外地で先行実施する思惑があったのかもしれないが、いよいよ閣議決定直前の同年一一月四日、首相の原敬が東京駅で暗殺されてしまい、保留となってしまったのである。実際の制定は大正一二年の競馬法成立後で、七月九日に勅令三四〇号「関東州に於ける競馬に関する勅令」が公布された。これにより関東州においても競馬法に準拠した法人一か所を認可することになり、各種団体が整理統合され、大連競馬倶楽部が設立・認可された。ところが、天津や上海といった他の大陸競馬場と異なり、内地の競馬法に準拠したものであったため、発売枚数や払い戻しに制限があり、いわゆる大陸の気風にそぐわなかった。そのため、昭和四年頃までは売上は一進一退を繰り返していた。

では他の大陸競馬場はどのようなものだったのであろうか。ここでは上海の競馬を例にあげて確認していこう（『上海印象記』）。上海の競馬は「上海行楽中の随一」とされ、盆と正月と祭りを一緒にしたような盛り上がりをみせていた。競馬場の場所は二か所、租界競馬と江湾競馬である。租界競馬の場合、抽選で馬の番号を決めるガラの大当たりで「十弗が二十数万円」になるなど配当は無制限であり、競馬開催日は銀行や会社まで休業日になると言われていた。実際に江湾競馬場で「半狂乱で馬券を買って『勝った』『負けた』と言っている風景を見た筆者の三宅《みやけ》孤軒《こけん》は「純然な賭博」と感想を残している。馬券売り場は整然としており、一〇〇円分買うには五円の馬券を二〇枚買わないといけないが、すでに一枚で一〇〇ドルの馬券もできており、「何の事はない公開賭博場」で、老若男女の区別なく血走った目で予想している様子を描いている。ただその予想の記述は「次の馬の名と騎手の名と、前年の成績表―本になって居る―とを見競べて」とあり、以前の成績や騎手が予想のキーファクターになっているとともに、様々な階層が競馬場に来て競馬を楽しんでいる様子がうかがえよう。三宅はあまり競馬には興味がなかったのか、馬券を買わずに見ているだけなら三レースぐらいで充分で、宿で風呂に入った方がまし、と結んでいる。

このように、大陸における他の競馬場では発売枚数・払い戻しが無制限であり、制限がある大連競馬は対抗できなかったのである。

なお、昭和一七年、日本占領下における香港においても競馬が実施されている。「明朗香港に競馬も復活磯谷総督の贈物」〔『読売』S17・4・26〕では四か月ぶりに復活した競馬が紹介されており、午後からにもかかわらず早朝から殺到するファンの熱狂ぶりを伝えている。「出場馬は更生香港競馬にふさわしく従来の英国式の馬名はすっかり支那名に変られ」と外国風の表記が改められている点は戦時下を思わせるが、戦局が悪化するまでは占領地にて居留民慰留のために競馬を実施していた。

【表7―5】をご覧いただくとわかるように、大正一四年までは入場人員・勝馬投票金額も急激に右肩上がり

**表7-5　大連競馬場入場人員及び勝馬投票金額売上額**

| 和暦 | 西暦 | 開催日数 | 入場人員 | 勝馬投票金額売上額 | 1日当たり売上額 | 1人あたり購買額 |
|---|---|---|---|---|---|---|
| 大正12 | 1923 | 8 | 9,352 | 162,015 | 20,252 | 17.3 |
| 大正13 | 1924 | 12 | 22,598 | 411,290 | 34,274 | 18.2 |
| 大正14 | 1925 | 16 | 46,688 | 583,451 | 36,466 | 12.5 |
| 大正15／昭和元 | 1926 | 16 | 53,563 | 609,087 | 38,068 | 11.4 |
| 昭和2 | 1927 | 16 | 49,939 | 668,607 | 41,788 | 13.4 |
| 昭和3 | 1928 | 16 | 51,806 | 677,621 | 42,351 | 13.1 |
| 昭和4 | 1929 | 22 | 45,039 | 956,799 | 43,491 | 21.2 |
| 昭和5 | 1930 | 24 | 48,309 | 1,109,560 | 46,232 | 23.0 |
| 昭和6 | 1931 | 24 | 69,644 | 1,213,755 | 50,573 | 17.4 |
| 昭和7 | 1932 | 30 | 117,291 | 1,622,505 | 54,084 | 13.8 |

農林省畜産局編『外地及満州国馬事調査書』1935、297頁より作成

**大連競馬場入場人員及び勝馬投票金額売上額**

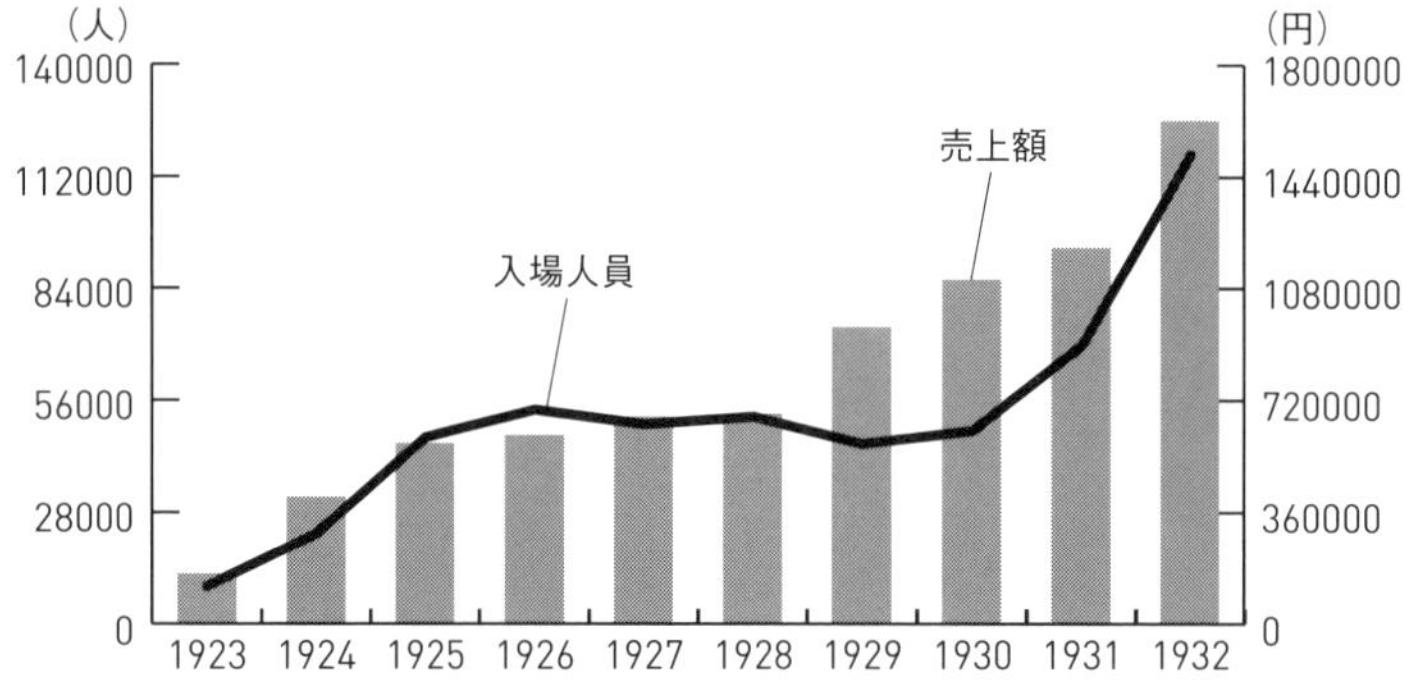


であるが、そこから数年は停滞しており、再び右肩上がりに転じるのは昭和四年からであることがうかがえる。これは、競馬法の改正による開催日数の増加、複勝式馬券の発売に加え、関東庁でも景品付入場券の発売といった競馬振興策を企図したことに由来すると思われる。「搖採票」と呼ばれたこの入場券は、大・中・小の区分があった。大は開催中一回、中は一日一回、小は競走ごとと発売機会がそれぞれ違い、金額も賞金も異なっていた。大連競馬の場合、大は一枚三円で、開催中を通じて販売され、最終日の正午に締め切られた。金額は若干の差はあるが、一等は四万円（一本）なので約一万三千倍、

現在の宝くじ三〇〇円だと一等賞金四〇〇万円ということになる。続いて二等一万二〇〇〇円（一本）、三等一万円（一本）と続き、五等まであった。それぞれの番号の前後賞もあり、例えば一等前後賞は六〇〇〇円（二本）あった。

**表7-6　昭和6年大連競馬景品券付入場券**（単位：円）

| 景品券付入場券区分 | 発売金額 | 配当金額 | 差引収益 |
|---|---|---|---|
| 中 | 58,352 | 38,630 | 19,722 |
| 大 | 212,043 | 117,500 | 94,543 |
| 合計 | 270,395 | 156,130 | 114,265 |

農林省畜産局編『外地及満洲国馬事調査書』より作成

　それでは当選番号はどのように決められたのであろうか。「大」の場合にそって確認していこう。景品付レースは開催中一回のみ実施され、出走馬の馬番号に対し、抽選を行うことで入場券番号の当選番号を決定し、競走を実施することで「各馬入着順及次位到着順に従い各等景品受領者を決定」した〔『外地及満洲国馬事調査』〕。すなわち本規定から読み取る限り、抽選して確定した五つの当選番号を馬に割り振り、その馬の着順により一から五等を決定する仕組みであったことがわかる。

　払い戻しが一〇倍までと制限されている中で一万倍を超える払い戻しは、大陸のファンの購買欲をさぞ刺激したことであろう。昭和六年の景品付入場券の発売金額は【表7―6】のとおり二七万円余り、差引の収益は一一万円を超えていた。勝馬投票券の売上が約一二一万円なので、その二割が入場券の売上であったことがうかがえる。昭和五年からの売上の増加には、この入場券付景品券の導入が大きい役割を果したのである。

　そしてもう一つの課題は出走馬の問題であった。大連競馬への出走馬は多くが上海・青島・天津といった競馬場からの転戦馬に満蒙馬が加わる構成となっており、植民地における各競馬場の「人馬流」の活発さをうかがわせる。しかしこの転戦馬の多くが騸馬であったために血統更新につながらず、これが大陸における馬匹改良事業と位置付ける関東軍にとっては課題となったのである。

また関東州ではもう一か所、昭和七年から旅順においても競馬が実施されていた。しかし大連と比較して小規模であり、出走馬も在郷馬が多く、地方競馬のような様相であった。一円券および五円券の単複併用で勝馬投票券が発売され、売上は約九万七千円、景品付入場券は六万三千円余りを売り上げており、総収入は一六万円を超えていた。結果差引二万円ほどの剰余金を得たが、そのうちの半分を社会事業などに寄付している。中でも満州警察協会へ七千円、旅順警察集会所へ五百円と警察関係への寄付が多く、総額九千八〇円のうち八二・六％を占めており、場内の治安維持も含め警察への配慮を欠かしていないことがうかがえる。

昭和一三年、「関東州に於ける競馬に関する件」にかわり関東州競馬令が出された。これまでの勝馬投票券の最低金額が五円であったものを一円と引き下げ、控除率を一五％から二〇％と引きあげている。

## 樺太の競馬

朝鮮、台湾、樺太、関東州、南満州鉄道附属地、南洋群島（委任統治領）といった当時の日本の外地において、馬の飼養数の一位は朝鮮の五万頭前後、二位は意外にも樺太で一万二千頭程を数えていた。【表7―7】

大正一一年、陸軍が樺太における将来の軍馬補充などを念頭に作成した「将来の馬政に関する件」（防衛省防衛研究所蔵）では、樺太が馬産に向いている理由を列挙しており、将来には牧畜が林業・漁業と並ぶ「我邦の宝庫をなすものと云うべし」と記している。また、競馬についても「競馬は他に娯楽の少なきと北海道・東北地

**表7-7　外地馬匹数（単位：頭）**

| 和暦 | 西暦 | 朝鮮 | 台湾 | 樺太 | 関東州 | 南満州鉄道附属地 | 南洋群島（委任統治） |
|---|---|---|---|---|---|---|---|
| 昭和2 | 1927 | 58,866 | 216 | 9,644 | 5,576 | 1,942 | 17 |
| 昭和3 | 1928 | 57,500 | 279 | 12,149 | 5,817 | 2,260 | 20 |
| 昭和4 | 1929 | 58,826 | 305 | 13,482 | 6,325 | 1,815 | 19 |
| 昭和5 | 1930 | 55,826 | 305 | 12,490 | 6,014 | 2,094 | 21 |
| 昭和6 | 1931 | 54,100 | 301 | 12,432 | 6,842 | 2,315 | 33 |
| 昭和7 | 1932 | 53,887 | 333 | 13,623 | 6,616 | 3,353 | 34 |
| 昭和8 | 1933 | 52,924 | 347 | 13,434 | 7,134 | 3,633 | 34 |
| 昭和9 | 1934 | 53,804 | 411 | 13,415 | 7,511 | 3,436 | 38 |
| 昭和10 | 1935 | 52,608 | 533 | 12,128 | 7,351 | 3,325 | 45 |
| 昭和11 | 1936 | 51,560 | 637 | 12,468 | 7,244 | 3,263 | 47 |

『馬政統計』馬政局、各号より作成

方より移住したる者多く、従て一般に馬の趣味を有するとに因り、各地に於て盛に行はれ、是が為優良馬匹の所有を促がすこと大なるものありと云う」と述べられている。すなわち、北の孤島の数少ない「娯楽」として、また馬産地からの移住者が多いことから、競馬が盛んに開催されていることがうかがえる。

日露戦争後、南樺太を獲得した日本は、明治四〇年から競馬を実施していた。ただし馬券の発売については特段規制がなかったため、事実上無制限で実施されていたようである。昭和四・五年頃には大小の競馬場が二〇余り濫設され、弊害が大きくなったため昭和七年樺太庁令第十三号として競馬規則を制定した。これは「優勝馬投票」を伴ういわゆる「景品券競馬」であった。この競馬規則は二年後の昭和九年に改正され、現金での発売・払戻が認可された。昭和八年秋季成績では樺太競馬会が三日間の開催で入場者四九三八人、一万八八四四円の入場料があり、恵須取・知取・留多加といった樺太の競馬会の中ではもっとも売上があったようである。

## 鰻香馬券

すこし話が逸れるが、樺太競馬にまつわる興味深い話を紹介しよう。大正三年一一月、樺太庁長官岡田文次《おかだぶんじ》は内務省警保局から「馬券発行に関する件　照会」として、「本件に付、神戸新聞に別紙の通記載有之、之に対する事実参考迄に承知致置候まで」と馬券の発行の実情について照会を受けた。

記事は、「樺太に大疑獄走らん　竹内拓殖部長等馬券発行の計画」という大仰な見出しで、その内容は平岡《ひらおか》定太郎《さだたろう》前長官（作家三島由紀夫《みしまゆきお》の祖父）の残党、山縣喜一郎・川西幸八らといった連中が共謀し、拓殖部長竹内友《たけうちとも》二郎《じろう》を会長とした競馬会を開催し、馬券発行計画があることを樺太裁判所検事局が探知しており、近いうちに手入れが入る、といったものであった。照会を受けた岡田長官は警保局長安河内麻吉《やすこうちあさきち》にあてて以下のような回答を行った。

この年の六月二〇・二一日に豊原競馬場で開催された臨時競馬において、豊原の遠藤米七という人物が大泊の有志者との間で賭けを行った。その際、角万料理店の料理券一枚を鰻《うなぎ》五人前の五円とし、これを競馬の勝敗に賭けたが、大泊側の勝利となり、遠藤は鰻券二三枚、代金一一五円の負けとなった。その夜、遠藤は角万料理店に大泊・豊原両方の関係者を招き宴会を開催した。結局一一五円の負担では足りず、残りは列席者で割り当て分担したという事件（①）である。

また本年の七月一一・一二日、今度は大泊競馬において青木勘太郎というものが一枚五円の料理券を発行し、一枚あたり五十銭の手数料を徴収し六〇枚を発売（②）している。

八月二四・二五日も再び豊原競馬において角田祥三なる人物が一枚五十銭の手数料を徴収し一枚あたり五円の鰻券を発売（③）していた。これら三件は関係支庁において検事へ送致し、目下取調中であるが、競馬会とは全く関係なし、という報告であった。

この三つの案件は食事代金を賭けた①と②③では趣きが異なる。①などは人気バラエティの「ゴチになります」のようであり、②③はすでに始まりつつあった内地の景品券競馬の一類型のようであった。

## 満州の競馬

満州の競馬についてはすでに山崎有恒《やまざきゆうこう》による先行研究があり、それらを参考に紹介していこう。満州において最大の娯楽は映画であったが、これはむしろ女性向けの娯楽であり、男性向けとしては「飲む」「打つ」「買う」がストレス解消の娯楽として考えられていた。しかし、「飲む」娯楽が徐々に「買う」娯楽と融合し、また盛んになっていったために、当局は風紀を乱すものとして取り締まりを進めていた。そこで浮上したのが「買う」娯楽で、昭和一〇年台には空前の満州旅行ブームが起きており、その中の行楽地のひとつとして競馬場が挙げられていた。

それほどまでに観衆を引き付けた満州の競馬とはどのようなものだったのであろうか。それは、内地の競馬や他の植民地とは全く異なる「新天地」の競馬であった。

これまで述べてきたとおり、内地の競馬は一人一競走一枚五円から二〇円、払い戻しは一〇倍まで、といった厳しい制限のもとようやく認可されていた。払い戻しに景品券が認可された地方競馬においても、販売額は二円と安いものの一人一競走一枚、払い戻し制限は同様であった。それは他の植民地、台湾・朝鮮・樺太においても同様で、内地の厳しい制限に準じたものであった。

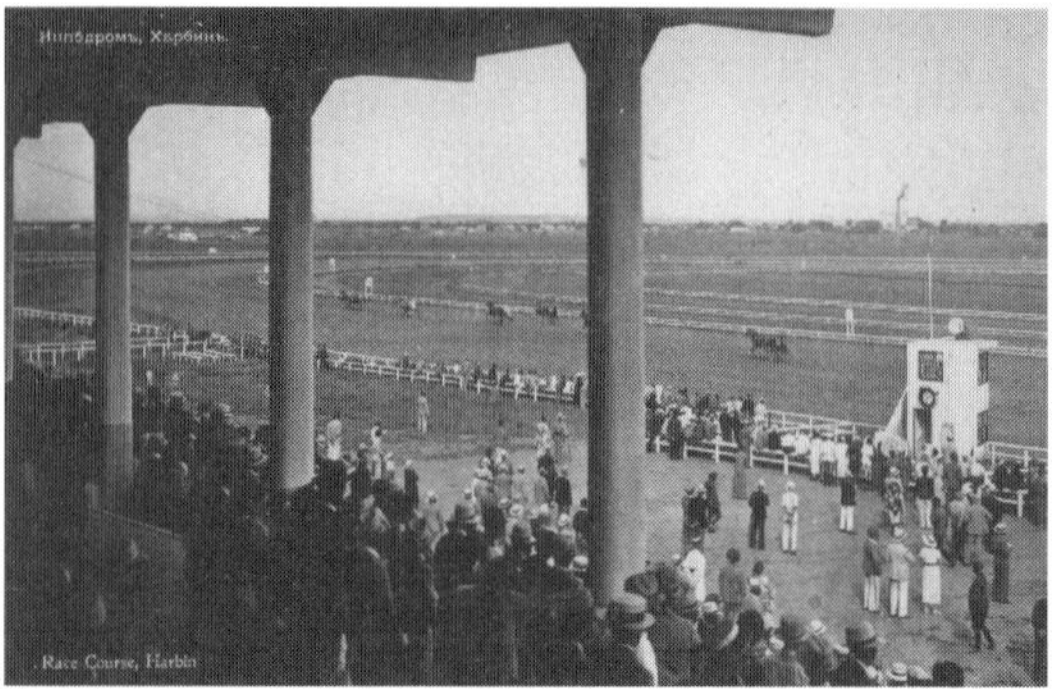


図7-1　哈爾濱競馬場（日本大学文理学部蔵）

図7-2　慶徳四年秋季新京競馬の福揺彩票（『都市と娯楽』）

こうした競馬に不満を持っていたのが陸軍であった。しかし、おいそれと介入できない事情も存在した。一つは、内地競馬は陸軍だけではなく宮内省・農林省といった関係セクションが複数存在し、陸軍の主導権を貫徹することができなかったこと、もう一つは、軍が賭博に関わることへの世間の批判への懸念であった。この二点を陸軍は満州において克服しようと試みる。昭和七年、軍馬補充部本部長梅崎《うめざき》延《のぶ》太郎《たろう》中将は、自らの理想として馬券の発売制限の撤廃、障害競走・不整地競走・アラブ系馬匹の充実を訴え、馬券の発売については「馬産発達の為めにする一種の寄付行為」とまで言い切る。すなわち、陸軍の本音は積極的な馬券発売による財政基盤の強化、内地のサラブレッド競走のようなスピード優先ではなく、持久力を持った力強い馬匹の育成にあった。

そしてそれを実現する絶好の機会が訪れた。昭和八年の満州国成立である。

これにより、公認競馬であった奉天と地方競馬であった哈爾濱《ハルビン》の二競馬場が満州国国立競馬場となり、翌年に長春競馬倶楽部も新京国立競馬場に改変され、国立競馬場は計三場となった。内地の制限から解き放たれ、大陸風を実践する絶好の機会が訪れたのである。

満州国では大同二年（一九三三）賽馬法及び同施行規則が制定され、一周二〇〇〇メートル、幅四〇メートルの競馬場、最低でも三〇分の一の傾斜走路、といった施設条件、サラブレッド血量二五％の馬、体高一メートル五〇を超える馬は出走不可という出走馬条件、そして馬券の発売枚数と払い戻しの上限規定は撤廃されるという満州国オリジナルのルールが整備された。また、馬事思想の普及のため学生・生徒・未成年への馬券発売も許可された。

関東軍が満蒙馬を中心とした馬匹改良策を実施していく契機となったのは大正七年から始まったシベリア出兵であった。この出兵において、内国産馬が西シベリアの極寒に耐えられなかったのに対し、満蒙産馬はその寒さに耐える強健さを示したためである。そのため、蒙古産牝馬限定競馬場という大変珍しい存在となっていく。少し詳しく説明しておくと、そもそも馬匹の改良の根源は優れた牡馬と牝馬をかけあわせてより優れた馬を生産していく血液の更新である。種牡馬については、外国から優秀な馬を購入すれば年百頭以上種付けすることが可能で、比較的容易であるが、牝馬については基本的に年に一頭しか産めないため、年に百頭生産しようとすれば極端な話、牝馬が百頭以上必要となってくる。したがって短期間に大幅な血液の更新を企図する場合、膨大なコストがかかることが予想され、それが実現を困難なものにしていた。しかし、大陸において優秀な馬匹を確保する必要があった関東軍にとっては喫緊の課題であり、なんとしても短期間に大量に優秀な牝馬を確保する必要があった。そこで考え出されたのが競馬を利用したシステムであった。

## 蒙古牝馬の抽選馬

満州では春と秋の二回の競馬会において、毎回牝馬の新馬を三〇頭以上編入することが施行規則によって決められていた。これは内地における倍で、「可及的多数新陳代謝」を進める必要に基づいてのものであった。競馬倶楽部は毎期蒙古地方に人を派遣し、約五〇頭の新馬を購入し、会員に抽選馬として分配した。この場合抽選馬一頭につき倶楽部より五〇円の補助金（馬代金の約二〇％）が出され、入手を容易にしていた。競馬に出走し成績が良くないものは馬主が手放し、民間に売却され繁殖用として牧場に戻る、というシステムとなっていた。こうして、多くの牝馬が競馬場に集められ、引退したあとは周辺牧場で繁殖牝馬となっていくシステムが整えられたのである。

コースサイズにしても、内地の公認競馬が一マイル（一六〇〇メートル）以上、幅一二間（約二二メートル）以上とされていたのに対し、ひとまわり大きいサイズが要求されていたことがうかがえる。またサラブレッドが徹底的に排除され、小柄でも丈夫で持久力のある蒙古馬を育成・改良することに眼目が置かれていることが見てとれよう。

例えばレース距離においても、四歳春（現在に置き換えると三歳春）の段階で三〇〇〇メートルの長距離戦を試みるなど、その志向は徹底していた。種牡馬はサラブレッドではなくアングロアラブ系種牡馬が繋養され、アングロアラブ系雑種を中心とする長距離の競馬という方向性が明確化された。コースも急勾配やアップダウンが設けられるなど、すべてが持久力重視の競馬を志向していた。

この満州競馬は大人気であった。昭和一三年春の撫順競馬は一〇日間で六四万円余りを売り上げ、翌年には一〇〇万円を突破するなど大盛況であった。この人気の源は高配当、大穴であった。一枚五円の馬券の払い戻しが一〇〇〇円を超えるなど、二〇〇倍をこえる配当が期待できる満州競馬は、ギャンブラーにとって「夢の王国」であった。昭和一四年の撫順競馬春季第一次では単勝一九五〇円という満州新記録となる高額配当が飛び出し、一獲千金を狙うファンが押し寄せ、連日白熱の人気を博したのである。さらには大連の箇所で触れた揺彩票という国内では禁止されていたガラ馬券まで復活し、日増しに熱を帯びていった。ギャンブルの売上増大にはこうした「熱」が必要不可欠で、購入無制限・払戻無制限はそうした「熱」を生み出す最大の要因であった。

また、日本人だけではなく満州人・中国人といった参加する民族の多様性も満州競馬のひとつの特徴であった。中でも白系ロシア人にとっては競馬は娯楽のひとつであったようで、観戦に訪れた女性たちが異国情緒を高めると評されている。また、繋駕競走では白系ロシア人が騎手としても活躍していた。さすがに馬の御し方に優れており、人気薄を一着にもってくることから「穴を狙うなら露西亜人」といわれるほど信頼度が高かったようである。なおその中には少ないながら女性騎手もいたらしく、白系ロシア人の乗馬技術の確かさがうかがえる。こうした各民族がひとつの場所に集い、競馬を通じた交流を行っていたことは表層的な「五族共和」というスローガンとはまた違った一面をうかがわせる。これは、相撲など他のスポーツにおいて「日本人」「日本出身」の優勝や金メダルといった話題が時折見られるのに比べて、競馬においては今や外国人騎手が一番人気となることが当たり前となっており、それはすなわちファンからの圧倒的信頼に基づくもので、賭博における「公正評価」の一面をうかがわせる。

　昭和一二年、満鉄付属地行政権が満州国へ移譲されることに伴い、関東州付属地の競馬もそれまでの内地に準拠した方式から馬券発売・配当無制限の「満州式」に切り替わっていく。大陸において陸軍が主導したこの競馬は、内地において徹底的に規制を加えられた競馬に対する合わせ鏡であったといえよう。陸軍が要求する、長距離・スタミナ重視、という、ある意味重厚なレースの売上を担保するためには、無制限の配当という「アメ」がどうしても必要だったのである。

# 第8章　地方競馬の展開

## 地方競馬の展開

現在の日本の競馬は、祭礼等で行われる競馬を除けば日本中央競馬会の中央競馬と、地方競馬全国協会（NAR）が統括する地方競馬に大別できる。これまで見てきたのは競馬法に基づく倶楽部実施の公認競馬、すなわち現在で言う「中央競馬」の流れであった。そこで本章ではいわゆる「地方競馬」に注目していきたい。

大正一二年に競馬法が成立し、政府に認可された社団法人は勝馬投票券の発売が可能となった。これとは別に、昭和二年の「地方競馬規則」（農林・内務省令）によって認められた競馬が、所謂《いわゆる》「地方競馬」である。「地方競馬」は「公認競馬」と違い勝馬投票券の発行は認められておらず、景品券が払い戻しに使用されていた。すなわち、馬券禁止時代の代替措置として導入された方法がそのまま実施されていたのである。翌昭和三年の規則の一部改正により、道府県競馬場数を一から三か所と指定し、競走回数などの条項が規定されていった。こうした制度の整備とともに、各地に百以上の地方競馬場が設立されていくのであるが、従来正面切って取り上げられることが少なく、「戦前の地方競馬」についてはいまだ不明な点が多いのが現状である。

そこで、三重と大分の二つの事例を取り上げ、昭和初期に行われた地方競馬がどのような機能を果たし、どのように地域に受容されていたかを紹介していこう。

## 三重県における事例

桑名《くわな》市を含む三重県北部地方は古くから馬とのかかわりが深い地域であり、その象徴的なものとして、多度《たど》大社（三重県桑名市）および猪名部《いなべ》神社（三重県員弁郡東員町）の「上げ馬神事」があげられる。ともに三重県指定無形民俗文化財に指定されており、今では多くの観光客を集め、テレビ等マスコミでも取り上げられることが多い神事である。また、現在でも桑名市多度町のアイリスパークやいなべ市大安町の両ヶ池公園でも草競馬が開催されている。戦前においてもこうした草競馬は開催されていたようで、戦前期の地元の住人の日記にも、「午後晴れ、商工会之競馬あり」との一文が確認できる。

こうした草競馬が、いわゆる事実上の馬券の発売である優勝馬投票（的中者に景品を贈呈する方式）を伴う「地方競馬」として変容していくのは昭和初期のことであり、三重県内初の「地方競馬」は昭和二年（一九二七）より津《つ》・阿漕ヶ浦《あこぎがうら》競馬場で開始された。その二年後の昭和四年には四日市市郊外の霞ヶ浦にも競馬場が設置され、県内には二つの競馬場が整備されることになった。阿漕ヶ浦競馬場は昭和一三年まで、霞ヶ浦競馬場は昭和一四年から鍛錬馬競走にその性格を変えつつ昭和一九年まで続けられた後、戦後も昭和二三年から昭和二六年まで桑名市を含む三重県内の自治体によって公営競馬が開催された。桑名市の場合、昭和二四年に戦災からの復興財源の確保のため単独開催を行った後、同年一〇月五日に四日市市、宇治山田市（現・伊勢市）、津市と三重県四日市市外二ヶ市競馬組合を設立している。競馬組合は昭和二五年六月に三重県霞ヶ浦競馬組合と名称を変更し、二六年度まで開催を行った（『地方競馬史　第三巻』）が、霞ヶ浦競馬場は昭和二七年に廃止とされ、競輪場として生まれ変わり、現在に至っている。

近年、地方競馬場については自治体史でも触れられるケースもあり、個別の研究も進みつつあるものの、まだまだ「地方競馬」について充分な蓄積があるとは決して言えない状況であり、これら二つの競馬場についても、三重県の各自治体史等ではほとんど言及されていないのが現状である。

そこで、三重県内の二場が成立するまでの歴史的経緯と、戦前期の競馬場に来場した客層について、当時の新聞記事等を中心に用いて分析していきたい。

## 地方競馬規則の制定

「地方競馬」に関しては、一応通史的存在として『地方競馬史』があり、史的分析には課題も見られるものの概説的にまとめられているため、これらを参考に地方競馬の制度整備について紹介しておこう。

大正一二年（一九二三）の競馬法制定に伴い、馬券発売が公許された競馬（公認競馬）が実施されたが、その人気ぶりは凄まじく、大好評を博していた。十一ある公認競馬倶楽部（札幌・箱館・福島・中山・東京・横浜・新潟・京都・阪神・小倉・宮崎。横浜と宮崎を除き、中京を足すと現在の中央競馬場全一〇場と一致）のうち、最も売上の大きい東京競馬倶楽部の昭和三年の売上が八六〇万円弱もあり、各競馬倶楽部平均売上でも大正一三年から昭和三年にかけて実に五倍の伸びを示していた。こうした公認競馬の隆盛は、「競馬」の持つ「賭博性」に「娯楽性」が加わり、「地域振興」・「利益誘導」という一面が付与されていった時期と考えられる。

公認競馬は競馬法により厳しい制限が付せられており、むやみに増設することは不可能であった。しかし、こうした競馬ブームを受けて全国各地で行われる祭礼などに由来するいわゆる「草競馬」にも、「優勝馬投票」が増加し、非公認の競馬場が濫設され問題化してきた。そこで大正一四年六月、警保局長・畜産局長連名で「地方競馬取締に関する件」（『内務大臣決裁書類・大正十四年（上）』）が出され、各庁へ通達がなされた。少々長いが地方競馬に関する最初の取り締りなので、全文を紹介しよう。

近時競馬の隆盛に伴い競馬法に依る競馬以外の競馬にして優勝馬投票を施行せんとするもの頓に増加致候処、今後は左記第一号乃至第三号の条件を具備するものに非ざれば該投票の施行を許さざる様御取計相成度、且つ其の施行を認めらるる場合に於ても左記第四号乃至第六号の事項を遵守せしむる様御取締相成度、尚従来地方に依りては畜産組合又は同連合会の名義を以て施行せる競馬にして事実は是等以外の者の施行せるものにあるやに被認《みとめられ》遺憾不少候条《いかんすくなからずそうろうじょう》、是等の点に付ても御配意相成様致度依命《めいによって》此段通牒《つうちょう》候也《そうろうなり》。

追て従来投票の施行を許したるものに付ても左記第三号乃至第六号は次期の競馬より実施せしめられ度、第一号及第二号に付ては将来可成速に其の趣旨に副う様御取計相成度申添候。

記

一、競馬開催者は畜産組合又は同連合会なること

二、長さ八百米突以上幅十六米突以上の常設競馬場を有すること
三、明け三歳以下の馬を出場せしめざること。但し九月以後の競馬に在りては明け三歳の馬を出場せしむるも差支なし。
四、入場券に添付すべき投票券は一等入場者と雖も五枚以下とし、且つ一枚一円以内に相当する程度とすること。
前項投票券は「クーポン」式等の方法に依り入場券と分離し難き様作製すること。
五、的中者に交付すべき景品券の金額は拾円以下とすること。
六、学生、生徒、未成年者の入場券には投票券を添付せざること。

【意訳】

最近の競馬の隆盛に伴い競馬法による競馬以外の競馬で優勝馬投票を実施しようとするものがしきりに増加しているので、今後は左のように第一号から第三号の条件を備えたものでなければ優勝馬投票の施行を許さないようにしたい。かつ、その施行が許可された場合においても左の第四号から第六号の事項を遵守させるように取り計りたい。なお、従来地方によっては名義上畜産組合又は同連合会で施行しているものの実際はこれら以外の者が施行しているように思われるものが遺憾ながら少なくないので、これらの点についても注意するように命じる。この段を通牒する。

おって従来投票の施行を許したものについても、左記第三号から第六号は次期の競馬より実施してもらい

たい。第一号と第二号については将来なるべく速くその趣旨にそうように取り計らっていただきたいことを申し添える。

ここで明らかとなるのは、今後新たに優勝馬投票を実施するためには、①主催者が畜産組合といった畜産関係者であること、②一定程度の規模の常設競馬場があること、③若駒を出場させないことの三点を順守する必要があるということである。これがあって初めて、一枚が一円以下で、その販売枚数は五枚以内、かつ払い戻しは一〇倍以下という投票券の販売が認められることを示している。学生・生徒・未成年者の入場券に投票券を添付しないように指示されているのは、教育上の配慮もさることながら、例えば子ども連れでやってきて、子どもの分の投票券もその保護者が使用するような例を封じるためであろう。また、主催者が畜産組合の名義を借りて実施する競馬が存在するため、それらについても注意を喚起している。公認競馬の馬券が一枚二〇円という高額であったことを考えると、一枚一円という金額は手が出やすい設定である。当時の回顧録によると、ファンが持っていくお金は大体五〜六円で、一円の投票券も五〇銭ずつ出し合って買ったと述べられており、リーズナブルな金額で楽しむことができた。また、服装規定があった公認競馬に対し、そうしたことがない地方競馬は、より幅広い客層を引き付ける「娯楽」であった。

さらに昭和二年八月二七日、農林・内務省令として地方競馬規則が制定され、

①優勝馬投票が可能に。一人一枚、単勝のみ。
②投票金額は一枚一円。

③払い戻しは一〇倍まで。現金ではなく景品券を払い戻す。
④開催は三日まで。

といった具体的な規則が整備された。これにより、画一的な景品ではなく、売上に相応する払い戻し（むろん現金の払い戻しは不可であり、景品券を競馬場外にある引き換え所で現金と交換する手法が採用された）の発生する「地方競馬」の実施が可能となったのである。

## 三重県下における競馬場誘致運動

地方競馬規則の公布により、おおむね各県一つの地方競馬場設置が可能となり、三重県下においてもその一つの枠をめぐって熾烈な誘致運動が実施されていった。まだ競馬規則が制定される前の昭和二年一月においても、「三重県畜産連合会で設置することになった常設競馬場の位置は桑名郡多度村、三重郡霞ヶ浦、津市結城神社の三候補地あり、各地とも可なり競争を行っておるが今のところ未決定となっておる」（『大朝〔三重〕』S2・1・27）と報道されているように、比較的早い段階から競馬場位置の選定にむけて、桑名郡多度村、三重郡霞ヶ浦、津市が誘致に動きはじめていた。特に多度村は熱意を見せ、競馬場の位置が津に決定した後も、桑名郡選出の福原銭太郎《ふくはらせんたろう》・西田喜兵衛《にしだきへえ》ら両県議を中心に、規模を縮小しても設置しようと画策（『伊勢』S2・8・20）していることは、同村が「上げ馬」で知られる多度大社を抱える地域であることも少なからず影響していよう。続いて二月には「畜産連合会で競馬場設置の議が起るや各地から猛烈な争奪運動が起り、（中略）二十二日は四日市の有志が県庁に来り霞ヶ浦に設置の嘆願をなし、二十三は宇治山田及び河芸郡白子町有志が相前後して来庁し、村田農務課長を訪ひ設置方につき陳情した」〔『大朝〔三重〕』S2・2・24〕とあるように、前述した霞ヶ浦に加え、宇治山田市や白子町の有志が県に対し設置の陳情を行っている。

こうした動きに対し、三月、県は早くも津に内定した旨を通知〔『大朝〔三重〕』S2・3・4〕する。

三重県畜産組合連合会で設置することになった競馬場の位置は各地で猛烈な争奪運動を行っているが、県当局では公平なる見地から県の中央にあたる津市を候補地に選び、結城神社付近の競馬場をあてることに内定した。同競馬場は現在二町五段歩であるため、これを東北に拡張し外周八百㍍に、すなわち四百四十間、面積五町一段七畝歩のものにすることになり、内々土地買収にかかった。これを見込んだ地主は昨今法外な値段を吹っかけ一躍三四倍の価格を唱えている。

各地域の争奪戦の末、県都である津の結城神社付近に決定し、早くも土地買収の駆け引きがはじまっている様子が垣間見える。また、「津市の繁栄策となり延《ひ》いては競馬場付近の繁栄策となる」〔『伊勢』S2・5・3〕と報じられていることは、競馬場が地域振興に資するとみなされていたことを示していよう。こうして津に競馬場が設置されることとなったが、開催に向けてクリアせねばならない問題は山積していた。既存の施設を利用するわけではないため、新規で競馬場を建設せねばならない点、およびその資金準備、そして運営する組織作りである。こうした諸課題に対し、三重県畜産組合連合会はひとつずつ問題解決を図っていく。実行方法については他競馬場の施設を積極的に視察〔『伊勢』S2・4・5、同5・12〕することでそのノウハウを吸収し、資金については、競馬倶楽部を設立し、二十円の株を一千五百株、総額三万円の払い込みで準備し、そのうち二万円を競馬場の設置費、一万円を運転資金とする手法を採用した。幸い、市会議員、商業会議所議員などから申し込みが相次ぎ、資金面についてはまず安定を図ることができた〔『大朝〔三重〕』S2・9・11〕のである。九月末にはおおむね地方競馬規則に準じた投票規定〔『大朝〔三重〕』S2・9・24〕も制定された。

いよいよ十一月三日から初競馬会を行う津市競馬場では目下夜を日についで競馬場の工事を急いでいるが、三重県としては馬券を公認された始めての競馬なので興味も手伝って注意されているが、同競馬場の馬券は十円券、五円券、三円券、一円券の四種とし、三円、五円、十円券は三回、五回、十回に分けて一円ずつ投票するのである。一日は十競馬、一競馬ごとにそれぞれ見込みの勝馬に投票すると。投票総額の二割は先づ競馬クラブが天引し、残りの八割のうち負馬投票者の分を勝馬投票者に割当るのであるが、この勝馬割当は十倍以上を許さぬので十倍以上になれば同じクラブの収益とする。普通一競馬に千五百円から二千円の投票があるとして一日十競馬で一万五千円から二万円、三日間で四万五千円から六万円、その頭を二割はねる倶楽部の収入もぼろいものである。

右の記事〔『大朝〔三重〕』S2・10・21〕から、馬券が四種類あり、控除率が二〇%であったことがうかがえる。一周一〇〇〇メートル、幅二〇メートル程、六〇〇〇名を収容するスタンドなどが整備された競馬場は一〇月二八日に完成し、二九日には三重県知事臨席のもと、地鎮祭を挙行〔『大朝〔三重〕』S2・10・30〕している。この競馬場設置の際に、「愛知競馬王」として知られていた浦部長作の指導を仰いでいる点〔『伊勢』S2・9・10〕は、競馬場建築が非常に特殊なものであるという点、主催者が準備の万端を期すべく、真摯《しんし》にノウハウを学びとろうとしていた姿勢を示しており興味深い。また、三重県をはじめとして愛知、和歌山、岐阜、京都、奈良、大阪、北海道といった広汎な地域から七二頭の出馬申込〔『大朝〔三重〕』S2・11・2〕があり、出走馬にも一定の目処が立った。こうして、多くの注目を集める中、三重県内における優勝馬投票が許可された最初の競馬が、一一月三日に開幕したのである。結果は晴天に恵まれたことも手伝って多くの観客で埋まり、第一日の投票総数は六七九三票〔『大朝〔三重〕』S2・11・5〕に上った。一一月五日に予定していた第二日目の競馬は、雨天のため六日に順延〔『大朝〔三重〕』S2・11・6〕することとなったものの、日曜日と快晴が重なったため、初日に増して人出は多く、三円以外の入場券は売り切れてしまう程の人気となった。ただし、この雨の順延のために、「一面参観人多数を見越し魚肉其他を数多買占めた料理店、飲食店は二日間の延期で蒼くなって居る」と、飲食店は損害を出してしまったようである。しかしこれは競馬を楽しみに来る観客を当て込み、一儲けを考えていたことを示しているともいえよう。最終日は七日に開催され、馬券売上高は三日間合計で四万七千円余りにも上り、「競馬場が阿漕海岸近くのため馬匹の戦績の上に非常に利便で馬場の幅も充分で馬主の受けもよく、より以上の人気を博し、投票数の如きも予定の三万を超過すること一万六千に達し、すべての方面に好人気であった」と大成功を収めたのである。

## 昭和三年の競馬場増設問題――宇治山田市の公認競馬場誘致運動

昭和三年、地方競馬規則が改正され、三重県内にもう一つの競馬場増設が可能となった。また、翌年三月には一一ある公認競馬場の数を五つ増やし一六にする競馬法改正案が帝国議会に提出され、各地に競馬場設置の機運が広まった。こうした背景のもと、再び競馬場争奪戦が開始されることとなる。

このうち、三重県内において公認競馬場の誘致に動いたのは宇治山田市である。昭和三年二月、宇治山田商工会議所が中心となって、同じ公認競馬である京都競馬倶楽部の収支について調査を行うなど、早くも活動を始めている。ところが同じ市内である宇治山田市中島町、近隣地域である度会《わたらい》郡明野ヶ原にも地方競馬場を誘致する計画があり、記事によると、中島町の方は不備があり選から漏れ、度会郡小俣村（明野）が猛運動を行っていると報じられている。『伊勢新聞』は「要するに地理的関係から云えば宇治山田市付近は最も有望地である」としながらも、「兎に角運動一致を欠き度会郡小俣村、宇治山田市中島町は各個々に設立運動を為し、又宇治山田商工会議所は公認競馬場設置運動に走ると云うような状態で、結局は虻蜂取らずの憂目を見るかも知れぬ」と懸念を示している。七月に至っても状況は変わらず、

（前略）古市方面の有志は間の山切下工事と相俟って同地方の発展を促す目的で同町元赤十字山田病院跡付近に競馬場を設置せんとする計画があるらしく又度会郡畜産組合幹部間では大阪参宮急行電鉄重役の賛助を得て小俣村明野飛行学校付近に競馬場を設置すべく荐《しきり》に画策中である

と報じられ（『伊勢』S3・7・3）、宇治山田市近隣に複数の設置案があったことがうかがえる、また馬産地では

ない伊勢において競馬を開催する理由としては、「参宮客が集ってくるので、これを呼物として春秋二回を名物の一つにしたい」〔『大朝〔三重〕』S4・2・9〕というのが本音であった。いずれにせよ、宇治山田市近隣は公認競馬と地方競馬の両にらみで誘致活動を行っていたことがうかがえる。

翌昭和四年になると、いよいよ帝国議会へ公認競馬場増設案が提出されることになり、運動も俄然現実味を帯び始める。東海地方において、公認競馬場誘致で宇治山田市のライバルとみなされたのは名古屋市であった。地元紙では「東海地方としては何といっても名古屋市付近が最も有力」〔『名古屋』S4・2・27〕とされ、名古屋市付近だけでも川中村（現・名古屋市北区、以下同じ）、鳴海町（名古屋市緑区）、小幡・守山付近など場所不明のものもあわせて四か所が候補として運動を開始していた。名古屋市付近は公認競馬である宮崎競馬場を買収する意欲があるほど誘致に熱心な地域であり、百万近い人口がある点などは、公認競馬場誘致には非常に有利であった。ただ、前述したように候補地が乱立しており一本化されていない点、また名古屋市内に広大な競馬場用地を求めることは困難なため、必然的に名古屋市近辺が候補地となる訳であるが、そうなると岐阜県等も候補地として浮上してくるため、必ずしも名古屋市が有利という訳でもなかった。こうして運動が激しさを増す中、宇治山田・名古屋両市にとって競馬法人増加案の修正という意外な結末が待ち受けていた。昭和四年の競馬法改正案では、①開催日数四日を六日にする、②政府納付金を一％から三％に増加する、③付則第二項にある「本法に依る競馬を行う法人の数は当分の中十一以内とす」を「十六」に増加するという三点の改正が提出されていた。衆議院では原案通り可決されたものの、貴族院に回付されてから、厳しい反対意見が続出したのである。とりわけ問題視されたのは競馬場増設案であり、結局、貴族院の特別委員会において裏松友光《うらまつともみつ》子爵は

「開催日数二日間を延長したならば、政府所期の目的を達するのに十分」と述べ③の増加案を削除する修正案を提出した。競馬場数の増加については、競馬法成立時に貴族院で現状維持の方向性をうちだしていたことを思うと無理もない。すなわち、競馬の施行数を増加すべきという政府の要望は、新たに競馬場を設置するよりも、開催日数の増加で対応可能とみなされたのである。さらに競馬倶楽部の増加が認められないのであれば、政府納付金においても歳入不足を生じるとして、②の政府納付金を四%に増額する修正案もあわせて出され、結局①はそのまま、②は四%に、③は削除とする修正案及び希望条項を付された案が貴族院特別委員会で議決され、貴族院本会議に回された。結局修正案は賛成一〇五、反対九四の僅差で成立し、ことここに至って、結局増加案は成立せず、宇治山田市・名古屋市の運動は水泡に帰してしまったのである。

## 霞ヶ浦競馬場の成立

それでは、次に地方競馬場誘致運動について見ていこう。前述した如く、宇治山田市中島町と、度会郡明野ヶ原に加えて、昭和三年二月には志摩選出の県会議員石原圓吉《いしはらえんきち》、向井長次郎、度会郡選出の濱地文平《はまじぶんぺい》らが原田《はらだ》維織《いおり》知事、芝辻一郎《しばつじいちろう》内務部長等を訪問し、競馬場設置の陳情を行っている。また、翌年春までには員弁《いなべ》郡大泉原、上野町、昭和二年の際にも名前が取り沙汰された三重郡霞ヶ浦などが名乗りを上げている。中でも最も熱心に取り組んだのは上野町であった。中心となったのは阿山《あやま》郡畜産組合で、県議などを中心に昭和三年夏には上野町の東方野畑方面へ約一万坪の競馬場を設置する計画を立て、県への陳情を行っている。さらには以下のように期成同盟会をも設立〔『大朝〔三重〕』S3・8・12〕し、請願に取り組んでいく。

伊賀上野町有志及び阿山郡畜産組合が奔走中の上野町郊外へ競馬場設置の運動は最近いよいよ具体化し、右期成同盟会を組織して目下設置請願の調印取りまとめて中で纏《まと》まり次第一気呵成的に猛運動を起す方針らしいが、県下ではこの外に宇治山田、四日市方面でも運動を起しておるらしいから、伊賀は地理的に優位とはいえ、よほどの努力と犠牲を払わなければ実現至難と見られている。

このように昭和三年の段階では県当局としても具体的な地域案を示すことはできなかったが、年が明けた昭和四年二月、「しかし県の許可せんとするのは馬匹奨励、交通その他の関係が既設競馬場とあまり偏しないところで敷地設備などを条件としている関係上、結局設置するとせば三重県北部に決定する意向をもっている」との記事〔『大朝〔三重〕』S4・2・9〕から、北勢地方への設置の意向があったことがうかがえる。これを受け、四日市市でも以下のように積極的な誘致運動〔『大朝〔三重〕』S4・2・9〕を行っていた。

現在の阿漕ヶ浦競馬場の外に県下にもう一ヶ所設けられる常設競馬場についてはすでに山田市、上野町方面で奪取運動を起しているが、四日市市でも霞ヶ浦などの有力な候補地を持っているので四日市近郊へ設置方を運動することとなり、近く宇佐美三重郡農会長、加藤市助役などが出県、運動を始めることになった。

こうして、県下において猛烈な競争が演じられた競馬場誘致運動は、昭和四年二月、最終的に四日市市外三重郡羽津《はづ》村霞ヶ浦四万坪の土地に設置することに決着をみたのである。

競馬場建設は三月末から桑名町・山下作助、川越村・寺本忠蔵の両名が請け負い、霞ヶ浦遊園地の南方において工事に着手した。当初は中央の池を養魚池にする計画があったようだが、資金不足のため競馬場施設のみの建設となっている。日程は関西地方競馬連合協議会で調整され、春秋二回分の開催を秋二回に割り振り、霞ヶ浦が九月一三日からの三日間、その後阿漕ヶ浦が十月十九日からの三日間、第二回の霞ヶ浦が十一月一日からの三日間の日程で開催されることとなった。霞ヶ浦は津に対抗し、賞金総額を津より一〇〇〇円増額の六〇〇〇円とし、優勝旗を授与していた津に対して優勝カップを準備するなど、対抗意識をむき出しにしていく。出場申し込みも順調で、「東は遠く関東地方から、西は中国地方に迄及び五日間を以て締切った申込頭数は実に百五十頭」にも上り、「地方競馬としては他にその類を見ない全く新レコード」〔『伊勢』S4・9・10〕になるほど、出場馬が多数に上り、盛り上がっている様子がうかがえる。ただし阿漕ヶ浦の初競馬と同様に雨のために延期となってしまい、一日延期の後、九月一四日が初日となっている。この日は幸い晴れわたり、全国秋季競馬の開幕にあたること、さらに霞ヶ浦での初開催ということも手伝い「近県競馬ファンの数三万を算する盛況」〔『大朝〔三重〕』S4・9・15〕となったと伝えられている。三日間の売上は九万七千円弱を数え、これまでの阿漕ヶ浦競馬の最高売上十万二千円（昭和三年春季開催）に迫る売上であり、素晴らしいスタートをきった。これに対し一〇月一九日から始まった阿漕ヶ浦競馬は八万円弱の売上に終わり、霞ヶ浦に売上で敗れてしまう。そこに追い討ちをかけるように一一月三日から開催された第二回目の霞ヶ浦競馬は、最終日が日曜日ということともあり、これまでの三重県内での最高売上である一四万円弱の売上を記録するのである。当時の競馬は三日間開催の場合、初日・二日目に好成績であった馬の優勝決定戦（優勝競走）が、最終日に開催されていた。つまり現在のボートレースや競輪に近い番組構成になっており、最終日が何曜日にあたるかも売上を左右していた。

さらに追い打ちをかけるように津に不祥事が起こってしまう。この秋季開催において、投票券売り上げ金額と投票券発行数とが合致せず、二千余円ほど金銭が不足するという事態が起こるのである。これが競馬を運営していた津市愛馬会への責任問題へと発展し、一部の株主には「愛馬会は伏魔殿なりと叫んでいるもの」も現れるような混乱に陥ったのである。賭博である競馬の運営については、何よりも公正さが要求される以上、こうした内部の紛糾が与えたマイナス要因は計り知れなかった。こうしたことも影響してか、昭和一三年春で廃止となるまで結局一度も阿漕ヶ浦が霞ヶ浦を開催ごとの売上で上回ることは無く、霞ヶ浦が県下第一の競馬場として発展していくのである。

## 来場者と賭博熱

次に、こうした競馬場に集まったファンの客層および交通手段について考察していこう。交通アクセスについては、電鉄会社との連携がまず想起される。

昭和五年、伊勢電鉄は阿漕ヶ浦競馬場に近接する結城神社前に駅を新設し、競馬ファンの利用を期待した。また海水浴場があった霞ヶ浦には遊客のために夏季限定の霞ヶ浦停留所を設置して、「夏季又は春秋の季節に於て地方の便を図り度」ために臨時停留所を毎回開設（『伊勢鉄道史（十六）』）するようになる。

それでは、こうしたアクセスを用いてどのような客層が来場していたのだろうか。当時の新聞記事から拾っていこう。まずは、「馬に蹴られ　三人人事不省に　阿漕浦競馬の珍事」〔『大朝〔三重〕』S3・4・28〕という事件において、以下の三名の名が報道されている。

津市阿漕浦における三重県畜産組合連合会春季競馬会二十七日午後五時五十分ごろの最終回の競馬において、競走に熱狂した多数の観覧者は競馬場に雪崩れ込んだため、河芸郡明村高島佐市（三十二）、津市殿町伊藤廣夫（二十六）多気郡明星村宮林萬次郎（四十三）の三名は馬に蹴られて人事不省に陥ったので大騒ぎとなり、直に付近の医院で手当を加えたが生命には別条ない。

当時の新聞史料の取り扱いには充分な注意が必要であるが、ここでは津市近隣の男性が来場していたことがうかがえる。新聞記事中のこうした来場者を地域的に拾っていくと、一志郡・度会郡・河芸《かわげ》郡・四日市市・津市・名古屋市といった三重県内及び隣県、和歌山県・大阪市といった遠方からの来客もあった。また、「二十九日は天長節と日曜とで市内各商家工場等の従業員は公休で競馬見物に出かけたものが多く」〔『伊勢』S3・5・1〕という記事から、休みの日に従業員が競馬見物に出かけていたことがわかる。さらに、同記事内に迷子が七人あったことが報じられていることや、「一志郡阿坂村大字小阿坂田中萬次郎氏三男四郎（十六年）は同日午前十一時半ごろ同競馬場内で馬に蹴られ胸部に軽傷を負うた」といった記事から未成年も来場していたことが見てとれよう。これらは、競馬が広汎な人気を集めていたことを示している。勿論、馬が駆ける神事に多くの観衆が集まるように、「馬が駆けるのを見る」という行為そのものが娯楽である反面、競馬が非常に厳しい制限下とはいえ、「賭博」としての要素を持つ以上、それに魅せられる来客も少なからず存在した。その背景には、蔓延する賭博熱があったと考えられる。実際、大正天皇の大喪の夜に賭博を開帳し摘発された事件など、昭和初期には賭博事件の摘発が相次いでおり、昭和三年四月の三重県の犯罪統計を見ると、前年同期において四六件であった普通賭博が七〇件と一・五倍に伸び、常習賭博に至っては二件から一三件と六倍以上も増加しているのである。特に昭和三年五月に「大仕かけの賭博大検挙」〔『大朝〔三重〕』S3・5・18〕と報じられた宇治山田市の賭博事件は非常に大規模なものであった。記事によると「芋蔓《いもづる》式に手が伸び連累百名を逮捕する見込み」であり、犯行に関わった一八名によると、「市内三ヶ所に賭場を設けて常習」していたことを自白しており、「一月より五月まで常習的に丁半、花合せ」といった賭場が開帳されていたことが報じられている。また、四日市においても「昨年秋大検挙をして以来またまた賭博がはやっているのでこれを機会に徹底的に一掃する」四日市署の意気込みから、市内における賭博熱がうかがえる。さらに宇治山田市の市会議員が賭博を開帳して逮捕されるなど、賭博熱の蔓延は大きな社会問題となっていたのである。それに拍車をかけたのが麻雀の流行〔『大朝〔三重〕』S5・10・15〕であった。

高級娯楽たる麻雀の流行は都会から地方へと急速度で進出したが、三重県の南勢《なんせい》地方から牟婁《むろ》方面の農漁村へもいつの間にか浸潤し、町村吏員、小学校教員間に旺盛を極め、農村モダンたちは夜を徹して競技を行うもの多く、それがため能率を減退し児童教育上は勿論、模倣的に強い青年処女等に及ぼすところの影

は現在の名古屋競馬場とは違い、西春日井郡川中村に設置されたのがその最初で、昭和六年に改修のため名古屋市稲永新田に移転、昭和一一年に丹羽《にわ》郡岩倉町に再移転した。一日あたりの売上額ではほぼ全国平均を上回る、全国有数の競馬場のひとつであった。名古屋競馬場の場合、霞ヶ浦が売上を大きく落とした昭和八年春開催でも売上を伸ばしており、地域の事情というわけではなく、霞ヶ浦個別の問題だったことがうかがえる。

## 財源としての地方競馬

昭和八年度より三重県において、雑種税の「観覧」の中に「競馬」が設けられ、優勝馬投票入場券の券面のうち百分の三をいわゆる「馬券税」として歳入に計上していくが、この背景はどのようなものがあったのだろうか。

競馬法に基づく競馬、すなわち「公認競馬」においては、大正一二年の成立時に第八条において、「勝馬投票券を発売したるときは命令の定むる所により、其金額の百分の一以内に相当する金額を政府に納付すべし」と国庫への納付が義務化された（『日本型収益事業の形成過程』）。当初のこの一％という割合はあくまで競馬運営上の監督費用という側面が強かったが、その人気の増大により、徐々に財源としての役割を期待されていく。昭和四年（一九二九）の競馬法改正においては、納付率が引き上げられ、最大三％の割合となった。地方競馬においても、昭和四年・五年とそれぞれ阿漕ヶ浦・霞ヶ浦両競馬場で四〇万円近く売り上げており、県は財源として期待を抱いていく。昭和五年一〇月には、県の税制調査会より馬券税を課すべきという答申案が提出されており、競馬収益の財源化の流れが指摘できよう。

結局昭和八年度より、馬券税が導入され、前述したとおり券面三％の馬券税が県に納付されることとなった。昭和八年度の両場の売上は三七万一一五六円となり、一万一〇〇〇円余りが納入されることとなる。

## 地方競馬規則の改正

昭和八年五月、地方競馬規則が改正された。主な改正点は以下の六点であった。

①開催日数が毎回三日から四日へと増加
②臨時競馬の開催が可能に
③競走は一日十二回以内、一日一回以上の新馬競走および一日二回以上の速歩競走を実施
④駈歩競走および障碍競走の距離は一六〇〇メートル以上、速歩競走は三二〇〇メートル以上
⑤新馬はなるべく駈歩競走はアラブ系統馬、速歩競走は中間種とすること
⑥複勝式優勝馬投票券の導入
⑦入場券発売の総額が五万円を超えた場合は一定の金額を馬の改良増殖等に支出

①②③は競走回数の増加を意味している。特にこれまで一日一回以上であった速歩競走が倍に増加しているのは陸軍の要求であろう。④は距離の延長を示していることから、スタミナ重視のレース編成が要求されており、⑤のアラブ系統馬・中間種の推奨、すなわちサラブレッド種の排斥は明らかに軍馬需要に則した要求である。実際昭和六年の満州事変以降、大陸での作戦が活発化した陸軍にとって軍馬の育成は急務であった。第9

章で述べるように、サラブレッド中心のスピード感あふれる競馬を実施していた公認競馬に対し要求を貫徹できなかった陸軍は、地方競馬に目を向けたのである。そうしたムチに対し、だされたアメとも言うべきものが「複勝式」の導入であった。「当たりやすい」新馬券の導入は、売上を期待する各主催者にとってありがたいものであった。そして⑦では、馬券の売上から、馬匹改良の費用捻出が計画されており、地方競馬にも財源としての役割が期待されていたのである。

## 地方競馬の様相

昭和八年三月一七日から阿漕ヶ浦での競馬開催が始まった。出場馬は一三五頭であったが、甲・乙両種が少なくこの二種の混合競馬とし、丁種馬の数を増やすことにしたとある。甲乙丙丁とは距離別の区別であるが正式な名称ではなく、地方競馬関係者の便宜的な区分名称であった〔『地方競馬の策戦と馬券戦術』〕。乙馬が平日二〇〇〇メートル、甲馬を平日二二〇〇メートルの二クラスとし、最後には二四〇〇メートルの優勝競走を争っており、「兎に角この甲乙級は、丁馬、丙馬を叩いて漸次経上つて来た千軍万馬の地方馬の闘将、或ひは公認で既に所期の成績を挙げて地方下りをした巨豪が、入り乱れて火花を散らす、地方競馬界の王座である」とグレードの高い競走馬であった。対して丁種は原則一六〇〇メートルの競走で、優勝競走が一八〇〇メートルとなる。一七日から三日間にわたる競馬は中止もなく実施されたが、売上は五万八千円余りと、前年秋より一万四千円ほど減少してしまう。甲乙馬の減少が全国的なレベル低下につながったことは否めず、あるいはそのあたりも影響していたかもしれない。

図8-1　「阿漕初競馬に訪れる群衆」(『大阪朝日新聞三重版』昭和2年11月4日付)

続いて、四月一四日から霞ヶ浦で春開催が始まり、以下の記事〔『大朝〔三重〕』S8・4・14〕が掲載されている。

四日市市外霞ヶ浦の春競馬は十四日から三日間開催されるが出場馬は馬体検査の結果百二十八頭と決定、毎日数回のプラッセー式を採用する。なお伊勢電鉄では臨時停留場を期間中開設する。

ここでは、「プラッセー式馬券」、いわゆる複勝式馬券の採用がうたわれている。公認競馬においては、昭和六年の競馬法改正に伴い認可された新馬券で、一着を的中させる単勝に対し、八頭以上の場合は三着まで(五～七頭は二着まで)に入れば的中となるが、その分払戻金は安くなるものであった。地方競馬においては昭和八年五月の地方競馬規則の改正で発売が認可されたが、計算方法が違うので払い戻しについては全く別物であり、これについては後述する。三月に開催されていた阿漕ヶ浦でも既に発売されていたようであるから、試験的に導入されていたものかもしれない。

すでに四月七日には練習見物に訪れるファンがおり、一一日には新聞広告が掲載されるなど、前人気を煽《あお》っていた。初日は曇りがちであったものの、「なかくの人出」があったようだが、翌日一五日土曜は雨のため中止となるなど天候に恵まれず、結果売上は七万四千円程度となり、昨年秋より三割以上の減収となってしまったのである。これらから、地方競馬にとって出走馬の確保、すなわち競走レベルの維持と天候が売上に大きな影響を与えることがうかがえよう。

## 地方競馬の実態

昭和八年秋に伊勢新聞に掲載された「ファン待望の阿漕競馬始る」の記事〔『伊勢』S8・10・5〕は一般紙には珍しく事前予想が掲載されている貴重な例なので、実際の結果とともに確認していこう。

初日の第一競馬は県内三歳馬による一〇〇〇メートルの競走で、賞金は一着八五円・二着四〇円・三着一五円とあり、少なくとも三着まで賞金が設定されていたことがわかる。出走馬は七頭で、予想では「錬馬の関係で何《いず》れとも判らぬが、血統から見て、ワカエ、ケンキン、第二タマツカゼが勝味がある。カガシも油断ならぬ。ムネタダの穴」と有力馬五頭を紹介している。レース結果は一着第二タマツカゼ、二着ワカエ、三着ミネカゼと予想者が有力馬に挙げていた馬がワンツーを果たしており、なかなかに予想巧者な一面をうかがわせる。第二競馬は速歩乙の競走で、出走馬一七頭と激戦が期待された。予想者も、「東海、関西の取組で随分面白い勝負である。八百馬《やおうまら》等は一寸《ちょっと》出来ない番組だ。ロッテト、ミノリが強かろう。レポンチンも岡崎の成績から見て一鞍《ひとくら》は来る。メムロジマン、ヤマガタアキラも強味がある。ショウンの穴か」と記しており悩む様子がうかがえる。興味深いのは、東海と関西の所属馬の激突という地域対抗的な要素を見出していること、「岡崎の成績から見て」とあるように近接の過去成績を参考に予想を組み立てている点である。また、「八百馬等は一寸出来ない」と述べ、八百長と思われても仕方のないレースが実施されていたことがうかがえる。実際、地方競馬ではこの手のトラブルもあったようで、『地方競馬史　第一巻』には以下の記述が確認できる。

着順はまず土地の親分衆の馬が一馬身半負けても、審判台の前に丸太ん棒を持ったのがいて「おやじのが勝ったな」といって棒を上げられたら、もうそれでびっくり箱（着順塔）の着順がそのとおりになっちゃう。これははっきり書いておいてくださいよ。

注目の結果は、一着シノノメ（菅谷騎手）、二着レポンチ（前述レポンチンと同馬と思われる）、三着マルマルであった。予想であがっていたロツテト・ミノリは三着にも入らなかったが、レポンチンが二着に入り面目は施している。注目すべきはその払い戻しであり、シノノメの単勝は二円一〇銭、複勝は二円二〇銭、レポンチンは複勝一円三〇銭、三着マルマルは一円四〇銭であった。単勝は一着を当てる馬券で、複勝は三着までに入れば的中となる馬券である。従って確率論で言うと、第二競走は一七頭立てなので、単勝は一七分の一（約六％）、複勝は一七分の三（約一八％）であり圧倒的に複勝の方が割が良く、したがって配当は低くなるはずである。ところが実際は単勝が二円一〇銭、複勝は二円二〇銭と逆転現象が起きている。どうしてこのようになったのであろうか。

じつは、複勝式の計算方法に秘密があった。公認競馬の場合は、各馬への投票数によって払い戻しを決定するため、人気馬の複勝払い戻しは当然安くなる。ところが地方競馬の配当法は、人気馬が三着までに入ろうが入るまいが関係がなく、全投票数から控除金を差し引いた残額を、一着から五・三・二の割合で配分し、それを的中数で割る（『地方競馬の策戦と馬券戦術』）ため、場合によっては人気のある一着馬の方が人気のない三着馬より払い戻しが多くなる場合もあり、投票数によっては単勝より複勝の方が払い戻しが多くなる、先ほどのような場合も発生した。地方競馬予想紙の先駆け、白井新平が言うとおり、「地方競馬の複勝馬券戦術の公認競馬のそれと根本的に違う」のである。

第三競馬は一六〇〇メートルの「丁種の二」で、九頭の出走が想定されていた。これは県内馬が多く出走していたようであり、「ミエガサン、ニホイドリが勝味がありアサヒの穴、キタキタは三歳の若い馬だが馬格は良い。錬馬が充分であれば油断がならぬ」と予想されている。実際『昭和九年版　地方競馬登録馬名簿』で調べてみると、【表8―2】のようになる。結果は菅谷騎手が連勝でニホイドリが一着、ミエガサル（前述ミエガサンと同馬と思われる）が二着で堅実な予想であったようである。払い戻しは単勝式の一円七〇銭しか記されておらず、通常八頭以上であれば複勝は三着まで、七～五頭であれば二着まで複勝配当が発生するが、発売されない場合があったのか、払い戻しを省略したのか、あるいは出走馬が五頭を割り込んだのかは不明である。

第四競馬も同じく「丁種の二」で、一〇頭が出走予定であった。予想は「ハルソノ、クインニシキ、ミヨニシキの勝負。エンブレーム、ナグサの穴」であり、結果はカネタマルというユニークな名前の馬が勝ち、菅谷

表8-2　昭和8年秋季霞ヶ浦初日第三競馬出走馬

| 馬名 | 種類 | 性別 | 歳 | 生産 | 所属 |
|---|---|---|---|---|---|
| 第二ポートラビー | — | — | — | — | — |
| タカラヤマ | サラ雑 | 牡 | 5 | 鹿児島県 | 福岡畜連 |
| ハツヅキ | 内洋 | 牡 | 4 | 青森県 | 三重畜連 |
| ミエガサン | 内洋 | 牡 | 4 | 青森県 | 三重畜連 |
| カイソク | 内洋 | 牡 | 4 | 北海道 | 愛知畜連 |
| ニホイドリ | — | — | — | — | — |
| ヒカリ | 内洋 | 牡 | 5 | 鹿児島県 | 埼玉畜連 |
| アサヒ | 雑 | 牝 | 4 | 栃木県 | 栃木畜連 |
| キタキタ | — | — | — | — | — |

—は不明
『昭和九年版　地方競馬登録馬名簿』より作成
馬齢表記については当時の資史料との整合性を鑑み、2000年までは数え年を用いる。

騎手の三連勝となった。二着はタマブキであり、残念ながら外れてしまったが、事前には名前があがっていなかったカネタマルの単勝払戻が一円二〇銭、複勝が一円六〇銭というのは連勝する菅谷騎手への期待が高まっていたことの反映ともいえよう。

第五競馬は「丁種の一」で、七頭が出走予定であり、「フランキ、キヨヒリ、コーグリンが呼物、トウショウの油断ならずダイマツの穴」と五頭を挙げ、さすがにこれで外すと予想氏の面目も丸潰れであるが、ここは流石にキヨヒカリ（前述キヨヒリと同馬）が一着、二着がトウショウと的中させている。キヨヒカリの単勝は一円二〇銭、複勝が一円三〇銭であり、こうした状況をみると観客にとっては複勝を購入する傾向になるのは自然であると思われる。

第六競馬は再び「丁種の二」で、一一頭の出走が予定されていた。予想では、「クサナギ、ヨカローが面白い。第二ミフク、横浜公認の新柄だが未だ充分でないが油断はならぬ。帰らば穴。マサカツも近来成績が良い、トップも勝馬として面白い」と混戦の様子がうかがえる。一着はこの日四勝目の菅谷鞍上《あんじょう》のトップ、二着がキングガール、三着がマツシマであった。トップの単勝は二円、複勝も一着から一円二〇銭、三円三〇銭、一円七〇銭と二着キングガールの複勝がここまでの最高配当を出している。

第七競馬は速歩甲競走で、一四頭が出走予定であった。予想では、「速乙と同様充分面白い競走が出来る。ベンヂヤメン、タッヒカリ、オコシ、キタハナ、キタボシ何れも駿馬。どれが勝か一寸予想が出来ぬ。タイホー、イキオイが穴か。何れにしてもハンデイの如何で番狂わせがある。ハヤブサも一寸面白い」と記され、本競走が各馬の実力にあわせて斤量を調整したハンデキャップ戦であったことがわかる。結果は一着タイスイ、二着ハツタチバナ、三着ブンゲツと予想はひとつもかすらなかった。三着ブンゲツの払い戻しは三円三〇銭で、複勝三着の払い戻しであることを考え合わせると相当の番狂わせであったと思われる。

第八競馬は「丁種の二」で、一三頭が出走予定であり、予想では「テング、セイラン、ランカツの勝負。イセタカオ、タカトミキンテン、タチバナは勝てば穴。サキトビ、若馬で錬馬が充分でないがハナの速い馬である。油断が出来ぬ」であった。結果はホーラが一着、二着にテング、三着がカモーリであった。

第九競馬は「丁種の一」で六頭の少頭数であった。そのため予想も「チカラ、プロピシター、コウトが面白い。マツヒメの穴か」と有力馬として控えめに三頭が挙げられている。結果一着チカラで予想氏もピタリと的中させている。また単勝二円四〇銭・複勝二円五〇銭もこれまでの払い戻しを見る限り良い配当といえるだろう。二着ピントスター、三着プロビシダーであり、二着複勝の払い戻しは九〇銭と一円を割り込んでいるのが興味深い。

第一〇競馬は丙種の一戦で一一頭であった。「リシンが近来出来が良い。ホクユー、エルミナーと良い相手。ミナギルの穴か。カチマスは元のカツコマ、公認出走のつはものであったが一時足を病み丁二まで取った馬であるが、近来恢復今回如何なる成績を出すか予断が出来ぬ」とある。一着はリシン、二着ホタユー（前述ホクユー）三着ヒガシヤマであったが、公認競馬出走馬を一種格上とみなす風潮があることがうかがえる。

第一一競馬は「丁種の二」で、七頭立てであった。「オトウ、テンリュウ、コハマの競勝、ワイキンの穴」。一着はコハマ、二着はオトウ、三着テンリユー（前述テンリュウ）で見事に的中である。しかもコハマは倍率最高の単勝一〇円、複勝四円四〇銭と最高配当を記録している。予想氏にとっては会心の予想であろう。

第一二競馬、最終競走は「甲種」である。いわゆるメインレースであるが、九頭といささか寂しい出走頭数であった。ただ、予想氏も気合いが入っており「キンザンが一時下り馬であったが各務原、岡崎の成績から見ると一鞍ある。ハツノベ、リオンの関西馬と良い勝負。ミツカゼ、ツカヒカルの穴、ツラヌキも一寸面白い」。一着はツラヌキ、二着はミツカゼ、三着ツヤヒカルであった。ミツカゼの複勝も九〇銭と大きく割り込んでいる。

一日目の総売上高は単勝の四〇六〇円に対し複勝は一万三〇五五円と複勝の売上が三倍以上を占めた。配当計算の方法によるものとはいえ、当たりやすく場合によっては高配当が期待できる複勝は多くのファンの支持を得ていたことがうかがえよう。

## 大分県の地方競馬

それでは次に大分県の事例を取り上げて見ていこう。大分県では、宇佐《うさ》神宮の年中行事として祭典競馬が行われており、大正一三年秋より優勝馬投票を伴う競馬が実施された。昭和二年には馬場を改良し、売上も増加したが宇佐神宮の神苑で競馬を実施することに当時の知事が懸念を表明したため昭和七年より移転し、県下第一といわれたスタンドを整備していた。大分県内には昭和七年の段階で中津、宇佐、別府の三か所に競馬場が存在し、それぞれ人気を博していた。大分新聞には「県下の春の競馬」（『大分』S7・4・7）と題して以下の記事が掲載されている。

県下の春の競馬は今月末頃から宇佐を皮切りに行われるが今年は競馬場が三ヶ所に整理されて最初でもあり各地共相当大がかりになる模様である。

図8-2　宇佐競馬新聞広告（『豊州新報』昭和7年4月27日付）

こうして、大分県における春季開催競馬の幕が開く。日程は宇佐が四月二九日から三一日、別府が五月三日から五日、中津が五月六日から八日と三場とも時期が重ならぬように調整されており、競馬ファンを食い合わぬ形を取っていた。また賞金も五千円（『大分』S7・4・8）という破格の設定になっており、馬主の出走意欲を掻き立てるものであった。こうして競馬シーズンが近づいてくると、施行者である大分県畜産連合会は積極的に新聞広告〔『豊州』S7・4・27〕を打っていき、いやがおうにも到来した春競馬の気分を盛り上げるのである。

## 宇佐競馬の実施

昭和七年四月二九日、晴天に恵まれた宇佐常設競馬場において競馬大会が実施された。当時の新聞記事〔『豊州』S7・5・1〕は

宇佐郡畜産組合主催に依る春季賞《ママ》馬投票大競馬会は廿九日晴天に恵まれて第一日の幕は切られた。此の日近県は勿論近郷の男女大小のファン連は早朝より押かけ流石《さすが》の広き場内も寿司詰の盛況にて一競馬毎《ごと》に起る笑声嘆息は競馬場外にては見られぬ場面を展開し競馬気分は愈々高潮に達し時刻の切迫と共に残る番組に名残おしがり片唾《かたず》を呑む。斯くて第十二競馬を最終《ママ》日午後七時過大盛況に第一日は無事に終わった

と場内の熱気を伝えており、大分県内だけではなく、近隣県からの来場者があったこと、老若男女のファンが集まっていたことがうかがえよう。もちろん、新聞報道故の誇張が含まれている可能性は否定できないが、大正一二年の競馬法成立後、厳しい制限下のもとで競馬を運営してきた実績が徐々に世間に浸透してきたことで、「競馬」をひとつのイベントとして受容する認識が一般化していたことがうかがえる。また新聞の報道も明治末期に行われていた競馬に対する馬券反対の報道姿勢から著しく変貌していることも注目に価する。最終日に

は大分県知事や県内務部長等が見物に来る等〔『大分』S7・5・4〕、行政側の姿勢も友好的であり、競馬場はいわば地方における「祝祭空間」としての機能を果していたのである。

## 中津開催

それでは次の中津開催を例に取り上げ、「競馬」が各地域に与えた具体的な影響について考察していこう。本来ならば続いて別府競馬の開催となる筈なのであるが、新聞報道によると、結局中津が続いて競馬開催を実施することになったようである。

こうした地方競馬における出走馬は、競馬開催の数日前に馬匹検査を行うのが恒例であったようである。中津においても、「出場馬資格検査は五月二、三両日間午前八時から大貞公園競馬場で施行することになった」〔『大分』S7・4・14〕とあり、六日からの開催であることを考えると幾分急である印象を受けるものの、幸いにして二〇〇頭余が集まり、出場馬数の確保には成功する。こうした地方競馬に出走する馬匹は、近隣の競馬場をローテーションで廻っており、例えば昭和一〇年の例だがカサナミという馬は一年間で飯塚、荒尾、別府、宇佐、神埼《かんざき》（佐賀）、八代《やつしろ》、春日原《かすがばる》（福岡）、豆津《まめづ》（佐賀）に出走する等、まさにさすらいのレース旅をしていたことがうかがえる。

競馬場へのアクセスについては、三重県と同様鉄道会社の協力を得ている点も注目される。中津競馬は中津市外の大貞《おおさだ》常設競馬場で実施されることになっており、耶馬溪《やばけい》鉄道が最寄駅・大貞公園駅を設置していた。開催時には耶馬溪鉄道が臨時列車を出し、乗客の輸送を行っていた【表8―3】ことから、地域一体となった協

表8-3　耶馬渓鉄道時刻表

| | 中津発 | | 大貞公園発 |
|---|---|---|---|
| 午前 | 8:15 | 午後 | 4:00 |
| | 9:45 | | 6:00 |
| | 10:45 | | 6:35 |
| | 11:25 | | 7:20 |
| | 12:40 | | — |

『大分』Ｓ７・５・４　朝刊３面より作成

力体制が敷かれていたことがうかがえよう。また、鉄道会社にとってもこうした競馬開催日は大幅な増収が見込めるため、「遊興利用者」をターゲットにした輸送計画を実施していく。

鉄道会社と競馬との関わりについては、公認競馬の福島競馬での事例〔『福島競馬沿革資料集』〕を紹介しておこう。

◇次に福島電鉄会社で、同社は福島駅と市内各所から競馬場まで往復割引十銭の電車で、一日四百円の増収はあるそうだ。◇国鉄となると桁が違って、乗降人員だけでも平素の五倍に上り、競馬には臨時列車を運転する位であるから、他は推して知るべしである。

福島駅と競馬場の往復割引を使用する客は四〇〇〇人にも上り、国鉄では乗降人員が五倍になり、臨時列車を運転するほどの盛況ぶりであった。

また、同じ地方競馬では滋賀県の草津競馬において、京阪神を中心に広く西日本一帯や関東から毎回訪れる一万人前後の観客の便宜を図るため、臨時列車の増発や車両増結を実施した。さらに草津駅と競馬場の間に道路を新設したり、草津駅西口には臨時改札口が設けられるなど交通インフラの整備を進めている〔『草津市史』〕。

こうした臨時列車の編成については、競馬ファンの利便性を高めるとともに、競馬場に向かう客層を他の乗降客と隔離する狙いもあったと類推される。というのも、私は競馬場に向かう側の人間だったので「直通列車は便利だな」くらいしか思っていなかったが、ある時競馬に全く興味のない人から、「あの競馬場直通列車ってのはいいね、ギャンブルに向うおじさんたちと一緒に乗らなくて良いから」と、文章では柔らかく表現しているが実際はもう少しキツめにいわれた時にハッとしたのである。もちろんこれが鉄道会社の戦略か否かは史料的に説明できないが、そうした要素も視野に入れておく必要はあるだろう。いずれにせよ、この臨時列車のダイヤは、「競馬観覧客の移動手段の確保」という施行者側の意図と、「遊興客の輸送による増収」という鉄道会社側の意図が上手く組み合わさってなされたものであると言えよう。

各鉄道会社にとっては「競馬」という「イベント」が実施されることで大きな増収が期待できると見なしており、施行者に協力したのである。

## 中津競馬の初日

中津競馬の初日である五月六日はこうした人々の熱意に水を差す生憎《あいにく》の雨であったが、当時の地方競馬は雨天順延があり、その為翌七日が初日となった。一日の延期が逆に効を奏したのか結果的に土曜日の開幕となり、「加えて絶好の快晴に恵まれ」、「競馬ファンの血を極度に湧き立たせ」ることとなった。こうした状況について、『豊州新報』〔S7・5・8〕は次のように報道している。

（前略）特に本年度よりは県下三競馬の一に指定せられた最初の競馬とて満端の秩序最も整えられていたので終始各競馬毎《ごと》に緊張し初日ながら入場者一万五千余名に達し馬券売上げも約二万円を突破するの盛況で

あった。（後略）

こうして、中津競馬初日は、中津市の人口が三万人程度に過ぎなかったにもかかわらず、一万五千人もの観客を動員する大イベントとして成功を収めたのである。また、競馬を観覧に来る県内外の客が飲食や宿泊で消費する金額等も二次的利益とはいえ大きな収入源であり、競馬場内や近郊にある旅館・食堂等もそれ相応に潤ったであろうことは想像に難くない。

同じ地方競馬である千葉県の柏競馬の例を参考までに掲げておこう。柏駅前にあった富士見軒女将・森たいさん（当時九三歳）の証言〔『広報かしわ』〕である。

［富士見軒］は当時、柏駅前でカフェを経営していましたが、競馬場オープンと同時に、場内に洋食店と売店を出しました。競馬の開催日は目が回るような忙しさでしたね。米は二俵（一二〇キログラム）炊き、普段は一人のコックが開催時は五～六人。親せきから手伝いをお願いするほどでした。洋食店ではカレーライスとカツライスが人気でした。売店の方ではサイダー・コーヒー・ラムネ・スマック・かき氷などを売っていて、特にスマック（棒状のアイスクリームをチョコレートで覆った菓子・当時十銭）がよく売れたんですよ。（後略）

注文から料理が出てくるまでが短時間、かつ手早くかきこむことのできるカレーと、縁起を担ぐカツ（勝つ）

ライスが人気のあたりは現代の競馬場メニューにも通じるとともに場内の活気を感じさせる証言である。

そうした地域振興的な要素に加えて、競馬の開催は「雇用の創出」という役割を担った。このことについて『豊州新報』は次のように報じている〔『豊州』S7・4・29〕。

(前略、中津競馬会事務所で)猶《な》お前もって募集中であった女事務員数も新たに八十名の増加を発表し小学校卒業程度で十七歳以上三十歳までの婦人を急募する事となり別に難かしい試験等は課しない事に決定した。同時に男事務員三十名をも募集したが、この方は一日で履歴書持参の者満員となり、中学出大学途中退学者等多く、ここにも就職難時代の反映が見られた。

この記事から事務員の募集に対し応募が殺到しており、昭和初期の地方都市がいかに厳しい就職状況であったかを物語っている。例えば、熊本逓信局が二・三名の雇員を採用する際、その希望者は四八八人に達し、その中には専門学校や大学出身者がざらに含まれていたという〔『大分』S7・4・14〕。

こうした状況下において、競馬開催に伴い事務職で男女百名以上の雇用を生み出す競馬場が無視できない存在であったかがうかがえよう。当時の深刻な就職状況は大分県においても例外ではなく、昭和五・六年の大恐慌のために倒産・休業・操業短縮に追い込まれる企業が増加し、失業や賃金未払い等から労働者も苦境に立たされるようになっていた。大分県の代表的企業である日鉱佐賀関《さがのせき》製錬所において昭和四年から四年連続でリストラが実施されているという事実は最も象徴的だといえよう〔『大分県史　近代篇Ⅲ』〕。こうした社会情勢の中で、開催時だけの、所謂アルバイトのようなものとはいえ職にありつけるのは魅力的なことであった。そしてそうした雇用を創出する役目を担ったのが競馬だったのである。

以上見てきたように、昭和初期における競馬の開催は、馬券発売に伴う地域振興、鉄道に代表される地元企業への臨時増収、不況下における「雇用の創出」、地域住民に「娯楽」を提供するといった多くの利点を伴うものであった。不況下においてこうした機能を持つ競馬場を地元に誘致することが各地域にとって有効であったのは言うまでもない。例えば前述の中津競馬においても、その規模の拡大等に乗じて「中津市外大貞公園競馬場は隣接村鶴居《つるい》村の移転誘致運動に動かされ一時移転決議をしたほど」〔『大分』S7・4・14〕であり、結局春季競馬終了後に拡張工事を取り行うことで、隣接町村による競馬場の誘致活動を阻止するに至っていた。各市町村は「我が町に競馬場を」と地方議員も巻き込み運動を展開しており、そこには競馬場が「町発展の一助」として期待されていることが見てとれよう。

## 馬券の無い競馬

さて、勝馬投票を伴わない競馬に関しても述べておきたい。馬単・三連複、WIN5や三連単までもが導入された現在において、「勝馬投票を伴わない競馬」というものは我々にとって到底信じられぬものであるが、昭和初期においてそれほど珍しいものではなかった。例えば宇佐に先立つ四月二四日から開催された「百枝原の大競馬」は、『大分新聞』〔『大分』S7・4・17〕に春季大競馬は来る二十四日例年の如く三重郊外百枝原で挙行するが当日は日曜のことではあり地方随一の競馬のこととて盛況を予想されている

と紹介されており、実際には雨天により生憎月曜日に延期されたのであるが、「廿五日開催観衆押かけ大盛況を呈し」〔『大分』S7・4・27〕、「三重郷牛馬商主催、郡畜産組合後援の百枝原大競馬会を二十五日午前十時より出場馬匹八十余頭の秒取を行い午後一時より競技に入ったが当日やや風強かったが好晴に恵まれ場の周囲も十重廿重と人の垣を造り観衆数万と註せられ空前の盛会を極め午後五時過ぎ終了した」〔『豊州』S7・4・28〕という。このように、勝馬投票を伴わぬ競馬にも数万の観客が来場する、まさに地方挙げてのイベントとなっていたことがわかる。また、招魂祭においても競馬は実施されており、四月二八・二九日に大分練兵場において馬匹検査が行われた後、五月三日の招魂祭最終日に競馬が開催されている。その様子は「競馬は正午から練兵場東南部に設けた馬場で催され観衆熱狂し午後五時過ぎ大盛況裡に終了した」〔『大分』S7・5・3〕と報道されている。堅苦しい印象を持ってしまいがちな招魂祭においても、競馬は観衆のストレスを吹き飛ばす爽快な娯楽として機能していたのである。招魂祭は草創期においては儀礼的な要素が強かったが、明治後期から大正期にかけて一段と祝祭的な要素を強めていく性格を持っていたようである〔『軍都の慰霊空間』〕。そうした「祝祭空間」において撃剣・相撲等と共に競馬もその役割を果たしたことが見てとれよう。

## 地方競馬の展開

以上見てきたように、昭和初期において各地で本格的に実施され始める地方競馬は、各地域に非常に大きな影響を与えた。ひとつは、百を超える競馬場が沖縄を除く全国に設置され、一円という手が出しやすい馬券が発売されたことで、競馬がより身近な存在になったことである。

そして戦前期の三重県下においては、各地域の熱心な競馬場誘致運動が存在し、宇治山田市に至っては公認競馬場の誘致を構想していたことが明らかとなった。その結果、昭和二年より津・阿漕ヶ浦に、昭和四年から四日市市郊外の霞ヶ浦に競馬場が整備され、競馬が開催されることとなった。また、大分県においても中津・宇佐・別府の三か所において競馬を実施した。これらは昭和恐慌の下で一日二万円もの売上を計上し地方財政に寄与するとともに、競馬場の事務員等新たな雇用の創出も担う等、財政面において大きな役割を果たした。そして多くの観客が来場したことは、場内での飲食等、二次的利益にも大きく貢献したことが考えられるであろう。また、競馬場は従来「博徒が割拠する鉄火場」といった面ばかりが強調されてきたが、本章で見てきたように所謂「祝祭空間」として地域の老若男女や、近県からの遊客に対して娯楽を提供する空間として機能していた事がうかがえよう。そして、そうした様々なメリットがあったからこそ、各地域は「わが市（町村）に競馬場を！」と積極的に誘致活動に動いていたのである。地域一丸の協力体制は駅の新設や、競馬にあわせた臨時列車を出す等、鉄道会社の協力の様子からもうかがえよう。さらに勝馬投票券を発売しない競馬も活発に行われ、そこにも多くの民衆が押しかけて盛況を博した。「馬が駆けるのを見る」ことがイベントとして成り立っていたことも併せて見てとれよう。その背景には「愛馬心の涵養」という国策が存在していたのである。

このように昭和初期の地方社会において、公認競馬とはまた違った意味で競馬は非常に重要な役割を果たしており、戦前期における競馬の多様性をのぞかせる。そして「地方競馬」はこの後大陸戦線の活発化、という要因によりその性格を変容させていくこととなるのである。

# 第9章　日本陸軍と競馬

## 陸軍と競馬

近代日本社会の軍事動員に関して考察する際、徴兵制にまつわる研究の豊富さに比べると、徴用馬匹《ばひつ》に関する研究は驚くほど少ない。かつて「人馬一体」と表現され、馬が戦争に欠かすことのできない存在であったことを考えるといささか公平性に欠けるといわざるを得ない。

近代において馬匹は「戦場の活《かつ》兵器」と評されるように、戦争、特に陸軍と馬匹の関係は切っても切れない関係にあった。日本においてもこれは例外ではなく、日露戦争までは騎兵用乗馬中心、第一次大戦後は砲兵用輓馬《ばんば》中心という具合に戦法・戦術の変化に対応しつつ第二次世界大戦まで軍馬の重要性は継続していた。従って軍部においては常に馬匹を補充する必要があり、そのための組織として軍馬補充部が設置され、民間から馬匹を購買・徴用し、訓練を行い戦場へ送りだしたのである。

しかし、陸軍が関与するのはあくまで購買からであって、どのような馬種を選択し、どのような方針のもとで改良繁殖を進めていくかは多くは民間の生産牧場の自主性、および馬政を含む畜産業を管轄する農商務省（大正一四年［一九二五］、農業・林業・水産行政を行う農林省と、商工行政を専管する商工省に分離。昭和一八年［一九四三］には商工省の軍需品生産に関する部門が軍需省として独立し、残りの部門と農林省が合体し、農商省が設立されている）の指導によっていた。この方針が大きく変わるのが昭和一四年（一九三九）の「馬政関係三法」の成立である。

## 馬政所管の変遷

明治三九年、国内馬匹改良の総本山たる馬政局が内閣直属の機関として鳴り物入りで設置されたが、わずかその四年後の明治四三年、陸軍省の一局へと移管された。大正一二年に競馬法が成立し、馬券発売が認可されると同時に馬にまつわる行政は陸軍省馬政局から農商務省畜産局に移管される。この理由は大正一一年七月三一日付の陸軍省送達からうかがい知ることができる（「航空局馬政局及廃兵院移管に関する件」『公文類聚』）。

（前略）馬政は軍事の外広く一般産業界に関係する所大なるを以て寧《むし》ろ之が管理を産業当局者たる農商務大臣に移し以て産業界の要求と軍部の要求との調節に便ならしむるは時勢の推移に順応し馬政の緊実なる発達を期すべき良策なりと認む。

当時陸軍では山梨半造陸軍大臣による軍縮が進められており、大正一一年四月には六万人の兵員と一万三〇〇〇頭の馬匹を整理していた。軍馬については、第一次大戦後における輸送の機械化という世界的な潮流の中で削減が実施されると共に、馬匹改良の長期計画である第一次馬政計画の第一期計画（一八年）が大正一二年に終了することも、馬政業務を移管・統合するタイミングとして適しているとみなされたのであろう。

こうして馬政業務は陸軍省から農商務省へ移り、第二期馬政計画が策定される。策定の中心となった農商務省の馬政に対する姿勢は、「全国に於ける総馬数は国防上及産業上の見地より少くとも百五十万頭を維持する必要あるを以て軍事上の要求に悖《もと》らざる範囲に於て将来努めて経済上有利なる馬種の生産を奨励する」〔『馬政第二期計画綱領』〕と述べられているように、経済産業を司る省庁である農商務省にとっては国防上の観点、すなわち軍馬の改良もさることながら、馬産の振興もまた重要な課題であった。

また、競馬運営側、すなわち倶楽部首脳においても新しい管轄省庁である農商務省の「経済上有利なる馬種の生産を奨励」するという意向に沿う姿勢を示した。

これまで馬券発売を禁止され、政府からの微々たる補助金等で細々と競馬運営を行ってきた各倶楽部において、競馬法の成立で巻き返しを図る意気込みがあったことを物語っている。そして、悲願として獲得した「勝馬投票券発売の権利」を最大限利用する、より直接的に述べると、「売上」、すなわちファンの要望を重視する姿勢を打ち出していくようになるのである。こうした方針に基づき、倶楽部が追求していった競馬は、「速さ」を追求した、すなわちサラブレッドを中心とする競馬であった。

## 東京優駿大競走の設置

それでは売上を確保し、かつ陸軍の要求を満たす競馬の実現という困難な課題に倶楽部首脳はいかにして立ち向かっていったのだろうか。ここでは東京競馬倶楽部を例に取り上げてみていきたい。

東京競馬倶楽部の場合、ハードとソフトの充実を図ることによって、この課題を乗り越えようとした。ハード面については前述した東京競馬場の移転新築であり、ソフト面の充実においては大レース、いわゆる「東京優駿《ゆうしゅん》大競走」（日本ダービー）の創設が挙げられる。

有馬記念と並び一般の方にもよく知られている「日本ダービー」であるが、実は正式名称は「東京優駿」である。皐月賞が中山競馬場が使用できない際に東京競馬場で代替開催されるのと異なり、その正式名称に相応しく、東京（目黒・府中）以外で開催されたことはない。

「ダービー」という言葉自体も、かつては「巨泉のクイズダービー」などテレビ番組のタイトルにも使用されていたし、野球でもホームランダービーやハーラーダービーなど使用されることが多い。余談であるがサッカーのいわゆる「ダービーマッチ」は競馬のダービーとは違い、町の名に由来するそうである。

東京優駿のモデルとなったのは英国ダービーである。基本的に毎年六月第一週に開催され、二〇〇回を超える伝統を誇る大レースは、一七八〇年、イギリス・エプサム競馬を運営するダービー卿の名前を冠したダービー競馬が実施されたのをその起源とする（『ダービー卿のイギリス』）。競馬発祥の地・英国においても別格の扱いを受けており、この世界最高峰のレースのひとつである英国ダービーにならってわが国においてもダービーを創設しようという動きは大正末期から存在した。

ここでは石橋正人の提言を取り上げてみよう。石橋は、「ダービーは英国競馬界の重要行事」であり、「明四歳馬一哩半」のレースを行うことで「国際的競技観念に依て我が馬産の昂上を刺激」し、「優勝と名誉とを以て馬産家の奮励を喚起し動《やや》もすれば萎靡《いび》沈滞せむとする馬産に刺激を与うることの必要」があると説く。そしてその為には「一着賞を少なくも壱万円とし、二三着若くは四着賞の外に二三着賞と略ぼ比敵する一二着馬生産者賞を加うることとせば奨励の主義は益々徹底」し「更に競馬会は各其の分限に応じて或はセント、レッジャー（明四歳）の如く或はオークス（四歳牝）の如く又二千ギニー（四歳）一千ギニー（四歳牝）等の如き代表的競走を創設せんことを望む」と五大クラシックの設置を提言しているのである。

実際にこの石橋の提言とほぼ同内容で東京優駿は実施されるが、こうした倶楽部独自の方針、すなわちサラブレッド中心でスピード優先の競馬開催の推進に陸軍は不満を抱いていた。

ではこうした陸軍の不満に対し競馬倶楽部はどのようにして対応したのであろうか。東京優駿大競走の設立趣意書を見ていこう。

まず、「晩近《ばんきん》競馬の隆昌に伴い出場の馬数漸次増加しその資質またようやく改善の域に達し国防ならびに産業上国家に寄与することすこぶる大なるものあるはまことに幸慶にたえざる所とす」と、競馬の実施は国防上有益なものであるとする。そして、「いたずらに欧米先進国の範に模して興趣的偏重の弊に堕することを避け一意わが国情に照して毫《ごう》も国家の要望に反する所なく、すなわち堅実強健にしてかつ持久力に富む馬産を目的として常にその資源に任ずるの覚悟を要すべき」と、あくまで陸軍の要求する「堅実強健にしてかつ持久力に富む馬産」を目的としていると述べ、その上で東京優駿の開催の必要を説くのである。東京優駿競走は、昭和五年に東京競馬倶楽部がその全貌を明らかにするが、新馬戦に出走できる年齢制限が七歳、障害・速歩ならば一〇歳まで出走できる当時の競馬で、明け四歳馬のみの限定競走、さらに二歳から登録制という非常に厳しい条件である一方、一着賞金は破格の一万円であり、さらにラジオ放送の実施を行うという競馬史上、画期的なものであった。こうした内容から、「しかして本競走に出場せしむべき馬は二才幼駒《ようく》の秋季において初て出馬登録申込を受け四才の春季にいたり実際の競走に参加せしめんとするものなるをもって、この間生産者に対しては早期より一定の目途を定て適切なる育成調教をとげしむるの便宜を供する」とし、馬産と競馬を直結させる狙いがあったことがうかがえる。そして、四歳（現在の三歳）という若駒の時期に二四〇〇メートルという距離を体験させることで、持久力に富む馬を生産する、としたのである。陸軍の要求を受けとめつつ、自らの目的を達成するという事例は、例えば競走回数の増加などについてもうかがえるが、それについては後述する。

このように、倶楽部は建前上は欧米先進国のような娯楽的要素の強い競馬にする意図は毛頭無く、あくまで「国家の要望に反する所なく、すなわち堅実強健にしてかつ持久力に富む馬産を目的」としていると述べる。そのためには、若駒の間から重量を背負って長距離を走る訓練をする必要がある、としたのである。陸軍も「改良原種」としてのサラブレッドの役割までは否定できず、また「持久力の鍛錬」という要求に対しても四歳春時点で二四〇〇メートルの距離を走らせることは持久力に富む馬を育成するという理屈に一定の理解を示さざるを得なかったのであろう。さらに、一着馬の生産者には賞金一五〇〇円および銀製カップが贈られ、二着馬、三着馬の生産者にはそれぞれ八〇〇円、五〇〇円が授与されるなど生産者賞が設定され（『日本ダービー二五年史』）、「生産」と「競走」の繋《つな》がりをより明確にすることで、各牧場にサラブレッド生産への大きな動機付けを果たしたのである。安田が「小岩井農場若くは宮内省下総牧場、其の他一二のサラブレッド生産者を目標にして、ダービーレースを編成する」と述べているように、照準を三菱系の小岩井と宮内省の牧場にあわせており、さらに「生産者と緊密な連絡を取」ることで、ファンのみならず生産者の視線をも倶楽部の競馬に向けさせることに成功したのである。また一着賞金を一万円としたことで、高額の賞金設定→馬主はサラブレッドを購買→サラブレッド生産牧場振興という軽種中心の馬産振興を促進することになった。例えば昭和一三年に三万七六〇〇円で競り落とされたクモハタは生涯獲得賞金が七万四〇〇〇円余りで馬主に約二倍の利益をもたらせ、昭和一五年に三万二二〇〇円で競り落とされたセントライトは翌昭和一六年、史上初の三冠馬としての栄光につつまれた。これは、魅力的な大レースでの勝利によって富と栄誉を一挙に獲得できることを意味した。こうした生産者側を巻き込んだレースの創設は、一方においても興味深い状況を生み出した。しのぎを削るライヴァルである小岩井農場や宮内省の御料牧場などが有力な種牡牝馬を導入し、激しいサラブレッド生産競争の火蓋が切って落とされたのである。その結果、競走内容は飛躍的に向上し、競馬の質の向上とともに、生産牧場・血統面も予想ファクターとして大きい位置を占めるようになった。いわば「知的推理ゲーム」としての内容が更に充実し始めるのである。そして新しく社会に登場し始めた新中間層などの娯楽として、競馬は熱狂的に受け入れられていく。

ラジオ中継は、「他面勝馬投票券の発売状況、発売額及勝馬に対する払戻金等に関する事項には一切触れざることを条件」（「昭和七年六月八日七畜局第七一二九号畜産局長より各競馬倶楽部宛通牒」）に実況が許可された。これは、あくまで競馬の実況中継が「馬事思想の普及上効果著しきもの」であり、払戻金などある意味「実用的」な内容は、「射幸心を煽る」ことにつながるため、取り止めたのである。このように、売上を重視する倶楽部であったが、馬券の発売は競馬場内に限られており、戦前はいわゆる場外馬券売場での馬券発売は行われていなかった（もちろんインターネット販売もない）。これはパドックでしっかり馬を確認し、競走をきちんと見る、その行為こそが馬事思想の普及につながるという大枠があり、その大枠を踏み越えて場外馬券発売を実施することは不可能だったためである。そのかわり、その枠内でうまく立ち回ることにより、大義名分を獲得しつつ各倶楽部の望む競馬の実施を模索したのである。

実際、移転後初めて府中競馬場で開かれた昭和九年のダービーでは、その時の春季開催で入場者九万五二八九人、六六九万四七六〇円を売り上げた。これは前年の春季開催に比較してそれぞれ一万九八〇人、八九万八九六〇円の増加であり、ハード及びソフトが充実することで、売上が着実に増加している様子がうかがえる。このように各倶楽部は陸軍の要求を受け止めつつ、ファンの要望に沿った競馬番組の充実を図ることと、各競馬場の拡充というハード面の整備という両面により、収益を増加させたのである。しかし同時にそれは、「大衆の欲望」、すなわち「売上」が下がると自らのアイデンティティを失いかねないことを意味していた。

## 競走大系の確立

現代の競馬ファンが親しむいわゆるクラシックなどの競走大系が整備されたのも、東京優駿大競走が開催されたまさにこの時期であった。ハード・ソフトの充実による売上の増加は、各倶楽部単体の努力の成果であるとともに、点としてのレースではなく、面としてのレースの整備が進んだことにも大きな要因があった。昭和一二年、各倶楽部は統合され、日本競馬会が設立し、理事長には松平頼寿、副理事長には安田伊左衛門がそれぞれ就任した。これは、いわゆる「統制」の一環であったが、各倶楽部ごとてんでばらばらに行われてきた競走を初めて総合的に位置づける、すなわち競走体系の整備を可能とする契機でもあった。その結果五大クラ

**表9-1　大レースの創設**

| 創設年 | 西暦 | 創設時名称 | 競馬場 | 距離（メートル） | 備考 |
|---|---|---|---|---|---|
| 昭和7 | 1932 | 東京優駿大競走 | 東京（目黒） | 2400 | 副名称：日本ダービー |
| 昭和9 | 1934 | 大障害特別 | 中山 | 4100 | 中山大障害 |
| 昭和12 | 1937 | 帝室御賞典競走 | 阪神（春）<br>東京（秋） | 阪神2700<br>東京2600 | 天皇賞、春秋二季開催、<br>東西の持ち回り開催 |
| 昭和13 | 1938 | 阪神優駿牝馬競走 | 阪神 | 2700 | 優駿牝馬（オークス） |
| 〃 | 〃 | 京都農林省賞典四歳呼馬競走 | 京都 | 3000 | 菊花賞 |
| 昭和14 | 1939 | 横浜農林省賞典四歳呼馬競走 | 横浜 | 1850 | 皐月賞 |
| 〃 | 〃 | 中山四歳牝馬特別競走 | 中山 | 1800 | 桜花賞 |

『日本競馬史　第5巻』より作成

**表9-2　出走馬の種類別頭数**

| 洋種（1362頭） | | | | 雑種（415頭） | | | |
|---|---|---|---|---|---|---|---|
| 順位 | 種類 | 頭数 | % | 順位 | 種類 | 頭数 | % |
| 1位 | 内国産洋種 | 900 | 66.1 | 1位 | サラブレッド雑種 | 128 | 30.8 |
| 2位 | サラブレッド | 229 | 16.8 | 2位 | アングロノルマン雑種 | 86 | 20.7 |
| 3位 | アングロアラブ | 135 | 9.9 | 3位 | アラブ雑種 | 53 | 12.8 |
| 4位 | アングロノルマン | 23 | 1.7 | ** | ***** | ** | ** |

『昭和８年第６次馬政統計』より作成

シック（皐月賞・ダービー・菊花賞・桜花賞・オークス）を中核とするレース群が整備され、本来独立試行であった各競走は有機的に結びつき、一年を通しての「物語」をファンに与えるようになるのである【表9―1】。

## 競馬の実情

それでは当時の競馬競走の実情、特にどのような種類の馬が出走していたのかを中心に確認していこう。昭和八年農林省畜産局『第六次馬政統計』【表9―2】によると、内国産洋種がほとんどを占め、陸軍の推奨する馬種であるアングロアラブ、アングロノルマンを大きく引き離している。また、高額賞金獲得馬【表9―3】においてもその差は歴然で、ベストテンの九位までをサラブレッドが占めている。これは昭和七年から始まった東京優駿といった高額賞金レースの影響もあるが、アラブ系では、メイシ

表9-3　昭和7年高額賞金獲得馬一覧

| 順位 | 馬名 | 性別 | 血統·父 | 血統·母 | 父馬名 | 取得賞金 |
|---|---|---|---|---|---|---|
| 1 | ワカタカ | 牡 | サラ | 内洋 | トウルヌソル | 51,105 |
| 2 | ヤマヤス | 牝 | サラ | 内洋 | チャペルプラムプトン | 44,063 |
| 3 | ハクヨシ | 牡 | サラ | 内サラ | チャペルプラムプトン | 36,274 |
| 4 | アスコツト | 牡 | サラ | 内サラ | チャペルプラムプトン | 34,523 |
| 5 | シラヌヒ | 牝 | 内サラ | 濠サラ | エミグランド | 32,820 |
| 6 | マイプレー | 牡 | サラ | 内洋 | ウツリーブリツチ | 32,114 |
| 7 | オオツカヤマ<br>(改名セイウン) | 牡 | サラ | 内サラ | シヤンモア | 29,937 |
| 8 | アサハギ | 牝 | サラ | サラ | トウルヌソル | 29,561 |
| 9 | ロビンオー | 牝 | サラ | 内サラ | クラツクマンナン | 28,927 |
| 10 | ツクバ | 牡 | 内洋 | 内アア | キープセーク | 26,381 |
| 23 | メイシユン | 牝 | アノ | アノ雑 | エトマン | 18,905 |

※10位のツクバと23位のメイシユンを除けばほぼサラ系が40位までの上位を独占。
※農林局畜産局『第六次馬政統計』（昭和８年３月刊行）より作成。
※表中「サラ」はサラブレッド、「アア」はアングロアラブ、「アノ」はアングロノルマンを指す。
※表中「内」は内国産、「雑」は雑種、「洋」は洋種、「濠」はオーストラリアを示す。

ユンの二三位が最高順位であった。こうしたことから馬主の購買欲はサラブレッド中心となり、それに付随して生産者の意図もサラブレッド重視へと移り変わることが推測されよう。サラブレッドの生産には、宮内省（下総御料牧場、新冠御料牧場）とともに農林省（日高種馬牧場、奥羽種馬牧場）も大きくかかわっていた。こうした官庁主管牧場のサラブレッド生産頭数は百頭を超え、岩手県や宮崎県とほぼ同数を生産するサラブレッド王国であった。これらは、開催者の推進したサラブレッド中心のスピード競馬の成果であり、馬産経済には一定の役割を果たしたといえよう。しかし軽種重視の競馬の盛り上がりは、「輓駄馬」を増加させるという国策には明確に矛盾していた。そうした路線を倶楽部が推し進めた要因は、売上の増大、すなわち馬券の購入を通じた大衆の明確な支持があったためである。この背景には、競馬の娯楽としての成熟があった。特に、下総・小岩井の両牧場がしのぎを削ったライバル対決、過去から未来へ繋ぎ織りなされる「血統」等、競走体系の整備によって多角的な「ストーリー」を展開することで、ファンはより継続的に競馬を楽しむことができるようになったのである。

中でも父が下総御料牧場のダイオライト、母は小岩井農場のフリッパンシーで、サラブレッド生産の両雄が外部導入した馬同士から生まれた初代三冠馬・セントライトの登場は、馬産と競馬を一体化させ、サラブレッドを中心としたスピードのある魅力あふれるレース作りという倶楽部の推進した競馬路線のひとつの象徴と言えよう。

また売上を通じて速歩競走やアラブ競走よりサラブレッド競走を支持するというファンの審判が行われ、ファンの要望に応えようとする開催者側と、自らの要望する競馬が否定された陸軍との相克が更に深刻なものになるのである。

## 競馬のもう一つの意義

この大衆の支持による莫大な売上は、本来競馬実施の理由である①馬事思想の普及、②馬匹改良、という二つの役割に加えて、新たな役割を生み出すこととなった。

大正一二年に成立して以降、競馬法は戦前幾度かの改正を経ている。ここでは、その改正の内容を検討し、競馬の持つ役割がどのように変化したのかを位置付けてみよう。

最初の改正は昭和四年である。これにより開催日が四日から六日以内に増加し、政府納付金も一％以内が四％以内となった。同年三月には農林省よりアラブやアングロアラブの競走を実施する指示が各倶楽部に出されており、また五月には「番組編成に関する件」として次のような通牒が発せられていた。

本年秋季競馬以降に於ける番組編成方法に関しては曩《さき》に協議致置候処各競馬倶楽部より申出の次第も有之《これあり》
本年秋季競馬に限り速歩、障碍及アラブ、アングロアラブ競走の回数は左記の通りとし、承認相成候條此段及通牒也
追て昭和五年春季競馬よりは速歩、障碍競走を合計し二十四競走以上編成する義と御了知相成度申添候。

記

一、速歩競走　十二競走以上
二、障碍競走　1、日本、東京、阪神、京都、中山、小倉競馬倶楽部は九競走以上
　　　　　　　2、函館、札幌、新潟、福島、宮崎競馬倶楽部は七競走以上
三、アラブ、アングロアラブ競走　六競走以上

【意訳】

今年の秋季競馬以降における競馬のレース編成方法に関して以前より協議していたところ、競馬倶楽部より申し出があったため、今年の秋季競馬に限って速歩・障害・アラブおよびアングロアラブ競走の回数は左記の通りとすることを承認したのでこの件を通知する。

昭和五年の春季競馬よりは速歩、障害競走を合計して二十四競走以上編成することを了解しておいてほしいことを申し添える。(以下略)

こうした農林省からの速歩、障害、アラブ、アングロアラブの競走増加要求に伴い、開催日数の増加がはかられた。本来ならばサラブレッドの競走枠を削減し、速歩などを実施すれば済むのであるが、競走日数自体の増加で対応しているあたり、倶楽部側も抜け目がない。前年の昭和三年一二月に開かれた第五回馬政委員会において、「開催期間の延長並法人数増加の理由」について、政府委員の戸田保忠《とだやすただ》農林省畜産局長は以下のように説明している。

堅忍持久の能力を有する良種馬を得る為には障碍競走奨励の要あり。中間種奨励の為には速歩競走を行わしむる要あるや論を俟《ま》たず。又一面駈歩競走は繊細菲薄《ひはく》の馬を作り易しとの非難に対しては努めて競走距離を長からしむると共に負担重量を加重して以て此弊害の防止に努めつつあるも競馬が速力を尚《たっと》ぶ関係より不知不識の間に「サラブレット」偏重の弊に陥り易きを以て国防上最も要求さるる「アラブ」「アングロアラブ」競走を奨励するの要あり。然るに現在十一競馬倶楽部に於ては各一回宛の障碍及速歩競走を行うに過ぎず「アラブ」「アングロアラブ」競走は中山に一回行うに止まるも今直に数回の競走回数を増加せしむることは事情不可能なり。況んや前述せる如く出走馬数の多き現状に於ては現在の法人数及開催日数にて是等特殊競争を行うことは困難なり。

【意訳】

忍耐力・持久力の有する良質な種牡馬を得るためには、障害競走を奨励する必要がある。中間種を奨励する為には速歩競走を実施する必要があることは言うまでもない。また、駈歩競走は繊細で能力の劣る馬を作りやすいとの非難があるが、これに対してはなるべく競走距離を長くするとともに、負担重量を加重することでこうした弊害の防止に努力している。しかし、競馬が速力を重視するものである以上、知らず知らずの間に「サラブレット」を偏重する弊害に陥りやすい点があるため、国防上最も要求される「アラブ」や「アングロアラブ」競走を奨励する必要がある。しかし、現在十一競馬倶楽部においては各一回ずつの障害及び速歩競走を実施しているだけで、「アラブ」「アングロアラブ」競走は中山競馬場で一回実施しているにすぎない。だから今すぐに数回の競走を増加させるのは不可能である。まして前述したような出走馬数の多い現状では現在の法人数及開催日数で、こうした特殊競走を行うことは困難である。

サラブレッド競走実施の意味を距離延長や負担重量の増加を用い主張しつつ、陸軍の要求に対応している様子がうかがえよう。すなわち、農林省としても「経済上有利なる馬種の生産を奨励する」方針がある以上、一方的にアラブや障害競走を倶楽部に押し付ける訳にはいかなかった。いわば、陸軍からすれば農林省・倶楽部という「二重障壁」が厳然と存在していたのである。また、政府納付金が四%以内に増加していることからも、政府にとっても公認競馬は財源として重要視され始めたことを意味している。

二度目の改正は昭和六年で、大きな変更点としては、

①開催日数は八日以内
②政府納付金は六％以内（救護法の財源の一部となる）
③複勝の導入（一競走につき単複各一枚購入可能）
④特配の導入

であった。このうちファンにとって特に関わりのある変更点としては③と④である。これまでは勝馬を的中させる単勝馬券しか販売していなかったが、出走馬数にもよるが三着までの馬を当てれば的中となる複勝の導入は画期的であった。的中率や馬券的妙味が増加するわけであり、この新馬券の登場にファンの期待はいやがおうにも高まった。

④の特配についても説明しておこう。これまで的中者のいない場合の買得金や払い戻しが一〇倍までのため、大穴が出た際の払い戻しの剰余金は倶楽部の収入となっていたが、これを投票者に払い戻すことにしたのである。このため、馬券が外れた場合でもある程度の賭金が戻ってくる可能性が生まれたのである。これまでは荒れれば荒れるほど剰余金収入が発生するため、大穴が出た際は倶楽部が八百長を疑われる可能性があったが、特配の導入によりこうした疑念は解消した。特配は、賭け手と受け手の間の信頼関係を醸成する上で不可欠な制度であり、賭博において最も重要な公正性の担保につながった。

また①および②の開催日数と政府納付金割合の増加は財源としての競馬がますます重要視されてきたことを

表9-4　昭和7年における政府納付金

1日の平均売得金額に応じて以下のように改めた。

| | |
|---|---|
| 20万円以下 | 1.0% |
| 20万円以上 | 5.5% |
| 30万円以上 | 6.5% |
| 50万円以上 | 10.5% |
| 60万円以上 | 12.0% |

『近代競馬の軌跡』、82頁より作成

意味している。年々売上を伸ばす競馬に、政府当局が財源として期待するのはごく自然な流れであった。昭和四年、馬券買得税ならびに付加税が開始され徴税が始まり、結局、政府納付金（当時は四％）の四分の一をそれぞれ府県と市町村に納付することとなる。つまり、結局各倶楽部は合計六％（国四％・県・市各一％）を国と地方に納付することになるのであった。前述したとおり、昭和六年の改正では政府納付金が六％以内とされ、社会事業費の一部を担うことになり、更に翌七年には最大で一二％に引き上げられることになる【表9―4】。昭和八年段階で東京・横浜・中山・阪神・京都といった大都市の倶楽部では一開催の売上が五〇〇万円を下らず、政府および各地方にとっても大きな財源とみなされており、また、複勝の導入は的中のチャンスを増やすことで、ソフト面の充実をもたらせた。特配の導入は公正性の担保であり、倶楽部が発馬機などを積極的に導入したのもスタート時に出遅れ等八百長とみなされるような行動が多く、それらを改善するためであった。

こうしたハードとソフトの地道な改善努力を行うことで、ファンと倶楽部の一体感はより強固になり、売上面における公認競馬の最盛期を迎えるのである。

## 陸軍の競馬認識

それでは、陸軍は倶楽部が推める競馬路線に対してどのような認識を抱いていたのであろうか。ここでは一人の軍人に焦点をあて、競馬に対する意識の抽出を試みよう。取り上げる人物は、遊佐幸平《ゆさこうへい》（一八八三—一九六六）である。遊佐は宮城県鳴子町生まれの陸軍軍人で、昭和八年から同一〇年七月まで軍馬補充部三本《さんぼん》木《ぎ》支部長を務め、翌月に陸軍少将に進級するとともに軍馬補充部本部長に就任している。「昭和の間垣平九郎《まがきへいくろう》」「昭和の馬聖」といわれた馬術の名人で、昭和三年のオランダ・アムステルダムオリンピックに馬術選手として出場している。昭和七年アメリカ・ロスアンゼルス大会（西竹一《にしたけいち》中尉は優勝）、昭和一一年ドイツ・ベルリン大会（審査員、馬術競技の監督として出場）、昭和二七年フィンランド・ヘルシンキ大会に監督として参加、また、昭和三一年のオーストラリア・メルボルン大会では、団長として参加している。一貫して陸軍の馬政に関わってきたことから軍馬行政に精通した人物であることは言うまでもない。

ここでは遊佐が昭和一八年に出版した『馬事論叢』の検討を通じて、遊佐の競馬に対する意識を確認していこう。なお、内容から類推してその多くは昭和一〇年前後の軍馬補充部本部長時代に執筆されたと思われることも付け加えておく。

遊佐は、競馬の馬種に関しては以下のように述べている（以下引用は断りが無い限り『馬事論叢』）。

> 軍馬は乗馬に於てはアラブ系が理想であり、サラブレッドはアングロアラブ系馬の生産用としてか、或は特殊の場合に使用する極めて少数のもののみで足りる。

> 本邦で実施すべきはアラブ系を主体とし、サラブレッド及速歩馬は極めて少数の出走編成とすることを本

則としなければならない。

図9-1　遊佐幸平（『名馬名勝写真帖』三本木産馬畜産組合、1935年）

実際の状況は前述したように公認・地方両方ともにサラブレッド種の優位は動かず、昭和七年以降倶楽部中心に推進されてきたサラブレッド中心の競走体系の整備が進んだことを示している。しかし遊佐はこうした状況に対して著しく不満を持ち、

国家の要望する馬の種類と、競馬が活動させている馬の種類とに余りに懸隔のあるのに驚嘆せざるを得ない。この点から現時の競馬は、馬政第二次計画の目的に背馳《はいち》しているから先ずこれの是正に邁進する必要がある。

と言い切るのである。そして、競馬施行者の言い分を以下のように紹介する。

競馬関係者は異句同音に、競馬は馬産改良の元種を求むるにある。そしてあらゆる馬の改良元種はサラブレッドであるから、競馬はサラブレッドを本体とし、他は従の関係にて差支へなく、また馬券の売上なり、興味上から云ってもサラブレッドでなければ甚だ物足らぬと云うが、これも一応は尤もの説である。

この言い分は、既に確認してきたように、倶楽部経営側が持ち出した論理であり、遊佐はそれに一定の理解を示しつつも、サラブレッドは主体をなすものではなく、「従」となすべきものとの考えを示し、「競馬法の示す改良増殖などと云う生温《なまぬる》い不得要領な文句を此の際速《すみやか》に修正」し、「馬産改良の種畜を訓練淘汰し国防上の有能馬資源の培養に資すると共に馬事思想の普及を図るを以て目的とす」と断言するのである。

## 遊佐の懸念

また、倶楽部側が忌避していた速歩競馬についても、「現在国家が最も必要に迫られている優良アングロアラブの産出が絶無の状況」において、速歩競馬の価値は絶大なものがあり、「速歩競馬の論難者を大別すると本競走は情実を伴い、インチキに陥り易く、競馬の明朗性を傷ける恐が少くないという理由で廃止を主張する論者」もいるが「権威ある審判官を養い、厳粛な審判を行えばよい」と反論している。すなわち、陸軍は競馬に対して純粋に「軍馬資源の涵養」としての役割を期待しており、たとえそれが馬券の公正性に懸念を抱かせるおそれのある速歩競馬であっても馬匹改良のためには競走を行うべきである、とするのが陸軍側の主張であった。しかし、馬券発売による売上をもって自らの生命線とする開催者にとっては、いくら陸軍の要求とはいえ売れ行きの期待できない競走の増加は死活問題であった。そのため、陸軍の要求が強くなるにつれ、競馬を主管する農商務省および実施組織である競馬倶楽部との間で折衝が重ねられていくこととなる。

陸軍の意向は遊佐の意見に代表されるように軍馬としての馬匹の育成・改良を念頭においたものであり、そのために必要な以下の「三大要求」を常に倶楽部側に対し要求していた。

①アラブ系馬匹の推奨

②繋駕競走の推奨

③速歩競走の推奨

陸軍側としては管轄ではないものの、第二期馬政計画に「軍事上の要求に悖らざる範囲」とあるように、馬匹を必要とする主体はあくまで軍であり、馬政事業に対しては従来どおり軍の要求を受容するのが当然という見方が存在した。しかし、みてきたように各倶楽部は独自路線に進み始めており、これは陸軍にとって理想の競走整備への「障害」となったのである。

また、陸軍側にとっても自らの要求を強く主張できない事情もあった。ひとつは軍縮の目的のひとつである軍近代化とのかかわりで、輸送力を機械化すべく自動車を導入する動きがあり、従前通り馬匹に依存する輸送形態に見直しを図っていた点である。もうひとつは既に管轄部署ではないために、組織上からは主務局である農商務省畜産局を通じての依頼という形しか取り得ないという点であった。従って、前述の「三大要求」に関しても、競馬法制定後の数年の間は、あくまで畜産局長を通しての通牒が繰り返されたにすぎなかった。

## 速歩競走の扱い

それでは、どのような要求が具体的に行われていたか、実際に見ていこう。もっとも早い時期の要求は、大正一三年、「速歩競走施行方針に関する件」として畜産局長より横浜の日本レース倶楽部、東京・阪神競馬倶楽部といった有力倶楽部へ発せられた通牒である。

貴倶楽部に於て施行相成るべき速歩の競走に付ては爾今《じこん》左記方針に依り施行することとし出場登録申込の有無に拘《かかわ》らず必ず之を番組に編成相成度此段依命《いめい》及《および》通牒候也。

一、速歩競走に出場し得る馬の種類は「アングロノルマン」「ハクニー」等の中間種又は其の父若《もし》くは母が直接中間種の血液を有するものなること

二、競走方法は成る可く軽車を牽《ひ》かしむることとし軽車は倶楽部に於て備付け調教の便宜勧奨を講ずること

三、競走距離は二哩以上成る可く長距離たらしむること。但し新馬に在りては古馬に比し其の距離を短縮することを得

四、賞金は本競走を発達せしむる為相当多額ならしめ尚其の他適当なる奨励方法を講ずること

【意訳】

貴倶楽部において施行するべき速歩の競走については、これから左記方針に基づいて施行することとし、出場登録申込の有無にかかわらず、必ずこれを番組に編成するよう、命令によってお知らせする。

一、速歩競走に出場できる馬の種類は「アングロノルマン」「ハクニー」等の中間種、またはその父もしくは母が直接中間種の血液を有するものであること。

二、競走方法はなるべく軽車をひかせるようにし、その際の軽車は倶楽部において備え付けておき調教の際に便宜を図るようにすること。

三、競走距離は二マイル以上、なるべく長距離を走らせること。ただし新馬の場合は古馬より距離を短縮しても構わない。

四、賞金は本競走を盛んにするために相当多額とし、なおその他にも適宜奨励方法を実施すること

逆に言えば、このような通牒を出さねばならぬほど、速歩競走というものは開催者にとっては実施が困難で、頭を抱える存在であったことを示している。軍馬鍛錬という側面が強い速歩競走は全速力で駆け抜ける競走ではなく、しかるべき歩法に則って行われるものであった。そのためもし競走中に異なる歩法をした際、審判員によって失格となる場合があった。これらは、馬券を買うファンにとっては失格理由が不明瞭であることに加えて八百長とみなされやすく、購買意欲をそぐ競走であった。そのため、馬券の売上は伸びなかったのである。にもかかわらず「賞金を多額にせよ」といったような通牒が出されることは、倶楽部にとっては非常に厄介なことだったのである。

また、昭和四年に出された「競馬番組編成並抽選馬に関する件」では、陸軍からの要求を受けて、アラブ系の増加が図られている。この内容は、「馬主に相当影響を及ぼすべく候に付右の趣旨を機会ある毎《ごと》に馬主に周知せしめられ度」と記されており、サラブレッド購買に走る馬主に対しての牽制であることは明らかであった。内容の中でも衝撃的なものは「抽選新馬は昭和七年以降は「サラブレッド」種を除き昭和九年以降は全部アラ

ブ系たらしむること」というもので、これにより抽選新馬におけるサラブレッド種は実質昭和八年までで終了することとなった。

しかし、昭和七年に「抽選新馬は昭和九年以降全部「アラブ系」たらしむる」予定であったが、「馬産地方面に於ては右通牒の趣旨充分徹底し居らざりしやの嫌有之候」故、昭和九・一〇年に限りサラブレッド系抽選新馬を認める旨の通牒が出されており、馬産地への介入は思うようにいかなかったことがうかがえる。重ねて、「サラブレッド系抽選新馬の競走回数は相当之を減じ其の減じたる回数はアラブ系競走を充当すること」と、アラブ系競走の増加を指示しているが、こうした指示が相次いで出される背景には、通達内で述べられているように、倶楽部・馬産地双方から一定程度の抵抗がなされていたことを意味する。両者を結び付けたのが賞金の生産者へのフィードバック、すなわち生産者賞の付加であった。

こうした一方的な指示に対して、倶楽部側も黙って手をこまねいていたわけではない。昭和九年に中山競馬倶楽部の岡田小七が「繋駕速歩に関する研究報告書」において「元来駈歩・障碍の両競走が国防及び産業上の見地より産馬改良に絶大なる効果を有するに比し、速歩競走にありてはこの間の関係やや適切を欠く処なしとせず」と疑義を呈したように、倶楽部側も常に政府指示に唯々諾々と従っていたわけではなかったのである。

では、昭和一四年の例であるが、売上別の表【表9―5】で、レース編成及び売上について確認していこう。この昭和一四年の秋季東京開催は、新馬抽選（呼馬とは馬主が任意で求めた馬を指し、抽選馬とは予め注文を受けて馬を買い集め、抽選により申込者に分配した馬を指す）一〇、新馬呼馬七、古馬呼馬一八、古馬抽選一二、速歩一二、抽選障害一四、呼馬障害一五のレース（一日一一レースの八日間開催で計八八レース）が組まれていたが、一瞥してうかがえ

### 表9-5　昭和14年秋季東京競馬勝馬投票券売上上位一覧

単勝売上ベスト20

| 位 | 種類 | 開催日 | 競走 | 単勝投票数 | 複勝投票数 | 備考 |
|---|---|---|---|---|---|---|
| 1 | 古抽１２ | 8 | 9 | 12,580 | 0 | 優勝競走 |
| 2 | 古呼１８ | 8 | 10 | 9,358 | 13,097 | 優勝競走 |
| 3 | 抽障１４ | 8 | 7 | 9,347 | 0 | 優勝競走 |
| 4 | 古呼１３ | 6 | 9 | 8,501 | 11,133 | |
| 5 | 古呼１４ | 6 | 10 | 7,936 | 10,289 | 目黒記念 |
| 6 | 新抽１０ | 8 | 6 | 6,853 | 10,033 | 優勝競走 |
| 7 | 古呼３ | 1 | 10 | 6,565 | 11,387 | |
| 8 | 呼障９ | 5 | 10 | 6,457 | 0 | |
| 9 | 古呼１６ | 7 | 10 | 6,098 | 8,286 | |
| 10 | 古呼９ | 4 | 10 | 5,478 | 6,396 | |
| 11 | 新呼１ | 1 | 7 | 5,352 | 0 | |
| 12 | 古呼２ | 1 | 8 | 5,343 | 9,385 | 帝室御賞典 |
| 13 | 古呼１１ | 5 | 9 | 5,326 | 8,654 | |
| 14 | 抽障２ | 1 | 6 | 5,309 | 0 | |
| 15 | 古呼１０ | 5 | 8 | 5,265 | 6,814 | |
| 16 | 古抽８ | 6 | 6 | 5,130 | 11,418 | |
| 17 | 呼障５ | 3 | 8 | 5,107 | 7,759 | |
| 18 | 新呼７ | 8 | 8 | 5,089 | 7,914 | 優勝競走 |
| 19 | 古呼６ | 3 | 5 | 5,088 | 6,298 | |
| 20 | 古呼１５ | 7 | 9 | 4,998 | 9,091 | |

複勝売上ベスト20

| 位 | 種類 | 開催日 | 競走 | 単勝投票数 | 複勝投票数 | 備考 |
|---|---|---|---|---|---|---|
| 1 | 古呼１８ | 8 | 10 | 9,358 | 13,097 | 優勝競走 |
| 2 | 古抽８ | 6 | 6 | 5,130 | 11,418 | |
| 3 | 古呼３ | 1 | 10 | 6,565 | 11,387 | |
| 4 | 古呼１３ | 6 | 9 | 8,501 | 11,133 | |
| 5 | 古呼１７ | 8 | 4 | 4,328 | 10,485 | |
| 6 | 古呼１４ | 6 | 10 | 7,936 | 10,289 | 目黒記念 |
| 7 | 古抽１０ | 7 | 6 | 2,780 | 10,212 | |
| 8 | 新抽１０ | 8 | 6 | 6,853 | 10,033 | 優勝競走 |
| 9 | 古呼２ | 1 | 8 | 5,343 | 9,385 | 帝室御賞典 |
| 10 | 古抽７ | 5 | 6 | 4,472 | 9,365 | |
| 11 | 古抽４ | 3 | 9 | 4,658 | 9,284 | |
| 12 | 古呼１５ | 7 | 9 | 4,998 | 9,091 | |
| 13 | 古抽３ | 2 | 8 | 4,661 | 9,037 | |
| 14 | 速歩１２ | 8 | 11 | 3,203 | 8,692 | |
| 15 | 古呼１１ | 5 | 9 | 5,326 | 8,654 | |
| 16 | 抽障１０ | 6 | 5 | 4,360 | 8,583 | |
| 17 | 呼障１１ | 6 | 7 | 4,457 | 8,508 | |
| 18 | 古呼１６ | 7 | 10 | 6,098 | 8,286 | |
| 19 | 古呼１２ | 6 | 3 | 2,955 | 8,202 | |
| 20 | 呼障１３ | 7 | 8 | 4,053 | 8,185 | |

単複合計投票数ベスト20

| 位 | 種類 | 開催日 | 競走 | 単勝投票数 | 複勝投票数 | 合計数 | 備考 |
|---|---|---|---|---|---|---|---|
| 1 | 古呼１８ | 8 | 10 | 9,358 | 13,097 | 22,455 | 優勝競走 |
| 2 | 古呼１３ | 6 | 9 | 8,501 | 11,133 | 19,634 | |
| 3 | 古呼１４ | 6 | 10 | 7,936 | 10,289 | 18,225 | 目黒記念 |
| 4 | 古呼３ | 1 | 10 | 6,565 | 11,387 | 17,952 | |
| 5 | 新抽１０ | 8 | 6 | 6,853 | 10,033 | 16,886 | 優勝競走 |
| 6 | 古抽８ | 6 | 6 | 5,130 | 11,418 | 16,548 | |
| 7 | 古呼１７ | 8 | 4 | 4,328 | 10,485 | 14,813 | |
| 8 | 古呼２ | 1 | 8 | 5,343 | 9,385 | 14,728 | 帝室御賞典 |
| 9 | 古呼１６ | 7 | 10 | 6,098 | 8,286 | 14,384 | |
| 10 | 古呼１５ | 7 | 9 | 4,998 | 9,091 | 14,089 | |
| 11 | 古呼１１ | 5 | 9 | 5,326 | 8,654 | 13,980 | |
| 12 | 古抽４ | 3 | 9 | 4,658 | 9,284 | 13,942 | |
| 13 | 古抽７ | 5 | 6 | 4,472 | 9,365 | 13,837 | |
| 14 | 古抽３ | 2 | 8 | 4,661 | 9,037 | 13,698 | |
| 15 | 新呼７ | 8 | 8 | 5,089 | 7,914 | 13,003 | 優勝競走 |
| 16 | 古抽１０ | 7 | 6 | 2,780 | 10,212 | 12,992 | |
| 17 | 呼障１１ | 6 | 7 | 4,457 | 8,508 | 12,965 | |
| 18 | 抽障１０ | 6 | 5 | 4,360 | 8,583 | 12,943 | |
| 19 | 呼障５ | 3 | 8 | 5,107 | 7,759 | 12,866 | |
| 20 | 古抽１２ | 8 | 9 | 12,580 | 0 | 12,580 | 優勝競走 |

※新馬抽選は「新抽」、新馬呼馬は「新呼」、古馬呼馬は「古呼」、古馬抽選は「古抽」、速歩は「速歩」、抽選障害は「抽障」、呼馬障害は「呼障」と略記している。数字は開催を通じての競走種類ごとの通し番号。
『昭和十四年秋季　競馬成績書』競馬前夜通信社発行、1939より作成

るのは、昭和六年から導入された新馬券・複勝の人気の高さである。また売上的には、目黒記念や帝室御賞典、または優勝競走といったような看板レースが上位を占めていることがうかがえよう。速歩競走は単勝および単複合計にはランクインせず、最終日最終レースのみが複勝第一四位に唯一顔をのぞかせているにすぎない。

また、速歩競走は全て一レースか最終レースに組み込まれており、恣意的な編成がなされていた。競馬ファンであればお馴染みのとおり、午前中には注目度の低いレース、すなわち未勝利戦などが組まれ、またメインレースは最終のひとつ前に実施することが多い。これらはおそらく第一レースはまだ充

分観客が集まっておらず、売上の低下が見込まれることからわざと速歩競走を組み込んでおり、最終レースに編成したのもおそらくメインレース終了後、場内の混雑を緩和するために組み込んだと推定される。こうした番組編成は戦前から踏襲されており、戦後スタートした競輪・オートレース・ボートレースといった他の公営競技がいわゆるメインレースを最終日最終レースに配置しているのと大きく異なる点である。たとえば平成二一年の天皇賞（春）の日はメインのあとに二つのレースが組まれていたが、これも帰りの客を分散させようとしたものだとされる〔『競馬と鉄道』〕。

さて、その最終レースに組まれている速歩競走であるが、一つ前のレースから大きく売上を落していた。例えば初日第一〇レースは古馬呼馬のレースで単複合計一万七九五二票が投じられているが、そのすぐ後の速歩競走では単複合計六三六七票と激減しているのである。八日間の間、第一〇レースが少頭数のため複勝発売のない障害競走であった一度を除いて、単複合計において第一〇レースを最終一一レースの速歩競走の売上が上回ったことはなく、速歩競走の不人気ぶりがうかがえよう。

確かにハロン（二〇〇メートル）タイム二〇秒前後の速歩競走は、良馬場なら一二秒台、普通でも一三秒前後のスピード感溢れる競走と比較すると、いささか分が悪いのは否めない。さらに一部のファンには伝わりづらい「失格」などが出された暁には馬券を買う側としては敬遠したくなる気持ちも充分理解できる。投票数を通じてファンの支持は明確に示されており、倶楽部としてもいくら陸軍の実施要求は強くとも売上が見込めないレースは、午前中や最終に実施することで、売上面への影響を最小限に留めつつ、場内環境の整理に役立てるなど、したたかに対応したのである。

## 自動車産業の発展と軍馬

こうした倶楽部の実施する競馬を支持する大衆、生産者及び農林省に対し、陸軍は自らの意図を貫徹することができず、焦燥感にかられていく。その背景に存在したのが、大陸における作戦展開であった。

昭和六年九月、満州事変が勃発すると、軍馬の必要数は平時保管馬だけでは到底まかなえず、多くの民間飼養馬が徴発され戦地へ送られた。割合は定かではないが、こうした民間徴発馬が軍馬の多くを占めていたようである。ところが、これら徴発馬の減耗率は、実に平時保管馬の九倍に達した〔『続日本馬政史 二』〕上、以下のような多くの問題点を引き起こした。

①性質不良、共同作業に慣れていない。癖馬が多い。
②栄養不良、体力弱く疲労しやすい(過労のために倒れる)
③騎乗・輓曳・速歩・行軍をしていないので故障が多い(飛節・跛行)。
④野外繋養に慣れていないので感冒になりやすい。
⑤馴致不良のため装蹄ができない。

農家飼養の馬を戦場に連れていった際に、①~⑤が起こることについては多くの人が「さもありなん」と思うであろう。実際、上海派遣軍の機関銃小隊独山一輜重《しちょう》隊三〇〇頭のうち、廃斃《はいへい》馬二一、重病馬二一七頭が出る状況であり、稼働率は約二〇%に過ぎなかった。こうした実情から、陸軍は民間徴発馬匹の改良の必要性を強く感じるにいたる。この必要性に拍車をかけたのが軍用自動車の問題であった。第一次大戦後より実用化が本格的に進められた自動車は、大正末期の軍縮以降、機械化を目指していた陸軍にとっては輸送面における切り札であった。日本における自動車はアメリカ車が中心で、軍部において本格的に使用されたのは昭和八年一月の熱河《ねっか》作戦からであったが、この作戦で一定の成果をおさめたため、熱河作戦前はフォードを主力とする野戦自動車隊三個中隊であったものが熱河作戦中には一三個中隊へ拡充された。

こうした動きを受けて同年、豊田が社内に自動車部を設置、国内自動車産業の整備もスタートした。これに対し、主務官庁である商工省には二つの意見が存在した。ひとつは既存のフォード、GMといった外国産を中心として整備を進める意見と、いまひとつは国内産業の育成をすすめる意見である。昭和一〇年四月、自動車国産化に強い意欲を持つ岸信介《きししんすけ》が工務局長に就任すると、一気に自給自足路線に傾き、昭和一一年の自動車製造事業法の成立とともに、自動車内国産の道は開かれたのである。

しかし、自動車内国産化の方向性が決したとはいえ、それがすぐに戦場に反映された訳ではなく、現実の戦場輸送においては依然馬匹の重要性は消えなかった。国内産自動車産業がいまだ揺籃期にある以上、中継ぎを果す意味では必要性は高まったといえよう。また、大陸戦線のほとんどが悪路であり、自動車を用いるより馬匹を用いる方が有益な面が多々あったため、昭和期にいたっても陸軍にとって軍馬資源を確保しておくことは重要だったのである。

## 芹沢光治良と競馬官

陸軍は、大陸戦の開始による馬匹確保という課題を克服するため、本格的に馬政への介入を試み始める。まず手を付けたのは、陸軍の意見を反映させる狙いから、馬政に係わる部署に陸軍軍人を送り込むことであった。

この契機となったのが、昭和六年から始まった競馬官への陸軍軍人の登用制度である。これは、農林省の競馬官という役職に、「陸軍佐尉官の中より内閣に於て之に補す」もので、業務は「競馬に関する事務を分掌」することとなっていた。作家の芹沢光治良が農商務省につとめていた大正末年頃にはこの競馬官の任務を行っており（「競馬官の頃」）、芹沢は、任官するまで「農商務省の事務の中に、競馬の監督があるという事を知らなかった」ようで、競馬官の仕事を最初勧められた際には「ずいぶん失望した」らしい。ただ、研究熱心な芹沢は業務に取り組むと「なかなか面白く興味ももてて」、乗馬をしたり、競馬法制定の歴史などを研究するようになる。競馬官の仕事については、以下のように述べている（「競馬官の頃」）。


監督官席から競馬を眺めたのも愉しい思い出である。

その日まで、競馬を見たことのなかった私は、競馬がただ珍しかった。競馬の当日、競馬場へ出向いて、競馬の施行について監督することは実際上不可能であったから、私は監督席で眺めていることで満足した。監督官席に、監督官がいるということで、馬券を買う人々が安心していられればそれでいいのだと、考えていたが、実際には馬券を買う人々は監督官の存在などを気にもかけていなかったのだろう。時々は監督官らしい顔をして、払戻金を計算している場所へもはいったが、監督どころか邪魔になりそうだった。

それでも事故なく競馬が終ると、重荷をおろしたような疲労を覚えたのは、監督官としての責任感を持っていたからであろう。

もちろん、競馬官の仕事の一部であろうが、「何もないことが当然」というプレッシャーの中で競馬監督の責務を全うし、事故なく競馬が終わった際の解放感など芹沢の心情がうかがえる。また、競馬についても、以下のように記している。

しかし、競馬は監督官席で眺めていては、ほんとうの面白さは解らないのだろう。馬券を買う人々のなかへおりて、その人々とともに馬券を買って、一レース毎に喜憂をともにしなければ—そう考えて、監督官として出張しない時には、競馬をたのしみに出掛けた。それも、競馬を科学的に見なければいけないといって、前日の馬産課の若い技手に頼んで、各出場馬の血統とか過去の成績とかレコードなどを研究して、安心してどの馬を買えるかあらかじめ決定した。

しかし、いざ馬券を買うだんになると、群集心理に影響されて、予定の馬を買わずして損をしたりしたが、それが却って面白かった。

一高から東京帝大へと進んだインテリである芹沢はやはりデータ分析派で、血統や過去成績から研究している様子がうかがえる。ただ、前日から練りに練った予想をしていてもやはり鉄火場の独特の雰囲気にのまれ、別の馬を買ってしまったりする。そこがまた面白いとする芹沢の感性は織田作之助に通じるとともに、競馬の賭博としての魅力を見事にあらわしていよう。

## 馬政計画への陸軍の介入

そして陸軍は大正一三年以降行われてきた第一次馬政計画のうちの第二期計画（一二年）が終了する昭和一〇年を契機に、きたるべき馬政第二次計画において要求を盛り込むべく動き始める。それを示す史料が昭和一〇年四月一一日に出された「馬政機構改変に関する決裁案」である。

馬政機構改変に関する別紙の意見に基き関係官庁と商議致度右決裁を乞う。

昭和十年四月十一日

（別紙）
馬政機構改変に関する意見
第一次馬政計画の実績に鑑み今後の馬政の遂行に当りては軍の要求に適応すべき馬匹の戦時資源を培養するの主旨を一層明徴にし一般の努力を要するものあるが故に左記要綱に基き馬政機構を改変する要あるものと認む。
左記
一、馬政関係業務中直接戦闘に必要なる軍馬の戦時資源涵養を目的とする指導奨励に関する事項は之を陸軍大臣の監督に属せしむること
二、馬政局を特設し農林省の外局たらしむること

三、馬政局長官は現役将官を充当すること
（説明）我国馬政の目標が戦時に於ける軍馬資源の涵養に存するの事実に鑑み軍の要求に対し完全なる理解を有する現役将官を充当するを適当と認むるに依る
四、馬政局内に直接戦闘に必要なる軍馬の戦時資源涵養を目的とする指導奨励に当る一課を新設し主として現役将校を以て其の業務を担当せしむること
（説明）陸軍大臣の監督に属する業務を一括すると共に軍馬使役の経験を有する将校をして此等を担当せしむるを適当と認むるに依る
五、馬政局内に競馬に関する一課を新設して現役軍人をして其の課長たらしむること
（説明）競馬が有能なる軍馬資源の涵養に及ぼす影響特に甚大なるものあるに依る
六、以上の外一般馬政業務の計画実施に若干の現役軍人を参加せしむること
（説明）馬政局と陸軍との協力を緊密ならしむる為一般馬政に関し理解ある現役軍人を参加せしむる必要あるに依る

【意訳】
馬政機構の改変に関する別紙の意見に基き、関係官庁と商議をしたいので右の決裁をお願いする。

昭和十年四月十一日

（別紙）

馬政機構改変に関する意見

第一次馬政計画の実績を見ると、今後の馬政を遂行にしていく上で、軍の要求に適応する馬匹を生産していくという主旨をよりはっきりとさせ、一般の努力が必要であるため左記の要綱に基き馬政機構を改変する必要があると認識する。

左記

一、馬政関係の業務の中で、直接戦闘に必要な軍馬の生産を目的とする指導や奨励に関する事項は、陸軍大臣が監督すること。

二、馬政局を特設し、農林省の外局とすること。

三、馬政局長官は現役将官を充当すること。

（説明）わが国の馬政の目標が、戦時における軍馬の生産にあることから、その事実に鑑み、軍の要求に対して完全なる理解をする現役将官を充当するのが適当であると認められるため。

四、馬政局内に、直接戦闘に必要な軍馬の生産を目的とする指導や奨励にあたる一課を新設し、主として現役将校をその業務に担当させること。

（説明）陸軍大臣の監督に属する業務を一括するとともに、軍馬を用いた経験がある将校をこれらの担当にさせることが適当と認められるため。

五、馬政局内に競馬に関する一課を新設し、現役軍人をしてその課長とすること。

（説明）競馬が有能なる軍馬資源の生産に及ぼす影響が非常に大きいことによる。

六、以上の外、一般馬政業務の計画実施に若干の現役軍人を参加させること。

（説明）馬政局と陸軍との協力を緊密とするため、一般馬政に関し理解ある現役軍人を参加させる必要があるため。

これは、陸軍の要求が如実に示された史料なので、以下少し詳しく検討していこう。まずうかがえるのは、陸軍が第一次馬政計画に対して「軍の要求に適応すべき馬匹の戦時資源を培養するの主旨」が明らかではなかったと認識していることである。以下、陸軍の要求を展開していくが、その最たるものが馬政局再設置案であった。大正一二年に廃止した馬政局を農林省外局として復活させ、しかもその長官ポストは陸軍将官を充てるというプランを策定するのである。また、軍馬資源の指導奨励ならびに競馬に関する業務などへも現役軍人を送り込む要求をしており、人的支配を貫徹させようという姿勢を鮮明にした。裏をかえせば、こうした対策を出さざるを得ないほど「戦時に於ける軍馬資源の涵養」は喫緊の課題であり、なおかつ農林省畜産局に任せたままでは介入は困難だったことを示している。また、「五」は、陸軍が競馬そのものを「競馬が有能なる軍馬資源の涵養に及ぼす影響特に甚大」という評価を下しているとともに競馬官だけでは支配が徹底できず、手の内におこうとしていたことを物語っている。また、従来の倶楽部主導の競馬に対してその効果に疑念を抱いていたことが明らかであろう。

## 馬政第二次計画の策定

第一次馬政計画は昭和一〇年度をもって終了し、陸軍の要求をいれた国防上必要な有能馬の充実を主目標として第二次馬政計画の策定が行われた。陸軍が提出した「馬政機構改変に関する意見」の要求どおり馬政局は昭和一一年農林省外局として再設置の運びとなるが、『職員録』によると事務官・参与の人数（含臨時職員）三七名中一一名が陸軍軍人で、その割合は約三割であった。そして長官職には農林次官である長瀬貞一《ながせていいち》が、次長職には畜産局長であった田淵敬治がそれぞれ就任した。しかし翌年には、次長ポストに陸軍少将吉田悳《よしだしん》が任命され、馬匹の徴発・購買に陸軍の同意が必要というかたちとなり、幹部職員においては軍馬の戦時資源涵養のためのポストである資源課長に騎兵大佐大賀茂が任命されていることから、陸軍の影響力が徐々に浸透していることが見てとれよう。ただし、「馬政機構改変に関する意見」のうち、「一」「二」「四」「六」は採用されたものの、「三」の馬政局長官職は農林次官が兼任し、「五」に関しても競馬監督課長には農林省の人間が任命されていることから、すべての要求が通ったわけではなく、農林省側としても、長官ポストと、競馬にかかわる業務は死守していたことがうかがえる。

昭和一二年七月、日中戦争が勃発し、大陸におびただしい軍馬が購買・徴発され送られた。自動車生産が自給自足路線に移っていたこともあり、大陸戦線の悪路に対応できるという点から馬匹による輸送は重要性を失わなかったのである。しかし、満州事変の際と同様に、再び軍馬の資質問題が再燃した。陸軍獣医大佐宮本三七郎は軍用馬の現況について、「地方馬は筋肉内臓共に発育も鍛錬も不足」し一般に軍馬としては速力並負担力に乏しく、「農馬は性質温和であるが、各方面共鍛錬不足で乗輓駄共一定期間予備鍛錬を行わなければ実用に供し難い」と報告している。また、「軍隊の様な飼養管理、集団性並船車輸送等に不慣れなことも軍馬としてその能力を低下する主な要因」も課題とされた。

## 競馬に対する陸軍の行動

こうした報告がなされた以上、陸軍にとって対策を行うことは急務であり、内外両面からの解決を図っていく。すなわち、国内馬政において自らの意思を貫徹できない競馬に対しては陸軍の理想とする競馬の実施と、第7章で見たように外地における馬政との連携などを模索するようになる。

ここでは、内地における対応策、すなわち国内馬政において、陸軍はいかなる建て直し策を用意していたのかを確認していこう。格好の史料が昭和一三年六月に出された「馬政に関する細部の要望事項の件」である。そこでは、以下のように述べられている。

馬政に関する細部の要望事項

一、軍馬の資格及能力に関する標準※【表9―6】参照

二、役種別希望生産頭数

A、乗馬、砲兵輓馬並戦列駄馬は毎年概《おおむ》ね左記頭数を生産せしむること

乗馬　一万二千頭

砲兵輓馬　二万四千頭

戦列駄馬　三万六千頭

表9-6　用役別に依る軍馬体高、体重標準一覧表

| | 標準体高 | 体高許容範囲（下） | 体高許容範囲（上） | 標準体重 | 体重許容範囲（以上） |
|---|---|---|---|---|---|
| 乗馬 | 1.53 | 1.48 | 1.58 | 460 | 430 |
| 砲兵輓馬 | 1.55 | 1.30 | 1.60 | 500 | 480 |
| 戦列駄馬 | 1.50 | 1.45 | 1.55 | 460 | 450 |
| 輜重輓駄馬 | 1.48 | 1.43 | 1.53 | 430 | 390 |

単位：体高はメートル、体重はキログラム。「馬政に関する細部の要望事項の件」より作成。

以上各役種共蕃殖用牝馬の生産に付ては考慮するに及ばず

（添付）内地保有馬百五十万頭中戦時所用馬数に基き乗馬十五万頭、砲兵輓馬三十万頭、戦列駄馬四十五万頭計九十五万頭を保有するに要するものとす（但し戦列駄馬に於ては尚若干不足に付其の不足分は満州に於て生産せしむるものとす）

B、爾余の生産馬は輜重輓駄馬を目標とし且努めて其の増殖を図ること。

尚軍に於て平時毎年購買すべき予定馬数概ね左の如し。

乗馬　　三千頭（内約三分の二は幼駒購買）

砲兵輓馬　四千頭（内約三分の一は幼駒購買）

戦列駄馬　四千頭（大部は壮馬購買、一部は幼駒購買）

（添付）軍備充実後の補充要数並補充部の現在施設に基き概定せるものとす。

Aは第二項に依る生産頭数に対する種牡馬数とす（種付頭数一頭平均四十頭）

Bは第二次馬政計画に於ける第一期末を標準とせるものとす

三、種牡馬の整備順序に関する希望

A、乗馬生産用六百頭、砲兵輓馬生産用千二百頭、戦列駄馬生産用千八百頭計三千六百頭は第一着手として速に整備すること

B、爾余のものの整備は第二着手とするも其の完了は昭和二十年に於てするを標準とすること

四、保護奨励を加うべき種牝馬数
戦列部隊所要馬たるべき軍用適格馬の生産資源として保護奨励を加うべき種牝馬は約二十一万六千頭とす
五、特に資質の向上を希望する軍用候補馬数
内地に於て軍用候補馬として動員所要の為特に資質の向上を希望するものは約三十万頭とす。

尚戦列部隊所要馬たるべき幼駒《ようく》の育成に関しては特に徹底せる保護奨励を加え其の資質向上を図ることを希望す。

(添付) 第二項に依る生産頭数は合計七万二千頭にして其の三倍を見込みたるものとす (隔年交尾) 合格率は八〇%を以て動員所要馬数二十四万五千頭 (全五〇%を以て戦列駄馬以上十五万六千頭) を取得せんとするものなり。
六、資源の配置に関する希望
戦列駄馬以上の有能軍馬資源は壮齢馬に於て概ね左の比率に配置せられあることを希望す。
内地　二
外地及満州　三
尚満州には常時少くも三十万頭を保持することを目標とし差当り昭和十六年度迄に約五万五千頭を移植すること。
(添付)軍備充実後の兵団配置並動員、補充要数に基き決定せるものとす。満州に於ける取得要数(六五

%の合格率を以て二十四万五千頭取得）と移民に依る移植可能数（十四、十五、十六年度五万五千頭、十七年度以降毎年約三万頭）とを顧慮し概定せるものとす。尚五万五千頭は差当り在満部隊動員並在満鮮部隊第一年度分補充用乗輓馬（計三万八千頭）の資源とす。

七、牧野の拡充に関する希望

強健にして持久力に富む馬の造成を期する為牧野拡充並其の改良、整備に努むること

八、馬事知識の普及向上に関する希望

関係方面と協力し一般国民に対し馬事知識の普及向上を図ること

日中戦争の開始に伴い、馬匹需要が増加していることを背景に、陸軍が非常に詳細な馬政計画を策定している様子がうかがえよう。すなわち、昭和一〇年の馬政局再設置により人事を通して陸軍の馬政に対する関与が可能となり、こうした「細部の要望事項」を具現化していく下地が整ったのである。昭和一三年、日本競馬会副理事長・村上龍《むらかみりゅう》太郎《たろう》が村上富士太郎馬政局長官に対し、

競馬会の書記を主事に昇格させるという些細な人事に迄、軍をバックにした馬政局の監督の手が伸びるというのは、余りにも行過ぎではないか。俺をもっと信用してくれてもよい筈だ

と抗議しているように、日本競馬会へも干渉が行われていたことがうかがえる。〔「村上さんと馬」〕

それでは本史料から、陸軍がどのような規模での軍馬資源を必要としていたのかを少し詳細に確認してみよう。

まず、必要な馬の種別が四種類定められた。乗馬・砲兵輓馬《ばんば》・戦列駄馬《だば》、そして輜重《しちょう》輓駄馬である。このうち、前者三種は、年間の生産頭数を要求しており、乗馬が一万二千頭、砲兵輓馬が二万四千頭、戦列駄馬が三万六千頭の合計七万二千頭とされた。戦時所用の馬数は乗馬一五万頭、砲兵輓馬三〇万頭、戦列駄馬四五万頭の計九五万頭が必要であるため、内地保有馬約一五〇万頭中実に約六三％が戦時所用とされていた。さらに戦列駄馬はこれではまかなえず、不足分については満州で生産するものとした。

なお軍において平時に購買する予定馬数は乗馬が三千頭（内約三分の二は幼駒購買）、砲兵輓馬が四千頭（内約三分の一は幼駒購買）、戦列駄馬が四千頭（大部は壮馬購買、一部は幼駒購買）とされた。これらは単純に年間の生産頭数割合でいうとそれぞれおおよそ乗馬二五％、砲兵輓馬一六％、戦列駄馬一一％であり、平均は一五％に過ぎなかった。となると、残りの八五％は民間で飼養しつつ、いざ戦時になると徴発されるということになる。

三は種牡馬の整備についてである。乗馬生産用六〇〇頭、砲兵輓馬生産用一二〇〇頭、戦列駄馬生産用一八〇〇頭計三六〇〇頭を速やかに整備することとある。種付け頭数が一頭あたり平均約四〇頭と交配するということなので、乗馬二万四〇〇〇頭、砲兵輓馬四万八〇〇〇頭、戦列駄馬七万二〇〇〇頭、合計一四万四〇〇〇頭分の「種」が想定されている。ただし、これらは「二」で示された生産値の二倍であるため、受胎率や合格率、および隔年交尾などの歩留まりを想定しての数字と思われる。実際、「保護奨励を加うべき種牝馬は約二十一万六千頭」とされており、これは生産すべき頭数の三倍が挙げられている。添付書類から隔年交尾を想定していることがうかがえるので、例えば初年度に半数の一〇万八〇〇〇頭が交配し、無事すべて生まれたと仮定しても合格率は八〇%としているため、八万六四〇〇頭が合格することとなる。これで年間必要生産頭数七万二〇〇〇頭をクリアする見通しであったことがうかがえよう。

また、軍馬資源の比率についても「内地二、外地及満州三」と外地に比重が多く置かれており、特に満州には常時三〇万頭の保持を目標としており、内地より五万五〇〇〇頭の移植が掲げられている。昭和一一年の段階で関東州および南満州附属地を合計しても馬匹は一万頭程度に過ぎず、三〇万頭を保持するためには内地からの大量の移植が必要であった。昭和一四年から三年にわたり五万五〇〇〇頭、一七年以降毎年三万頭が移植されると、昭和一八年までの五年間で二二万五〇〇〇頭となり、これは目標数の七五%にあたる。さらに満州で計画的な育成を実施することで、三〇万頭は可能と判断したのであろう。こうした馬産振興の外地への比重の高まりを考えると、日本が満州をはじめとする外地において競馬振興につとめた理由がより明確になると思われる。

結局、国内の公認競馬に関しては独自の競馬路線を確立していたため、制度面・運用面より陸軍の介入は叶わなかった。

すなわち、各倶楽部が主導したサラブレッドを中心とするスピード感溢れる競走、五大クラシックをはじめとする競走体系の整備、複勝の導入と言ったソフト面の充実と、競馬場の拡充といったハード面がうまくかみ合い、それが大衆の圧倒的支持を受け、巨額の売上をあげたことで財源としての重要性が高まり、それが陸軍の要求をはねつけた理由だったといえよう。

第10章　鍛錬馬競走と戦前競馬の終焉

## 競馬廃止論

昭和一二年八月、第一次近衛文麿《このえふみまろ》内閣によって国民精神総動員運動が始まった。政府は長引く日中戦争下において貯蓄増加などの経済国策への協力を要求するようになり、昭和一四年八月には興亜奉公日が設定されるなど、国民生活に大きな影響を及ぼした。「時局柄」という言葉が多用されるようになると、奢侈と見なされた競馬に対しても廃止論が出はじめる。実際、昭和一五年には奢侈抑制対策委員会の席上で、開催日数の削減、賞金の公債払い、払い戻しの五割制限、自動車の乗り入れ禁止といった提案がなされた。馬政局は自動車の乗り入れ禁止以外ははねつけたが、各省からは競馬中止の意見が相次いだ。競馬への中止論が根強いことを認識した馬政局は、陸軍省とともに日本競馬会に対し戦時下における競馬の意義についてより広く認識を深めるよう対策をとっていくこととなる。

## 軍用保護馬鍛錬競走の実施

昭和一一年、第二次馬政計画が開始された。第一期を昭和一一年から二〇年までの一〇年、第二期を昭和二一年から四〇年までの二〇年間、計三〇年間とする壮大な計画で、第一次馬政計画（第一期：明治三九年から大正一二年の一八年、第二期：大正一三年から昭和一〇年までの一二年）を受けてのものであった。この第一次馬政計画の第二期は農商務省主管の時期であったため、これまで見てきたとおり陸軍の意向に必ずしも沿う計画ではなかった。しかし、大陸戦線の活発化による軍馬需要の増加にともない、現行の第二次計画ではままならないと判断した陸軍は、さらなる要求を行っていく。しかし、ファンの圧倒的支持を受け巨額の売上を誇り、財源として貢献する公認競馬に軍の介入する余地はほとんどなく、陸軍は海外においては満州国競馬、そして国内においても「軍馬のための競馬」を模索していくことになる。

それでは、陸軍の理想とする競馬とは具体的にどのようなものであっただろうか。前述したように昭和一三年六月二三日、陸軍は馬政に関する改善要求を行った。それを受けて一週間後の六月三〇日に開かれた第九回馬政調査会では、出征軍馬の状況説明と、提出した陸軍の要望事項が説明された。中でも競馬については、「競馬は種馬又は軍馬たるべき資格を有する馬に限り之を出走せしめ最も有効に軍馬資源の涵養に寄与せしむる如く実施し特に産馬の方針に基き繊細菲薄にして果悍なる馬の生産を誘発せしめざる如く著意すること」と述べられているように、陸軍にとってはサラブレッド中心の競馬は線が細く、かつ性質的にも激しい気性の馬の生産を誘発させるものとみなしており、日本競馬会の実施している競馬を真っ向から否定している様子が見てとれよう。この陸軍の要望を受けて、八月二四日に開かれた第一〇回馬政調査会では第二次馬政計画の改変にともなう参考案を検討することになった。そこで馬政に関しては曩《さき》に陸軍より要望あり。尚《なお》別紙の通《とおり》閣議決定の次第も有之《これあり》此の際馬政第二次計画を改変し新に内地馬政計画を樹立するの要ありと認む

との決議がなされ、それを受けて有馬頼寧《ありまよりやす》農林大臣も「現在の馬政第二次計画を以てしましては陸軍の要望に副い又国策に依って課せられた任務を解決することは至難」と挨拶の中で述べ、第二次計画が陸軍の要望をみたすものでは無いことを認めた。そして、現在進行中の計画を曲げて、陸軍の要求に基づく「内地馬政計画」策定の必要があるとしたのである。こうして陸軍の要求はようやく実を結び、馬政方針の転換が行われ、昭和一四年に「競馬法の臨時特例に関する法律」、「種馬統制法」および「軍馬資源保護法」からなる「馬政関係三法」が成立する。

政府納付金が勝馬投票売上の八％から一一・五％へと増加する内容の「競馬法の臨時特例の関する法律」は、財源徴収機関としての機能強化が図られたことを示しており、「種馬統制法」は馬の種付事業を国家の独占事業とする内容であった。桜内幸雄《さくらうちゆきお》農相が「優良なる種牡馬及び種牝馬を整備充実すると共に、其の配合を統制し、馬の改良増殖を図ることを目的」と述べているように馬産の「統制」を行うものであり、これにより民間における海外からの種牡馬導入が不可能となり、自由な馬匹《ばひつ》生産を規制することとなった。これは日本競馬会主導の競馬を盛り上げる下総御料牧場と小岩井農場にとっては大打撃であった。というのも、両場は、次のように海外から種牡牝馬を導入し、しのぎを削っていたためである。

| | 中山四歳牝馬特別競走 | 阪神優駿牝馬競走 | 帝室御賞典競走（春） | 帝室御賞典競走（秋） |
|---|---|---|---|---|
| | ***** | ***** | ***** | ***** |
| | ***** | ***** | ***** | ***** |
| | ***** | ***** | ***** | ***** |
| | ***** | ***** | ***** | ***** |
| | ***** | ***** | ***** | ***** |
| | ***** | ***** | ***** | ハッピーマイト<br>トウルヌソル<br>賢藤<br>下総御料 |
| | ***** | アステリモア<br>シアンモア<br>アステリア<br>土田牧場 | ハセパーク<br>プライオリーパーク<br>ギーキング<br>盛田牧場 | ヒサトモ♀<br>トウルヌソル<br>星友<br>下総御料 |
| | ソールレディ<br>トウルヌソル<br>星浜<br>下総御料 | ホシホマレ<br>レイモンド<br>ユーターピー<br>新田牧場 | スゲヌマ<br>プライオリーパーク<br>国宝<br>千明牧場 | テツモン<br>シャイニングスピヤー<br>エキストラ<br>那須野 |
| | タイレイ<br>ダイオライト<br>スリリング<br>新堀牧場 | ルーネラ<br>ステーツマン<br>ラウネラ<br>社台牧場 | トキノチカラ<br>トウルヌソル<br>星谷<br>下総御料 | ロッキーモアー<br>シアンモア<br>アストラル<br>小岩井 |
| | ブランドソール<br>プリメロ<br>第4ウェッディングサーフ<br>小岩井 | テツバンザイ<br>トウルヌソル<br>セレタ<br>羽田牧場 | マルタケ<br>ハクリュウ<br>第2サブスチチュート<br>社台牧場 | エステイツ<br>ステーツマン<br>ナイノッテ<br>社台牧場 |
| | バンナーゴール<br>ダイオライト<br>クカイクヰ<br>菅井牧場 | ロックステーツ<br>ステーツマン<br>第2カジョール<br>社台牧場 | ミナミモア<br>シアンモア<br>アストラガル<br>小岩井 | ニパトア<br>ミンドア<br>パトア<br>山本文吉 |
| | ミスセフト<br>セフト<br>ミンスファンシイ<br>富岡清 | クリフジ♀<br>トウルヌソル<br>賢藤<br>下総御料 | グランドライト<br>ダイオライト<br>トルースピア<br>大平牧場 | クリヒカリ<br>シアンモア<br>フリッパンシー<br>小岩井 |
| | ヤマイワイ<br>シアンモア<br>ステップシスター<br>小岩井 | ***** | ヒロサクラ<br>ダイオライト<br>朝桜<br>下総御料 | ***** |

表10-1　戦前期主要競走勝馬·血統·生産牧場一覧

| 昭和 | 西暦 | 属性 | 東京優駿 | 横浜農林省賞典四歳呼馬競走 | 京都農林省賞典四歳呼馬特別 |
|---|---|---|---|---|---|
| 7 | 1932 | 馬名 | ワカタカ | ***** | ***** |
| | | 父 | トウルヌソル | | |
| | | 母 | 種信 | | |
| | | 牧場 | 下総御料 | | |
| 8 | 1933 | 馬名 | カブトヤマ | ***** | ***** |
| | | 父 | シアンモア | | |
| | | 母 | アストラル | | |
| | | 牧場 | 小岩井 | | |
| 9 | 1934 | 馬名 | フレーモア | ***** | ***** |
| | | 父 | シアンモア | | |
| | | 母 | アステリア | | |
| | | 牧場 | 土田牧場 | | |
| 10 | 1935 | 馬名 | ガヴァナー | ***** | ***** |
| | | 父 | シアンモア | | |
| | | 母 | アストラル | | |
| | | 牧場 | 下総御料 | | |
| 11 | 1936 | 馬名 | トクマサ | ***** | ***** |
| | | 父 | トウルヌソル | | |
| | | 母 | 種正 | | |
| | | 牧場 | 下総御料 | | |
| 12 | 1937 | 馬名 | ヒサトモ♀ | ***** | ***** |
| | | 父 | トウルヌソル | | |
| | | 母 | 星友 | | |
| | | 牧場 | 下総御料 | | |
| 13 | 1938 | 馬名 | スゲヌマ | ***** | テツモン |
| | | 父 | プライオリーパーク | | シャイニングスピヤー |
| | | 母 | 国宝 | | エキストラ |
| | | 牧場 | 千明牧場 | | 那須野 |
| 14 | 1939 | 馬名 | クモハタ | ロックパーク | マルタケ |
| | | 父 | トウルヌソル | プライオリーパーク | ハクリュウ |
| | | 母 | 黒旗 | ピオニー（サラ系） | 第2サブスチチュート |
| | | 牧場 | 下総御料 | 千本松 | 社台牧場 |
| 15 | 1940 | 馬名 | イエリュウ | ウアルドマイン | テツザクラ |
| | | 父 | トウルヌソル | プライオリーパーク | ダイオライト |
| | | 母 | 慶巨 | プロミーズース | 朝桜 |
| | | 牧場 | 下総御料 | 東北牧場 | 下総御料 |
| 16 | 1941 | 馬名 | セントライト | セントライト | セントライト |
| | | 父 | ダイオライト | ダイオライト | ダイオライト |
| | | 母 | フリッパンシー | フリッパンシー | フリッパンシー |
| | | 牧場 | 小岩井 | 小岩井 | 小岩井 |
| 17 | 1942 | 馬名 | ミナミホマレ | アルバイト | ハヤタケ |
| | | 父 | プリメロ | シアンモア | セフト |
| | | 母 | フロリスト | フリッパンシー | 飛竜 |
| | | 牧場 | 小岩井 | 小岩井 | 飯原盛作 |
| 18 | 1943 | 馬名 | クリフジ♀ | ダイエレク | クリフジ♀ |
| | | 父 | トウルヌソル | ダイオライト | トウルヌソル |
| | | 母 | 賢藤 | エレクトリックローズ | 賢藤 |
| | | 牧場 | 下総御料 | 千代田 | 下総御料 |
| 19 | 1944 | 馬名 | カイソウ | クリヤマト | ***** |
| | | 父 | 月友 | トウルヌソル | |
| | | 母 | ベバウ | 優宝 | |
| | | 牧場 | 錦多峰牧場 | 那須野 | |

※馬名の後の♀は牝馬を指す。帝皇御賞典競走は春秋2回となった昭和12年秋季以降を掲載した。
※「*****」は競走未実施を意味する。
※神翁顕彰会編『続日本馬政史　二』（1963）より作成

昭和二　トウルヌソル（牡／下総御料）
昭和三　シアンモア（牡／小岩井）、フリッパンシー（牝／小岩井）
昭和一〇　ダイオライト（牡／下総御料）
昭和一一　プリメロ（牡／小岩井）

こうした種牡牝馬導入競走が馬産の発展に与えた影響は計り知れない。外国の一流血統を導入することで国内の血統の底上げがなされ、そこで生産された馬匹が競馬で好成績を収め、馬主たちが争って名血の仔馬を求める……という循環を生み出す大本が種牡牝馬の導入であり、これら外国産種牡牝馬の成績は【表10―1】に示されるように抜群のものであった。「種馬統制法」はこうした民間側の動きに掣肘を加えるものだったのである。

最後の「軍馬資源保護法」は、民間で飼養されている民有馬を軍用保護馬に指定し、飼養費の助成を行うかわりに一定の鍛錬（一般鍛錬競技と鍛練馬競走）を実施するというものであった。そしてこれを管轄する軍用保護馬鍛錬中央会を設立（鍛錬競馬施行者は強制加入）し、その鍛錬の成果を示すため優等馬投票を伴う鍛練馬競走の実施を行ったのである。これにより、従来の「地方競馬」は廃止となった。

## 軍馬資源保護法と優等馬票

この鍛錬馬競走については、従来の地方競馬と大きく異なる点があった。それは、これまで地方競馬で許されていた勝馬投票はあくまで払い戻しに景品券を用いる競馬であって、現金のやり取りは公には許可されていなかった。しかしこの軍馬資源保護法によって、現金による払い戻しが可能となったのである。すなわち、大正一二年競馬法に基づく公認競馬に続き、馬券（鍛錬馬競走では「優等馬票」と呼称した）の発行が合法化されることとなり、刑法の例外規定が新たに設けられることになったのである（「鍛錬馬競走における馬券の合法化について」）。

沖縄をのぞく全国一一〇か所以上に展開した地方競馬場は、祝祭空間としての機能、地域経済への寄与などプラスの面もあった反面、八百長の横行など、マイナス面も存在した。これらの不祥事に対し関係者は自主規制で対処しようと努力してきたが、こうした弊害の発生原因は地方競馬が法律に基づくものではなく、省令で規制されている点と考えられた。そのため、地方競馬法を制定するという動きが関係者に出はじめる。昭和一三年には「軍用候補馬鍛錬法案」が議員立法で衆議院に提出された。この法案は軍用候補馬の能力検定や馬事思想普及のために馬券発行を認めるというもので、衆議院は通過したものの貴族院で審議未了となり廃案になった。しかし、こうした馬券の合法化を目指す地方競馬関係者の思惑と、国内における理想の競馬を追及する陸軍の姿勢が合致し、翌年の軍馬資源保護法成立につながっていくこととなる。

## 優等馬票の合法化

昭和一四年、第七四回帝国議会における軍馬資源保護法の審議過程においては、衆議院では馬券制限が厳格に過ぎ、これでは馬事思想の涵養などの目的達成にこころもとないとされ、緩和の必要性が訴えられた。前年の「軍用候補馬鍛錬法案」では馬券の最低額は五円、開催は六日となっていたものが、それぞれ三円、四日となったことへの不満であった。これに対し政府当局は「この辺を以て妥当である」（松阪広政《まつざかひろまさ》司法省刑事局長）と答弁しており、馬券一枚三円、払い戻し一〇倍までというルールは適当とみなす姿勢を明らかにした。

これに対し、二月一七日、第五回の軍馬資源保護法案外一件委員会において大石倫治《おおいしりんじ》議員は、

馬は能力をちゃんと時計を以て示して居る、どの馬はどれだけの能力があるか「ファン」と云うものは、ちゃんと計算して居る。此の馬は天気の時は走るとか、此の馬は馬場が軟い方が好いとか、硬い方が好いとか云うことまで、とても吾々の想像さえ付かない程調べて居ります。其の計算と、其の経験とを以てやることであるから、賽子《さいころ》を転がすようなものとは全然違います。或は運を天に任せてやると云うようなことでは決してないのであります。

と競馬「ファン」の研究熱心さを紹介し、競馬は単なるサイコロ賭博というようなものではないと述べる。大正一二年競馬法の成立から一六年以上が過ぎ、「競馬の予想」というものが成立している様子がうかがえる。そして「斯《かく》の如きことを以て風教を紊《みだ》すとか、或は賭博類似と見るのは官僚独善と云ふか何と云ふか」と官僚独善主義を批判する。このあたりは最後まで議会制民主主義にこだわり、翼賛政治に抵抗し続けた大石の硬骨漢ぶりを垣間見ることができよう。そして、三円の馬券では「是では到底「ファン」の満足を得ることが出来ない」と運営上への懸念を表明するのである。

しかし、桜内幸雄農林大臣は馬券三円・開催四日案が適当であるという姿勢を崩さず、木戸幸一《きどこういち》内務大臣も

「競馬を馬券でやるのは宜くないじゃないかと云う論が相当あるのであります」と風教上の懸念から、こうした制限は必要であるという立場を堅持した。結局これらの制限撤廃要求は政府の容《い》れるところとならず、鍛錬馬競技全般に対し地方税を非課税にするという修正がなされて衆議院を通過することになった。

続いて貴族院での審議が始まった。第5章でみたとおり、競馬法の成立においては貴族院対策が最重要課題であったが、今回も同様で一六年経っても全くぶれない競馬法反対の急先鋒・土方寧による反対演説を始め、各委員会でも反対派の質問が行われた。公認競馬の「馬券一枚二〇円・一開催八日（競馬法成立時は一開催四日、後昭和四年に六日、六年から八日）に比較すると随分控えめな「馬券三円・一開催四日」という政府案を用意したのも、貴族院対策のためとも考えられよう。

そして衆議院では馬券金額・開催日数の拡大を要求されたのに対し、貴族院では本案の廃止を求められるという、政府当局にとってはなかなか困難な議会運営をこなしていく必要があった。そのため、政府委員として出席していた中村明人《なかむらあけと》陸軍中将はこれまでの議会における説明として、

此の競馬と云うものは無論金を賭けるのであるが、併し其の賭ける其の人は、其の馬の性質なり馬の体格骨量、其の馬に付てはもう総て厳正に視察観察をして、あの脚の踏込みならば速かろう、あの脚の込みならば遅かろう、此の騎手ならばどう、此の地形ならばどう、此の天候ならばどうと、起り得る所の森羅万象総てを自分の智力の働く限に於て思索銓衡《せんこう》をして、そうして最も真剣なる態度を以て茲に其の一つの自己の真剣さを現す所の、何と申しますか利害関係に於て馬券を買い、前申しましたるような、而《しか》も其の行

動が、私共の必要とする点にも合致するものがあるのでありますから、之を一様の博奕とは見ぬと、斯う云うような意味の御説明があるのであります

と述べているが、これなどは衆議院での大石の発言内容と変わらず、衆議院と貴族院では政府の立ち位置が入れ替わっていることが如実に示されていよう。

末澤国彦《すえざわくにひこ》の研究によると、貴族院の反対意見の骨子は、

①馬券は賭博であり、醇風美俗に反するため

②新たな賭博場を増やすことへの反対

③競馬は馬事思想の普及に結びつかず、子どもへは不適切である。

④軍馬資源保護法は地方競馬で実施されていた脱法行為の追認となる

などがあったとされる。これに対し、①②には法によりきちんと規制と対策を実施すれば弊害除去は可能であり、③は先の中村の答弁にあるように、衆議院とは攻守立場を替えて競馬は知的推理の娯楽であり馬事思想の普及につながるとした。④は、地方競馬は内務・農林省令にもとづき実施されており。脱法行為ではないと反論している。

根強い貴族院での反対意見に対し、ひとつの妥協案というものが、「将来的な馬券廃止案」であった。曾我《そが》祐邦《すけくに》子爵から馬匹計画に充分な予算が確保された場合、馬券を根本から廃止するかどうか、という質問がなされた際、桜内幸雄農相は「是は私廃止しても差支ないと思って居ります」と答弁する。このように「其の馬券

に代るべき、即ち大衆の関心を集め得べき何等か方法」が現れた場合、馬券の存続については考慮する余地があると言明したのである。当然、馬券に代わるものがそうそう現れるわけでもなく、あくまで仮想の話ではあったが、これ以降曾我は賛成に回ることとなった。反対派の次田大三郎《つぎただいざぶろう》から「貴族院の伝統から言えば、実に大きな改正」と言われた本法案が、大きな修正も受けず、特別委員会を賛成多数で可決したのである。可決後、馬券の弊害をなるべく除去すべし、という堀切善次郎《ほりきりぜんじろう》提案による附帯決議がなされたものの、競馬法成立時のような可否相半ばするようなことはなかった。本会議においても土方寧が「私は絶対に反対致します」と演説を行ったものの、競馬法の際のように記名投票を実施することなく、あっさりと起立者多数により成立した。これは、刑法の例外規定をもうける初めての事例であった大正一二年の競馬法と、二度目である軍馬資源保護法との差であるとともに、大正一二年以降一六年にわたり継続・安定して競馬が実施されてきた実績の有無もあるだろう。また、大陸における軍馬の必要性の高まりという陸軍の内部事情もあり、国策遂行の喫緊性というのも成立の大きな推進力になったと考えられる。

## 軍用保護馬鍛錬中央会

昭和一四年、軍馬資源保護法の制定に伴い軍用保護馬鍛錬中央会が設立された。七月一二日に設立委員の任命があり、二六日委員会の開催を経て二七日に発足した。当初の役員は表【表10―2】のとおりである。軍馬鍛錬の会だけあり、陸軍から副会頭に一人、常務理事に二人を送り込み、そのうち競走部長と鍛錬部長という主要な役職をすべて陸軍軍人がおさえていた。

表10-2　軍用保護馬鍛錬中央会役員

| 役職 | 名前 | 備考 |
| --- | --- | --- |
| 名誉会頭 | 松平頼寿 | 貴族院議員·伯爵 |
| 副会頭 | 吉岡豊輔 | 陸軍中将 |
| 副会頭 | 西尾忠方 | 貴族院議員·子爵 |
| 常務理事 | 田中無事生 | 総務部長 |
| 常務理事 | 若松晴司 | 陸軍少将、競走部長 |
| 常務理事 | 坂西平八 | 陸軍少将、鍛錬部長 |
| 常務理事 | 中山二郎 | 陸軍主計少将、経理部長 |
| 常務理事 | 石井博 | 整理部長 |
| 理事 | 増山忠次 | |
| 理事 | 三善信房 | 衆議院議員 |
| 理事 | 佐藤謙之輔 | 衆議院議員 |
| 常任監事 | 家村末熊 | |
| 監事 | 小串清一 | 衆議院議員 |
| 監事 | 山内保次 | 陸軍少将 |

軍用保護馬鍛錬中央会は、文字通り軍用保護馬の鍛錬指導にあたるもので、全国の道府県畜産組合連合会や畜産組合の加入が強制され、一定額の納付金を納めることが義務付けられた。そして各団体が、鍛錬馬競走を実施した。この鍛錬競馬は、陸軍が志向する競馬のいわば「理想形」であった。鍛錬競馬場は一府県一か所、北海道のみ三か所、施行は年二回、開催は四日以内と定められ、券面三円の優等馬票発行、売上の一五％を施行者が収得するというものであった。鍛錬馬競走の出走馬は、軍用保護馬として指定を受けた馬で、牝馬か騸馬に制限された。去勢していないと軍馬として牝馬との混合運用ができないためである。あくまで「軍馬としての鍛錬の場」であったことがうかがえよう。そして「一般鍛錬競技には第八条第一項の規定に依る指定を受けたる軍用保護馬にして当該畜産組合又は畜産組合連合会の区域内に飼養場所の在るものに限り出場せしむるものとす」（「軍馬資源保護法施行令」第六条）と道府県を越えた出場を禁じるという区域の限定も定められた。また騎乗者も中央会の免許試験に合格したものか、所属騎乗者に限るものとした。そして、これまであった地方競馬は鍛錬馬競走に再編されていくのである。

しかし、一一〇か所以上あった競馬場を一府県一か所に再編とおおよそ半分以下にするわけであるから、そこには多くの困難が待ち受けていた。例えば、廃止する競馬場の設備整備にかかった債務の処理等である。競馬場を設置し、その競馬の収益で債務返還を計画していた競馬場が廃止となると、当然誰がその負担を請け負うのかが問題となってくる。また、設備を処分するにしても各所で勝手に進められると今後の馬事振興に影響が出かねず、結局軍用保護馬鍛錬中央会がその処理にあたることとなったのである。

基本的には農林省の立てた「地方競馬場整理根本方針」にもとづき進めていくこととなっており、昭和一四年の段階で地方競馬施行の許可を受けていた団体は七七団体、競馬場では一一四か所で、このうち三七か所が鍛錬競馬場として残されるため、七七か所の競馬場の処分が必要であった。そしてそれらの処分のために昭和一七年三月まで約一七五万円の補助金が交付され、再編が実施されたのである。

## 鍛錬馬競走への認識

陸軍はこの鍛錬馬競走をどのように認識していたのだろうか。日本馬事会で鍛錬部長をつとめた陸軍少将坂西平八は、鍛錬馬競走の重要性について以下のように述べている（「鍛錬馬競走の重要性について」）。一つ目は、馬へ競争心を植え付けるという点である。従来馬は「勝を争う心が薄い」ため、勝利を目指す「負けず魂」を教育していく上で鍛錬馬競走は有用であるとする。ただ、やみくもに鞭《むち》を振るうような強制的な手法は、「所謂競走を厭《いと》う馬が出来る」ために「馬に充分わからせることが大切」と、馴致の重要性を指摘している。

次に、馬の速度の問題である。坂西は、「殊《こと》に常歩がはやいと云うことが戦勝の為大切な要素」であり、速歩は「駈歩《かけあし》より長く続く所に有難みが大きい」として、軍隊の行軍上、全速で走るよりも長距離が歩ける速歩の方を重要視していた。
特に公認競馬においては速歩競馬の人気がなく阻害されていたため、鍛錬馬競走では速歩は重要視されていた。坂西は鍛錬馬競走について、

之を熱心に好んで見ることによりて敢闘精神は湧き立つのである。此の勇ましい競技は成るべく沢山の国民に見させ、一億国民に敢闘精神をわき起させたいのである。夫れには是非共投票せなければならない。投票をすると其の馬は勝敗の定まる迄自分の馬になるのである。精神を集中して熱心に其投票せる馬を見守るのである。こうなると馬を見ることを覚えるのである。即ち馬を知ると共に馬に趣味を持つ様になるのである。

と述べ、競走の公開と馬券の発売の重要性を説く。ただし、坂西の見方はあくまで「馬を見て、そこから馬への関心をつなぐ」のが重要なのであって、予想屋の印刷物や成績表を手にして頭をひねっているファンに対しては、「これでは馬を覚えられない」とはっきりと否定する。坂西の考えでは、

宜しく他人と相談などをせず、独自の考えで下見に於て馬を能《よ》く見、尚見足りない所は走路に於ける具合を見、馬のみならず騎乗者の技量をもよく観察し、特に其日の調子に注意し、そして断乎投票をすることが最も必要と信ずるものである。又投票をするものは決して儲けようとか、損すまいとか云う邪念を以っ

てやってはいけない。献金をして日本の馬事を隆盛にし、大東亜戦争に勝抜くのだと云う考えでやらねばいかぬと思う。

ということであった。本馬場に入り、馬が走路にまで出ていった状態から果たして馬券を買いにいくのに間に合うのかという単純な疑問が思い浮かぶが、坂西からすればデータ類を駆使し「知的推理」として予想をするファンは「邪道」と見なしていたことがうかがえる。このあたり、織田作之助や五木寛之の父といった競馬ファンと軍人との競馬への思考の違いが明確に出ているといえるだろう。また、馬券販売が馬への献金と見なしている点も興味深い。

坂西にとって、鍛錬馬競走ほど「有益なものはなく」、ますます盛んにしていく必要があるとしたのである。陸軍の、陸軍による、陸軍のための競馬、それが鍛錬馬競走であった。

## 初の鍛錬競馬

軍馬資源保護法の成立を受けて、従来の地方競馬は鍛錬馬競走へと再編されていくが、その最初の開催となったのは茨城県の取手《とりで》競馬であった。

取手競馬は、同じ県内に存在した結城《ゆうき》競馬が売上不振であったことから、県内での移転先として選ばれ、昭和一一年七月に競馬場の新設が決定した比較的新しい競馬場であった。この移転については、必ずしも賛成ばかりではなかったようだが〈『取手市史　近現代史資料2』〉、「取手町としては繁栄上歓迎すべき問題である」〈『取手たより』S11・7・23）として誘致を推し進めていた。現在は競輪場となっており、地図上でみるとちょうど競馬場のコースの内側に卵を抱いたような形で競輪場が存在していることがわかる。

さて、昭和一五年三月から全国初の鍛錬馬競走が実施されるにあたって、地元新聞では不安視する声があがっていた。

一点目は出走馬の問題である。出場資格馬は軍用保護馬の検定に合格した馬に限られるようになったため、従来の地方競馬出走馬の三、四割になるとみられていた。残りは県内の新馬であるから、「勝手分らず、これが競馬ファンに如何に影響するか」と懸念を表している。

二点目は一枚三円となった馬券についてで、「軍需インフレの波に乗るファンにどう迎えられるか」と述べ、「蓋を開けるまでの大きな問題として注目」されていると結んでいる。

いずれにせよ、これまでの地方競馬とは勝手が違う中で緊張感を持って開催を迎えている様子がうかがえる。

しかし、心配は杞憂であった。

八月の開催を地元新聞「いはらき」は「新馬速歩を皮切りに　取手国策競馬開く　無慮二万の観衆熱狂」と題して以下のように紹介している。

スリルからスリルへ、興奮と歓声に大利根の江流を震撼する県下軍用保護馬鍛錬競走大会は、ファンの白熱的愛馬意識に迎えられて取手鍛錬馬場に開催された。第一日の昨二十四日は残暑烈しいなかにも、南東の涼風がファンの熱頬を叩く絶好の競馬日和り——上野駅から水戸駅から常総線から等々間断なくすべり込んでくる列車という列車は、何《いず》れもファンを満載して取手駅は人の渦巻で揉み潰されそうな騒ぎ、軍需・農産インフレの二重奏が駅から競馬場まで蜿蜒《えんえん》長蛇の列を作り、この日の人出二万余、競走は午前十時半の新馬騎乗レースを皮切りに開始、馬場のコンディションも上乗で、期待された新馬の活躍に早くも大穴続出、スタンドは爆発的歓声の連続だった。（後略）

このように、交通の要衝である取手には上野方面・水戸方面等から多くの観客が詰めかけ、「人の渦巻で揉み潰されそうな騒ぎ」であった。

では、取手が成功した理由は何だったのだろうか。ひとつは、各府県一か所と制限されたことで、その府県内で最も競馬が盛んであった競馬場に分散していた売上が集中したこと、今ひとつは馬券が一円から三円と大口になったことで、むしろ地方競馬時代と変わらぬ隆盛を保っていたことがうかがえよう。

## 岡崎鍛錬馬競走

鍛錬馬競走は、駆歩・速歩・障害の三種で構成され、明け四歳（現在でいうところの三歳）以上から出走可能であり、障害競技は同五歳以上、明け一七歳以下の軍用保護馬で、地方長官の指定を受けたものとされた。

昭和一八年に愛知県の岡崎で行われた第一回の軍用保護馬鍛錬馬競走第四日のプログラムがあるので、それを参考に鍛錬馬競走の模様を確認していこう。春季岡崎鍛錬馬競走は、当初四月一一日から一三日にそれぞれ第二日〜第四日を開催する予定であったが、一二日が雨天中止となったため、第三日が一三日、第四日が一四日にそれぞれスライドしていた〔『中日』S18・4・13〕。

また、この時期は降雨以外にも競馬の実施を阻害する要因が存在した。戦局の悪化である。四月九日に愛知県畜産組合連合会より新聞紙上に出された「謹告」では、

四月九日より開催予定の岡崎鍛錬馬競走は万一午前七時迄に警戒警報解除になりたる時は其の日より開催す。

但し四月十一日午前七時に至るも警報解除にならざる場合は無期延期す。

とあり、警報発令時には延期の可能性も示唆されていた。

最終日の開催は四月一四日の水曜日であった。主催は愛知県畜産組合連合会で、プログラムは一ページが縦一五・六センチ×横九・二ミリの蛇腹式のシンプルなものである。

「御願」には、厳粛で公明明朗に行うこと、行き帰りの混雑の際に秩序を守ること、見苦しくない服装にすること、紙片や不用品は屑籠《くずかご》に居れることが挙げられているが、こうしたことがあまり順守されていなかったのではないかと想像される。

「御注意」には優等馬投票に関する注意が記され、投票は一競技に付一人単複一枚ずつとし、投票方法はまず両替所で一枚三円の現金受領書を受け取り、入場の際に受け取った引換証の内、投票しようとする競技と一致する競技番号の分を切り取り、現金受領書を添え優等馬票発行所の窓口に差し入れ、馬票を受け取るという形

であった。的中馬の馬票は、特別払戻をする場合があるので、「優等馬票は的中しない場合でもすぐ御捨てにならぬ様御注意下さい」とあり、現在の競馬場でも用いられるフレーズの一端をここに見出すことができる。

注目すべきは騎乗者の帽子の色で、1白、2黒、3赤、4青、5黄、6紫、7緑、8海老、9桃、10薄紫、11茶、12鼠、13水、14黒白、15赤白、16青白、17黄白、18紫白、19緑白、20海老白となっており、これは「毎回左の通り」と固定されていた。そのため単複しかない時代であればビジョンがなくともある程度自分の買った馬の勝敗は容易に認識できたことであろう。また1から5まで現在の騎手の帽子と同様（ちなみに他の公営競技、競輪、オートレース、モーターボートもすべて番号と色の対応は同じ）である。なお現在は6枠は緑、7枠が橙、8枠は桃となっている。いつ頃この色番対応に落ち着いたのかは筆者の調査が及ばず現時点では不明であるが、戦前との共通項が多いところは注目される。

昭和十八年第一回
軍用保護馬
岡崎鍛錬競馬走番組
第4日
四月十四日〔水曜日〕
主催 愛知縣畜産組合聯合會

御願

一、鍛錬馬競走の趣旨を能く御了解下され時節柄最も嚴肅で公正明朗に行ふ様に御協力下さい。
二、鍛錬馬場への行き帰りには相當混雑しますから秩序を守り他の迷惑となり又は見苦しきことの無い様御注意下さい。
三、服装は華美に亘るとか或は飾り見苦しきことのない様に御願ひします。
四、紙片や不用品は場内に備付の箱籠に入れ往復の途中などに散らさぬ様御注意下さい。

図10-1　岡崎鍛錬競馬競走番組

さて、愛知県における競馬事情であるが、現在の中央競馬の中京競馬場は、いわゆる戦前からの公認競馬との継続性を持っておらず、戦後の昭和二八年に新設された競馬場である。地方競馬の開催は、大正一〇年の豊橋市がそのはじまりで、北《きた》設楽《したら》郡畜産組合の主催で行われた。大正一二年には岡崎において愛知県畜産組合連合会が主催し、翌大正一三年、岡崎と豊川に、大正一四年には一

表10-3　岡崎鍛錬馬競走番組表（昭和18年4月・第4日）

| 競技 | 発走時刻 | 頭数 | 種類 | 距離（m） | 1着賞金（円） | 2着賞金（円） | 3着賞金（円） | 備考 |
|---|---|---|---|---|---|---|---|---|
| 1 | 10:30 | 5 | 速歩 | 1800 | 80 | 50 | 30 | |
| 2 | 11:00 | 8 | 駈歩 | 1000 | 70 | 40 | 30 | |
| 3 | 11:30 | 8 | 速歩 | 2000 | 100 | 60 | 35 | |
| 4 | 12:00 | 8 | 駈歩 | 1400 | 80 | 50 | 30 | |
| 5 | 13:10 | 8 | 駈歩 | 1400 | 100 | 60 | 40 | |
| 6 | 13:40 | 8 | 優勝速歩 | 2200 | 180 | 110 | 70 | 優勝旗授与 |
| 7 | 14:10 | 8 | 優勝駆歩 | 1200 | 150 | 90 | 60 | 優勝旗授与 |
| 8 | 14:40 | 8 | 優勝速歩 | 2600 | 230 | 130 | 90 | 優勝旗授与 |
| 9 | 15:10 | 8 | 優勝駆歩 | 1600 | 180 | 110 | 70 | 優勝旗授与 |
| 10 | 15:40 | 8 | 優勝駆歩 | 1600 | 230 | 130 | 90 | 優勝旗授与 |

『昭和18年第1回軍用保護馬岡崎鍛錬馬競走番組第4日』

宮と豊橋でも競馬倶楽部が組織され、四つの競馬場が生まれた。

昭和二年の競馬倶楽部の整理統合の際には「競馬場争奪の運動猛烈ならん」（『大朝〔三重〕』S2・10・9）とかなりの混乱があり、その結果、岡崎・豊川・一宮の三者は新たに名古屋競馬協会を組織し、各々の競馬場を廃止し、新たに西春日井郡川中村に名古屋競馬場を新設した。

ところが残っていた豊橋競馬場は岡崎競馬倶楽部が譲り受けて岡崎市羽根町に移転し、愛知県畜産組合連合会が設備を借り受けて岡崎競馬を実施した。名古屋競馬場も昭和六年五月に名古屋市南区稲永新田に移転、昭和一一年には丹羽郡岩倉町に移転、昭和一四年の軍馬資源保護法により県内一場に整理されると名古屋競馬場は廃止され、岡崎競馬場が鍛錬競走の場として愛知県唯一の競馬場となった。この岡崎競馬場は戦後も開催されていたが、昭和二八年一〇月、中京競馬場開設に伴い廃止となっている。なお現在の地方競馬の名古屋競馬場は昭和二四年の〝新設〟で戦前の競馬場と同名であるが継続性はない。

この岡崎競馬場は総面積四万三千坪を誇る堂々たる競馬場で、馬場は一二〇〇メートル、幅二一メートルのコースを有していた。

この日の番組は【表10―3】の通りである。

第一競技の発走時刻は一〇時三〇分、一八〇〇メートルの速歩競技五頭立てであった。なお鍛錬馬競走とはいうものの、各個の名称は「競走」ではなく「競技」という表現が使われている。

注目されるのは一〇競走中四競走を占める速歩競走の多さで、速歩競走のハンデは距離でつけていることがうかがえる。また、出走馬はすべて牝馬か騸馬である。軍用保護馬であるから当然なのであるが、見慣れた「牡」の表記のない出走表はある種新鮮に思える。

**表10-4　岡崎鍛錬馬競走結果（昭和18年4月・第2日）**

| 競技 | 種類 | 1着馬 | 2着馬 | 3着馬 | 単勝 | 複勝 1着 | 複勝 2着 | 複勝 3着 | 単勝オッズ | 複勝オッズ 1着 | 複勝オッズ 2着 | 複勝オッズ 3着 |
|---|---|---|---|---|---|---|---|---|---|---|---|---|
| 1 | 速歩 | ヤマケイ | ミツハル | ヒノデゴウ | 11.5 | 5 | 4.5 | — | 3.8 | 1.7 | 1.5 | — |
| 2 | 駈歩 | ニイカップ | エイシユン | マツカゼ | 17.5 | 4.5 | 3 | 3.5 | 5.8 | 1.5 | 1.0 | 1.2 |
| 3 | 速歩 | アサカワ | コウソン | コウメ | 6 | 3.5 | 3.5 | 5.5 | 2.0 | 1.2 | 1.2 | 1.8 |
| 4 | 駈歩 | ミカワタカラ | オワリタイコウ | テルクニ | 20.5 | 6 | 4 | 5 | 6.8 | 2.0 | 1.3 | 1.7 |
| 5 | 速歩 | エアートツプ | オワリイサム | リユミヤコ | 10.5 | 5 | 8 | 6 | 3.5 | 1.7 | 2.7 | 2.0 |
| 6 | 駈歩 | タニザト | ソウエイ | ハラダ | 20.5 | 6.5 | 7.5 | 11 | 6.8 | 2.2 | 2.5 | 3.7 |
| 7 | 速歩 | マルブン | タマエ | キンボン | 11.5 | 4 | 4.5 | 4.5 | 3.8 | 1.3 | 1.5 | 1.5 |
| 8 | 駈歩 | ウラハナ | ツキトラ | エイラン | 13 | 5 | 5.5 | 6.5 | 4.3 | 1.7 | 1.8 | 2.2 |
| 9 | 駈歩 | マサムネ | ナンシン | ミチシオ | 17.5 | 6 | 5 | 6 | 5.8 | 2.0 | 1.7 | 2.0 |
| 10 | 駈歩 | ジリキ | トーアキング | ハゴロモ | 6.5 | 3.5 | 4 | 8 | 2.2 | 1.2 | 1.3 | 2.7 |

昭和18年4月13日付『中部日本新聞』より作成
＊単勝・複勝は払戻金額（円）、オッズは倍率。

残念ながら最終日の結果は史料がなく不明であるが、二日目の結果は新聞紙面に掲載されている【表10―4】。二日目の結果を見る限り、最高の払戻金が二〇円五〇銭（六・八倍）とあまり荒れていない。想像するに、同一県内における馬ではやはり馬頭数に限界があり、勝負付けが済んだ馬同士のレースが多くなってしまうことが考えられ、その意味ではいわゆる「馬券的妙味」に欠ける競走が増加したのではないかと考えられる。

### 粛正の中で

これまでの地方競馬と鍛錬馬競走の大きな違いは、現金での優等馬投票が可能になったことと、場内の取り締まりの一層の強化であった。戦時下という時局がら、軍馬資源保護の主旨にもとづき、悪弊を一掃する方針をとっていた。

例えば一人単複各一枚の馬券販売の厳行である。もちろん、当然馬券は一人一枚の販売であったが、馬券を購入する場所は手を入れられるぐらいの部分しか開いておらず、「穴場」と呼ばれており、これは複数枚購入する人がいたとしても顔がわからないようにしているためとされていた。「座談会　地方競馬むかしばなし」〔『地方競馬史　第一巻』〕においても、

**松本**（弥一、競馬共助会・元読売新聞）規則だけれど、10枚だといって手を出したり何かしたところを見ると、ある程度黙認するような競馬場もあったわけだ。

**小堀**（孝二、日本経済新聞）みんな黙認している。黙認していなきゃ4日間で30万売るとか、1日10万、

15万、20万売るなんていうことはないんだから。

と述べられているように、地方競馬時代、複数枚の販売はある程度黙認されていたようであるが、鍛錬馬競走になり、一人一枚販売が徹底されることになった。

また射倖心を煽っているという理由で予想屋・両替屋も入場させず場外でも営業を認めないという措置をとった。呑屋、競馬ゴロなど不正行為を行うものの取り締りを徹底させ、売店は半減、酒類の販売も禁止、入場者のタクシーやハイヤーの使用を認めないなど、これまでの地方競馬のやり方に対し厳しい粛正の嵐が吹き荒れた〔『大朝〔三重〕』S15・12・27〕。

図10-2 「保護馬の大活躍にスタンド・超満員」霞ヶ浦鍛錬競馬競走を報じる記事（『大阪朝日新聞北勢版』昭和15年12月27日付）

それでは、昭和一四年の地方競馬と昭和一五年の鍛錬馬競走の売上の比較を行ってみよう。三重県四日市市郊外の霞ヶ浦競馬場は、地方競馬から鍛錬競馬場に移行した競馬場であり、幸い新聞記事に競走成績が掲載されているので、それらを用いて分析してみよう。昭和一四年一〇月、霞ヶ浦における最後の地方競馬の売上は四日間累計一七万一二五四円であり、翌年の鍛錬馬競走は一二月末に行われ、四日間累計で二五万九五五七円を売り上げた。このように、売上については物珍しさも手伝ってか前年の売上を大きく上回っており、「観衆の出足は好調で東海に誇る大スタンドも超満員の盛況」〔『大朝〔三重〕』S15・12・27〕と多くのファンが詰めかけた。理由については取手競馬と同様であろう。大阪朝日新聞の北勢地域版では「保護馬の大活躍に　スタンド・超満員」という見出しとともに超満員のスタンドの写真【図10―2】が掲載されている。このように、鍛錬馬競走になってもそこまで売上が落ち込むことはなく、地方競馬実施時と同様かそれ以上の売上を計上していた。ただし売店などは出店を制限されており、交通手段についても四日市駅前から出ていたバスが中止となったため、参宮急行霞ヶ浦駅と省線富田駅から木炭バス三台が運行されており、ファンはこれらを用いて競馬場に赴いたようである。「娯楽」を楽しむ余裕そのものが、「時局」によって押し流されていった。

売上において検討していた鍛錬馬競走であったが、こと日本競馬会実施の公認競馬との比較においては及びもつかず、昭和一六年段階においても日本競馬会の東京競馬場春季開催のみで二五三〇万円余の売上であったが、昭和一六年度鍛錬競馬全三八場を合計しても二〇〇〇万足らず〔『競馬法の変遷30年史』〕であり、しかもこれが実施年別最高売上額であったことを考え合わせると、売上的には日本競馬会側の圧勝であったといえよう。すなわち、財源および種牡馬選定としての機能は「公認競馬」が、軍馬育成面では「鍛錬競馬」という具合に、競馬の持つ二つの役割が明確な形で示されたのである。

## 戦局の悪化と競馬の中止

昭和一六年から始まった太平洋戦争は、競馬にも大きな影響を与えた。まず財源面が注目され、昭和一七年から戦費調達のため馬券税が新設されている。

これは、莫大な戦費をまかなうために東条《とうじょう》英機《ひでき》内閣が発表した直接税一一億円を増徴する戦時臨時大増税のひとつであった。その税率は左記の通りである。

(一)勝馬投票券の発行により得た金額の百分の七(現行控除率は一八パーセント、したがって合計は二五パーセントとなる)。

(二)勝馬投票券の購買者に払い戻しする金額より、命令をもって定むる金額、券面金額に的中票数を乗じた額を控除した金額の百分の二十。

図10-3　第1回東京優駿勝馬ワカタカ号

計算式でいうならば、

[売上総額−(売上総額×一八/一〇〇+売上総額×七/一〇〇)−二〇円×的中票数]×二〇/一〇〇=的中者に対する税金

となる。これでは具体的に分かりづらいので少し単純化した式で馬券税の賦課の様子を確認してみたい。試しに第一回日本ダービーの票数を用い、単勝で確認してみよう。ワカタカの勝った日本ダービーの単勝投票総数は一一五四票、うち的中が五〇一票で、払い戻しは三九円(一・九五倍)であった。これが馬券税導入後だとどのように変化するであろうか。計算式は以下のとおりである。

［一一五四票×二〇円—（一一五四票×二〇円×二五／一〇〇）—二〇円×五〇一票］×二〇／一〇〇＝一四五八円

これが税金として五〇一票に平均化されるので、約二・九円払戻金から差っ引かれるわけである。さらに、もともとの払い戻しも控除率が上がっているため、約三四・五円となり、ここから引くと三一・六円となり、実に七・四円も目減りしてしまう。本来三九円の払い戻しが自動的に二割減となってしまう馬券税は、時局柄競馬を親しむことに罪悪感を持っていたファンがさらに競馬から離れるきっかけとなったといえよう。

この税制改正法案は帝国議会を通過し、二月二一日馬券税法が交付され、三月一日から施行された。この馬券税は公認競馬も鍛錬競馬も同様に賦課された。このため馬券購買者の税負担率は実に約三三％の高率に至り、競馬場の入場者は激減し、結果的に政府納付金は増額とならなかった。ファンの心理を考慮せず、税率を上げれば税収も増えるという単純化した思考法には驚きを禁じ得ないが、ファンがうまく自主的に敬遠したといえなくもない。しかし、売上の減少は競馬そのものの衰退をもたらすため、必ずしも良いことばかりではなかった。

戦争が長期消耗戦の様相を呈するにつれ、職員・調教師や騎手、厩務員といった人員が兵役や国民徴用にとられ、日本競馬会は慢性的な人員不足に悩まされていく。

昭和一八年一二月には、東京・京都両競馬場以外の競馬施設を直接戦力増強部門とすると決定した。これにより、東京・京都両競馬場のみで「能力検定競走」を政府補助金で細々と実施する事となり、馬券を伴う競馬は中止となってしまったのである。昭和一九年九月には東京競馬場も戦力増強部門に転用され、能力検定競走は「京都競馬場及びその他適当なる場所」において実施することとした。

この際に競馬会は「将来に備うるため」、軽種の馬匹の買い上げ・補助、調教師・騎手・厩務員を直接雇用する大胆な決断をする。これは、東京競馬場の転用に伴い従来のような競馬が実施できなくなってしまったが、きたるべき競馬再開の未来を見据えて、種の保存と調教・騎乗技術を残す必要があったからである。競走馬が生産されてから競馬場で走りはじめるまでには二〜三年の年月が必要となる以上、いちどその鎖の輪が途切れると、復活までにはその数倍の年月がかかることを競馬関係者は熟知していた。そのため、厳しい時局にもかかわらず、細々とはいえ、競馬の存続に尽力したのである。戦後の速やかな競馬の復活の陰には、戦争末期になされた関係者の努力が間違いなく存在したのである。

## 昭和一九年の「日本ダービー」

長い日本ダービーの歴史の中で馬券が発売されなかったことが一度だけある。それが昭和一九年、カイソウの勝った第一三回日本ダービーである。

快晴の東京競馬場、入場できたのは関係者二〜三〇〇名のみであった。その中には持ち馬が出走していた作家の菊池寛と、後に競馬解説で知られる大川慶次郎《おおかわけいじろう》がいた。

事実上の無観客・無馬券で実施された異様な「能力検定競走」であった。出走馬は一八頭で、淡々とした流れのなかから橋本輝雄《はしもとてるお》騎乗のカイソウが抜け出し五馬身差をつけてゴールした。ダービーの開催時期は、一から六回が四月中下旬、昭和一三年の日本競馬会となって初の第七回ダービーから五月下旬という現在と同様の時期に移行したが、この第一三回は六月一八日という遅い時期に行われ、また前日の豪雨から馬場は稍重《ややおも》であったため、タイムは二分三九秒一と、前年のクリフジのレコードに遅れること八秒という平凡な時計であった。

カイソウは、一二月の京都で実施された能力検定競走・京都農林省賞典四歳呼馬（現在の菊花賞）にも出走し、勝利したものの、先頭の馬がコースを誤認し、後続馬がそれに続いてしまったためレース不成立という裁決が下され、幻の「二冠馬」となってしまった。この世代の馬は不運で、すでに競馬の中止も決定していたためカイソウも引退したものの種牡馬にもなれず、記録上は「廃用・行方不明」となっている。のち軍馬として徴用され、名古屋の師団長の乗馬になり昭和二〇年五月の名古屋大空襲の際に焼死したとか、終戦直後の闇市で荷車を引いていたとか、様々なうわさがあるものの真相は不明である。

検定競走も戦況悪化のためこの年を限りに都市部では実施が不可能となり、北海道・東北・関東の三地区に支所を設け検定馬の飼育管理などのため疎開させることとした。北海道は静内町、東北は岩手県盛岡市のはずれにあった元農林省東北種馬育成所分厩、関東は宇都宮育成牧場である。そのうち宇都宮は昭和二〇年三月に厩舎が焼失したため検定競走は実施せず引き上げており、東北では検定競走中に空襲を受けるという被害を受けつつ、競走馬の調教、軽種生産の維持につとめていた。

## 昭和二〇年、静内

軍用保護馬の鍛錬馬競走も、戦局の悪化に伴い昭和一九年度をもって終了した。最後まで行われたのは能力検定競走であった。北海道支所長をつとめた佐藤正人《さとうまさと》は、昭和二〇年五月一日に辞令を受け、北海道へ赴任していった〔『競馬研究ノート』〕。この時北海道支所に配属された中に、のち、「サクラ」の冠の付く馬の調教師として知られる境勝太郎《さかいかつたろう》騎手がいた。支所とは言うものの施設のほとんどは借り物で、馬場は日高馬匹組合のもの、厩舎は使用しなくなった他の牧場のものを用いた。六月二四日には、室蘭沖にやってきたアメリカ空母からグラマン戦闘機により機銃掃射などの空襲を受けている。その三日後の二七日に開所式が開かれた。

第一回の能力検定競走は八月六・七・一一・一四日と四日間実施され、警察署長からはなるべく人を集めないようにとの話があり、関係者だけで細々と開催された。四日間の能力検定競走の翌日、昭和二〇年八月一五日の玉音放送を迎える。

終戦後、第二回の能力検定競走が九月二九日と一〇月二日に開催された。そこには生産者など、多数の観客が集まり盛大に行われたという。馬券がなくとも、立派なスタンドがなくとも、ただ馬が駆けるのを観ることが娯楽であった。

そこに集まった観客こそ、新時代の競馬の目撃者だったのである。

# おわりに

思えば競馬史の研究を始めてからずいぶん長い時間が経ったが、遠い遠いゴールはまだ遥か彼方で、本書を書き上げた後でも逸走せずに一コーナーを回れたかどうか、そんな心胸である。

関西大学四回生の春、卒業論文のテーマをどうしようかと漠然と考えていた自分が、軍事史への関心から軍と競馬の関わりを卒論のテーマとして選んだのがそのきっかけだった。卒論だけでは飽き足らず、本格的な研究手法を学ぼうと立命館の大学院に進学し、修士論文に取り組むことにした。ところがいざ始めてみると、「競馬」というテーマの奥深さに改めて圧倒された。競馬会や陸軍、政治家の書簡など研究を進めるために見なければならない史料は数多く、そしてそれらのほとんどは東京にあった。今ではかなりの史料がデジタル化されているが、二〇年前はようやくその緒についたばかりであり、実際に行って史料を見るか、マイクロフィルムを繰る、そういう時代だった。当時の自分はくずし字の読解能力も近代史を専攻する大学院生の水準に達しておらず、外部機関での史料調査経験もなかった。そんな右も左もわからない院生に、指導教官である山崎有恒先生は「史料の海に溺れろ」という言葉とともに、国立国会図書館憲政資料室など実地において、根気強く、かつ懇切丁寧に教えてくださった。

複写代金も自由にならない貧乏大学院生だったので、そうした史料調査の際はひたすら筆写をした。切羽詰まった中で読み込んだ史料はやはり血となり肉となっているもので、今回本書を書き上げる際にも、この時の調査ノートは随分役立ってくれた。大衆娯楽としての競馬、軍と競馬との関わりなど、本書の骨格となっている史料はおおむねこの時期に集めたものである。

その頃、山崎研究室では立命館大学が所蔵する西園寺公望宛の書簡を整理・翻刻するための作業部会として西園寺文書研究会（西文研）が立ち上がっていた。科研費を取っての大きなプロジェクトで、修士一年のときからその研究会の番頭として会場確保からスケジュール管理まで担当することになった。今思えばそうしたロジ作業で鍛えられたことがのちのミュージアム勤務に大いに役立ったと考えると大変有意義な経験であった。

研究会には山崎先生を慕ってきた他大学の学生・大学院生も多く、個性的なメンバーが勢ぞろいしていた。今でこそ大学・高校の教員や社会人となって多方面にご活躍されている方々も多いが、当時はさながら梁山泊のような趣であった。こうした「オールカマー」な雰囲気づくりはまさに先生のお人柄の賜物で、多士済々の研究会の場で、くずし字の読解能力と、史料を多角的に研究する能力を「あわせ馬の調教」のごとく大いに鍛えられた。

そうした刺激に満ちた山崎研究室での修行の日々を終え、二〇〇二年に北九州市の小倉城庭園に嘱託学芸員として就職した。いわば「小倉でのメイクデビュー」である。その後二〇〇四年から桑名市博物館に奉職した。学芸員というのは激務である。

調査をし、展覧会を仕立て、図録を作り、そしてまた新たな展覧会を仕込む。そこに予算、文書管理、レファレンスといった通常の業務も入り込んでくる。近年だと広報や教育普及も入りつつあり、本当にやるべきことが膨大となりつつある、というのがミュージアム現場の偽らざる実状である。そうした日々の中で、二〇〇九年に軍馬と競馬の関わりをまとめる機会をいただき、その後はせっかく三重県で研究できるのだから、と二〇一二年に県内の競馬場のことを調べて館の紀要に執筆した。これで自分の研究としては一区切りをつけた、つもりだった。

むしろ、桑名市博物館の学芸員として「松平定信」や「村正」、「本多忠勝」や「立見尚文」といった桑名ゆかりの人物の調査・研究に取り組んでいく中で、自らの専門を見失いつつある時期だったと言えるかもしれない。

無論、学芸員にとっては専門と同じように広く浅く学ぶことも非常に大切である。特に一般の方にご覧いただく展覧会の場合、何よりもその「間口の広さ」が重要視される。かといって自らの専門を疎かにしていては、立ち位置を見失ってしまう。いわば「本籍」と「住所」みたいなもので、学芸員の場合、自分の専門がそのまま仕事に直結する場合は稀であるため、そのバランスが難しいところであり、また面白いところでもある。

一例を挙げると、大正一二年競馬法制定時、貴族院において妥協案を説明する加太邦憲は実は旧桑名藩士である。桑名市博物館の学芸員として、維新後司法界で活躍した加太の存在は当然知っていた。しかし、競馬法制定時のキーマンとして加太が顔を出してきた際には、何か場違いなところで知り合いに出くわしたような不思議な感覚を味わった。

いずれにせよ、博物館の業務と、自らの研究をハイブリッドさせながら、細々と、ではあるが競馬法制定時の政治過程などについて、少しずつ史料を集めていた。

そこへ、折よく編集者Y氏から連絡をいただいた。大衆娯楽としての競馬についてまとめてみないかという話である。令和になり、ウマ娘ブームにわく時代である。

「時は来た、それだけだ」

脳内に爆勝宣言という名のファンファーレが鳴り響く。得難い機会として、ぜひチャレンジさせていただきたいとお答えした。

以前よりも競馬に関する学術的研究は進み、なるべくそれら新知見を盛り込んだうえで一般読者の読みやすいものに、というY氏からの要求に応えられたかどうか不安が残るが、それは読者諸賢の判断にゆだねたい。

最後に、大学院時代より変わらずご指導をいただいた山崎有恒先生、修士論文のご指導をいただいた田浦雅徳先生には多大なる学恩を頂戴した。そして国立国会図書館、JRA日本中央競馬会図書室、宮崎県立図書館など多くの機関に史料閲覧などで大変お世話になった。心よりお礼申し上げる次第である。

また、多忙な業務の合間をぬって、史料の読解にご助言・ご協力いただいた同僚の鈴木亜季氏、資料収集を手伝っていただいた川端蒼海氏にも記して謝意を表する。

末尾ながら、仕事から帰っていつもパソコンに向かい執筆している自分を温かく見守り支えてくれた家族と、幼い頃に多くの城郭に連れていってくれ、歴史の面白さを教えてくれた亡父、博物館に就職し、研究することを許してくれた母および義父母に感謝の想いと共に本書を捧げたい。

令和四年（二〇二二）一月　桑陽の地にて

杉本竜

# 主要参考文献


◆本書全体

大瀧真俊『軍馬と農民』（京都大学学術出版会、二〇一三）

『書斎の競馬　1～14』（飛鳥新社、一九九九～二〇〇〇）

神翁顕彰会編『続日本馬政史』第一巻、第二巻（一九六三）

杉本竜「軍馬と競馬」（菅豊編『人と動物の日本史3』、吉川弘文館、二〇〇九）

杉本竜「戦前期地方競馬に関する一考察」（『日本歴史』六六六、二〇〇三）

杉本竜「大衆娯楽としての競馬」（奥須磨子・羽田博昭編『都市と娯楽』、日本経済評論社、二〇〇四）

杉本竜「日本陸軍と馬匹問題」（『立命館大学人文科学研究所紀要』八二、二〇〇三）

杉本竜「藤波言忠の明治三三・三四年欧米巡行について」（『日本歴史』七一八、二〇〇八）

杉本竜「三重県下における戦前期地方競馬場の展開」（『桑名市博物館紀要』九、二〇一二）

『帝国議会会議録検索システム』

日本中央競馬会総務部調査課編『日本競馬史　全七巻』（日本中央競馬会、一九六六～一九七五）

◆序章

『朝日クロニクル二〇世紀　第一巻』（朝日新聞社、二〇〇〇）

森田敏彦「戦没軍馬・軍犬・軍鳩と民衆」（『鷹陵史学』三三、二〇〇七）

◆第1章

馬の博物館編『根岸の森の物語』（神奈川新聞社、一九九五）

坂本一登『伊藤博文と明治国家形成』(吉川弘文館、一九九一)
高橋一友「明治天皇と競馬――近代日本における馬概念の変容」(『社会システム研究二一』、二〇一八)
立川健治『文明開化に馬券は舞う　日本競馬の誕生』(世織書房、二〇〇八)
坂内誠一『碧い目の見た日本の馬』(聚海書林、一九八八)
樋口いずみ「日本の万国博覧会参加における「実演」とその役割に関する一考察」(『早稲田大学大学院教育学研究科紀要　別冊一六号一』、二〇〇八)
本多仁禮士「娯楽移入窓口としての横浜居留地・開港場横浜」(奥須磨子・羽田博昭編『都市と娯楽』日本経済評論社、二〇〇四)
『町田家文書』桑名市博物館蔵
宮島誠一郎『養浩堂日誌』早稲田大学図書館蔵

## ◆第2章

飛鳥井雅道『明治大帝』(筑摩書房、一九八九)
伊藤博文関係文書研究会『伊藤博文関係文書七』(塙書房、一九七九)
伊藤之雄「山縣系官僚閥と天皇・元老・宮中」(『法學論叢　第一四〇巻　第一・二号』、一九九六)
内村兵蔵『日本軍馬改良ノ研究』(陸軍乗馬学校、一八九八)
菊地正助『軍馬の研究』(兵林館、一九一〇)
宮内省臨時帝室編修局『明治天皇紀　一〇巻』(一九七四)
「考古学上の馬」(『日本之産馬』一―五、一九一一)
『公文類聚』(国立公文書館蔵)
国立公文書館所蔵『枢密院会議議事録　十』(東京大学出版会、一九八四)

佐々木隆「藩閥の構造と変遷――長州閥と薩摩閥」（近代日本研究会編『年報　近代日本研究　十』、一九八八）
柴田紳一「藤波言忠伝」（藤波家文書研究会編『大中臣祭主藤波家の歴史』続群書類聚完成会、一九九三）
須山幸雄『天皇と軍隊』（芙蓉書房、一九八五）
武市銀治郎『富国強馬』（講談社、一九九九）
西川義方『侍医三十年』（大日本雄弁会講談社、一九五二）
仏国博覧会事務局『明治十一年仏国博覧会出品目録』（一八八〇）
『牧畜雑誌』（牧畜雑誌社、一八八八―一九一四）
堀口修『「明治天皇紀」談話記録集成第一巻』（ゆまに書房、二〇〇三）
『明治大正馬政功労十一氏事蹟』（帝国馬匹協会、一九三七）
陸軍省編纂『明治卅七八年戦役陸軍政史』（湘南堂書店、一九八三）
『臨時馬制調査会記事』（ＪＲＡ日本中央競馬会図書室蔵）

## ◆第3章

板垣退助「競馬の目的」（『競馬世界　第二号』、一九〇七）
『桂太郎関係文書』国立国会図書館蔵
佐久間亮三・平井卯輔『日本騎兵史（上・下）』（原書房、一九七〇）
『神宮祭主藤波家文書』國學院大学蔵
末崎真澄編『馬の博物誌』（河出書房新社、二〇〇一）
立川健治「失われた競馬場を求めて［九］馬券黙許時代」（『書斎の競馬9』飛鳥新社、一九九九）
千葉功編『桂太郎関係文書』（東京大学出版会、二〇一〇）
千葉功編『桂太郎発書翰集』（東京大学出版会、二〇一一）

『寺内正毅関係文書』国立国会図書館蔵
寺内正毅関係文書研究会『寺内正毅関係文書I』（東京大学出版会、二〇一九）
中山競馬場70年史編集委員会『中山競馬場70年史』（日本中央競馬会中山競馬場、一九九八）
夏目漱石『漱石全集〈第19巻〉日記・断片（上）』（岩波書店、二〇〇三）
長谷川昇『博徒と自由民権』（平凡社、一九九五）
原奎一郎編『原敬日記　第二巻』（福村出版、一九六五）
藤野裕子『民衆暴力』（中央公論新社、二〇二〇）
藤野裕子『都市と暴動の民衆史』（有志社、二〇一五）
防衛庁防衛研修所戦史部『戦史叢書二七「関東軍（1）」』（朝雲新聞社、一九六九）
『法令全書　明治二三年』（内閣官報局、一八八七）
美濃部俊吉『西湖曾禰子爵遺稿竝傳記資料』（一九一三）
『山縣有朋関係文書』国立国会図書館寄託、個人蔵
山崎有恒・西園寺公望関係文書研究会『西園寺公望関係文書』（松香堂書店、二〇一二）
山本四郎編『寺内正毅日記』（京都女子大学、一九八〇）

### ◆第4章

大江志乃夫『明治馬券始末』（紀伊國屋書店、二〇〇五）
小栗孝三郎『御召艦内御逸話と御高徳』（服部編輯部、一九二三）
梶田明宏・内藤一成・白政晶子「閑院宮載仁親王日記　大正十年（前半）」（『書陵部紀要六五』宮内庁書陵部、二〇一三）
鍛治博之「パチンコホール業界の現代的課題と対策（I）」（『社会科学』七八、同志社大学人文科学研究所、二〇〇七）
宮内庁『昭和天皇実録　第三』（東京書籍株式会社、二〇一五）

『皇太子裕仁親王欧洲諸国訪問一件』（日本外交文書デジタルコレクション）
末澤国彦「旧刑法における賭博罪の成立について――西欧法継受の観点から」（『日本大学大学院法学研究年報』二八、一九九九）
末澤国彦「明治後期における賭博罪の運用をめぐる一考察――現行刑法制定過程とともに」（『日本法学』六九―二、二〇〇三）
波多野澄雄・黒沢文貴編『侍従武官長　奈良武次日記・回顧録　第一巻』（柏書房、二〇〇〇）
波多野勝・黒沢文貴・斉藤聖二編『海軍の外交官　竹下勇日記』（扶養書房出版、一九九八）
半藤一利解説「小倉庫次侍従日記」（『文藝春秋』二〇〇七年四月号、文藝春秋、二〇〇七）
松本洋幸「有吉忠一関係文書目録」（『横浜開港資料館紀要第二二号』横浜開港資料館、二〇〇四）

## ◆第5章

大山英久「帝国議会の運営と会議録をめぐって」（『レファレンス六五二』国立国会図書館調査立法考査局、二〇〇五）
沖田哲雄「行田市郷土博物館「林頼三郎」について」（『中央大学史紀要』第十四号、中央大学史料委員会専門委員会、二〇〇九）
加太邦憲『自歴譜』（岩波書店、一九八二）
行田市郷土博物館『図録　林頼三郎』（二〇〇八）
競馬専門誌80年の歩み刊行会『競馬専門誌80年の歩み』（ホース・アイ、一九八八）
児玉伊織『児玉伊織日記』宮崎県立図書館蔵
末澤国彦「大正十二年・競馬法の制定による馬券の合法化について」（『日本法学』八三―三、二〇一七）
末澤国彦「明治四十年刑法の制定と馬券の禁止について」（『日本法学』八五―四、二〇二〇）
末澤国彦「司法省内の派閥と松岡康毅」（『日本大学史紀要』五、一九九八）

末澤国彦「法制近代化と大審院人事抗争～弄花事件にみる人事抗争～」（『日本大学大学院法学研究年報』二四、一九九四）
中央競馬ピーアール・センター編『競馬法の変遷30年史』（中央競馬振興会、一九九二）
「飲む・打つ・買う」研究プロジェクト『快楽と規制』（大阪産業大学産業研究所、一九九八）
『馬政委員会会議録』JRA日本中央競馬会図書室蔵
三木純吉『割増金附債券の研究』（債券之日本社、一九三七）
水野直〔懐中手帳　大正十二年〕（『水野直関係文書』30-1）国立国会図書館蔵
安田伊左衛門口述筆記「競馬夜話」（『東京競馬会及東京競馬倶楽部史一巻』東京競馬倶楽部、一九四一）

## ◆第6章

『一億人の昭和史　満州事変前後　孤立への道』（毎日新聞社、一九七五）
井伏鱒二「競馬」（『井伏鱒二全集第六巻』筑摩書房、一九九七）
江面弘也『活字競馬に挑んだ二人の男』（ミデアム出版社、二〇〇五）
小川二郎『どん底社会』（啓正社、一九一九）
織田作之助「競馬」（『定本織田作之助全集　第六巻』文泉堂、一九七六）
『昭和十四年秋季　競馬成績書』（競馬前夜通信社発行、一九三九）
白井新平『競馬と革命と古代史を歩く』（現代評論社、一九八二）
高橋勇悦『ギャンブル社会』（日本経済新聞社、一九七二）
中央競馬ピーアール・センター編『日本近代競馬総合年表（上巻）』（中央競馬振興会、一九九五）
中央競馬ピーアール・センター編『日本の名馬・名勝負物語』（一九八〇）
中央競馬ピーアール・センター編『近代競馬の軌跡――昭和史の歩みとともに』（日本中央競馬会、一九八八）
楢原義男『競馬の制度及犯罪』（社団法人帝国競馬協会、一九三六）

農林省編『馬政第二次計画』（一九三八）
阪神競馬場50年史別冊『阪神競馬倶楽部三十年沿革史』（日本中央競馬会阪神競馬場、一九九九）
深海豊二『無産階級の生活百態』（製英舎出版部、一九一九）
府中市史編さん委員会『府中市史　下巻』（府中市、一九七四）
府中市役所編『多摩史拾遺記』（府中市、一九七二）

## ◆第7章

石川肇『競馬にみる日本文化』（法蔵館、二〇二〇）
五木寛之『風に吹かれて』（KKベストセラーズ、二〇〇二）
岡﨑滋樹「植民地畜産部門から再考する戦前昭和期の資源増産計画――台湾馬政計画（1936～1945年）を中心に」（『日本獣医史学雑誌』五三、二〇一六）
岡﨑滋樹「『畜産』から再考する戦前日本のアジア資源調査　：農林省・台湾馬事調査（1934年5月）を中心に」（『日本研究』五九、二〇一九）
競馬研究会『競馬年鑑　昭和一一年版』（一九三六）
朝鮮総督府時局対策調査会『朝鮮総督府時局対策調査会諮問案参考書・第2・3分科会』（一九三八）
西原春夫「刑法制定史にあらわれた明治維新の性格」（『比較法学』三（一）、早稲田大学比較法研究所、一九六七）
農林省畜産局編『外地及満洲国馬事調査書』（一九三五）
農林省編『馬政第二次計画』（一九三八）
三宅孤軒『上海印象記』（料理新聞社、一九二三）
山崎有恒「植民地空間満州における日本人と他民族」（『立命館言語文化研究』二二―四、立命館大学国際言語文化研究所、二〇一〇）

山崎有恒「満鉄付属地行政権の法的性格」（浅野豊美・松田利彦編『植民地帝国日本の法的展開』信山社、二〇〇四）
山崎有恒「もう一つの首都圏と娯楽」（奥須磨子・羽田博昭編『都市と娯楽』日本経済評論社、二〇〇四）

◆第8章

「伊東家日記（抄）」（『多度町史　資料編三　近代・現代』多度町、二〇〇三）
上野結城『伊勢鉄道史（十六）』（コピー版、三重県立図書館蔵）
『大井競馬のあゆみ』（特別区競馬組合、二〇〇一）
大分県総務部総務課編『大分県史　近代編Ⅲ』（大分県、一九八七）
『草津市史　第四巻』（草津市史編さん委員会、一九八八）
『広報かしわ　一一六〇号』（二〇〇二）
志田三木『福島競馬沿革資料集　福島競馬の足跡』（日本中央競馬会広報室、一九九七）
『昭和十一年版地方競馬年鑑』（帝国馬匹協会、一九三六）
白井新平『地方競馬の策戦と馬券戦術』（アキラ書房、一九三六）
地方競馬全国協会編纂『地方競馬史　一巻〜三巻』（一九七二）
帝国馬匹協会『昭和二年地方競馬協議会記録』（一九二八）
萩野寛雄『「日本型収益事業」の形成過程』（早稲田大学大学院政治学研究科博士論文、二〇〇四）
本康宏史『軍都の慰霊空間』（吉川弘文館、二〇〇二）
山田仁市編『全国地方競馬沿革誌』（帝国馬匹協会、一九三九）
山田仁市編『昭和九年版　地方競馬登録馬名簿』（帝国馬匹協会、一九三四）

◆第9章
石橋正人「日本ダービーを創設せよ」(『馬の世界』四―一、一九二四)
大瀧真俊「帝国日本の軍馬政策と馬生産・利用・流通の近代化」(『日本獣医史学雑誌』五三、二〇一六)
鈴木一「村上さんと馬」(『村上龍太郎』村上龍太郎記念出版会、一九六六)
芹沢光治良「競馬官の頃」(『芹沢光治良文学館11』、新潮社、一九九七)
続秀太郎「日本ダービー競馬の現出を望む」(『九州馬事月報』三月号、一九二三)
土井全二郎『軍馬の戦争』(潮書房光人新社、二〇一八)
日本中央競馬会調査室『日本ダービー25年史』(日本中央競馬会、一九五九)
馬政局『馬政統計　第10次』(一九三七)
馬政局『馬政統計　第11次』(一九三八)
『馬政第二期計画綱領』(農商務省畜産局、一九二四)
矢野吉彦『競馬と鉄道』(交通新聞社、二〇一八)
山本雅男『ダービー卿のイギリス』(PHP新書、一九九七)
遊佐幸平『馬事論叢』(羽田書店、一九四三)

◆第10章
大川慶次郎『大川慶次郎回想録』(日本短波放送、一九九八)
坂西平八「鍛錬馬競走の重要性について」(『日本馬事会雑誌』三(一)、一九四四)
佐藤正人『競馬研究ノート』(日本中央競馬会弘済会、一九九五)
新編岡崎市史編集委員会『新編岡崎市史　総集編二〇』(新編岡崎市史編さん委員会、一九九三)
末澤国彦「鍛錬馬競走における馬券の合法化について―軍馬資源保護法の制定過程とともに」(『日本法学』八七―二、

二〇二一)
『取手市史　近現代史料編Ⅱ』(取手市史編さん委員会、一九九〇)

## 【ら・わ行】

## 【ま行】



## 【や行】

## 【た行】



## 【な行】



## 【は行】

## 【さ行】

## ■人名索引

＊「おわりに」は既出の人名のみ採った。

著者略歴

杉本竜（すぎもと・りゅう）

1974年大阪府門真市生まれ。幼少より博物館や城跡に連れて行かれ歴史に興味を持つ。大阪府立四條畷高校を卒業後、博物館の学芸員を目指し関西大学文学部史学地理学科へ。その後、立命館大学大学院文学研究科に進学、日本近代史を専攻する。

2002年、北九州市立小倉城庭園博物館に嘱託学芸員として就職。陶磁器の魅力にどっぷりと浸かると共に小倉競馬に親しむ。

2004年より桑名市博物館学芸員として奉職。幕末の桑名藩、刀工・村正、本多忠勝といった桑名ゆかりの研究フィールドと向き合う日々を送る。2017年、第11代桑名市博物館館長に就任。

著作として「大衆娯楽としての競馬」（奥須磨子・羽田博昭編『都市と娯楽』所収、日本経済評論社、2004)、「軍馬と競馬」（菅豊編『人と動物の日本史３』所収、吉川弘文館、2009）などがある。

装丁・ブックデザイン　森裕昌

叢書パルマコン・ミクロス m 02

# 近代《きんだい》日本《にほん》の競馬《けいば》
## ――大衆《たいしゅう》娯楽《ごらく》への道《みち》

2022年6月20日　第1版第1刷発行

著　者　杉本 竜
発行者　矢部敬一
発行所　株式会社創元社
https://www.sogensha.co.jp/
〔本　　社〕〒541-0047 大阪市中央区淡路町4-3-6
Tel. 06-6231-9010 Fax. 06-6233-3111
〔東京支店〕〒101-0051 東京都千代田区神田神保町1-2 田辺ビル
Tel. 03-6811-0662
印刷所　株式会社太洋社


ISBN978-4-422-70126-4 C0021

pharmakon micros m

## 叢書パルマコン・ミクロス
## ——叢書パルマコンの四六判姉妹シリーズ

# 01 偏愛的ポピュラー音楽の知識社会学

### 愉しい音楽の語り方

長﨑励朗［著］

216 頁・定価（本体 1,700 円＋税）

誰もが親しんでいるポピュラー音楽を素材に、現代社会を鮮やかに読み解く社会学的読み物が登場。批評することの真の面白さを伝える社会学的音楽論。聞いていない音楽を堂々と語るための手助けにもなる「主な登場人物相関図」付き。